W0095087

E-Book inside.

Mit folgendem persönlichen Code
können Sie die E-Book-Ausgabe
dieses Buches downloaden.

70187-r65p6-
y1w00-djon2

Registrieren Sie sich unter
www.hanser-fachbuch.de/ebookinside
und nutzen Sie das E-Book
auf Ihrem Rechner*, Tablet-PC
und E-Book-Reader.

Schöttner

Umsatz gut,
Rendite mangelhaft

Josef Schöttner

Umsatz gut, Rendite mangelhaft

Das Kostenproblem
der Fertigungsindustrie

Warum IT, Digitalisierung, PLM & Co. allein
nichts ändern – Ursachen und Lösungen

HANSER

Der Autor:

Josef Schöttner, lebt in der Nähe von München und arbeitet als Unternehmensberater.

Bibliografische Information der Deutschen Nationalbibliothek:

Die Deutsche Nationalbibliothek verzeichnet diese Publikation in der Deutschen National-
bibliografie; detaillierte bibliografische Daten sind im Internet über <http://dnb.ddb.de>
abrufbar.

Print-ISBN 978-3-446-45340-1
E-Book-ISBN 978-3-446-45348-7

© 2017 Carl Hanser Verlag München
www.hanser-fachbuch.de
Lektorat: Dipl.-Ing. Volker Herzberg
Herstellung: Cornelia Rothenaicher
Satz: Kösel Media GmbH, Krugzell
Coverrealisierung: Stephan Rönigk
Druck und Bindung: Hubert & Co GmbH und Co. KG, Göttingen
Printed in Germany

Vorwort

Die digitale Transformation ist das beherrschende Thema dieser Tage. In den Fachmedien überbieten sich die Szenarien der phantastischen Möglichkeiten. Entwicklungen wie das „Internet der Dinge", „Cloud-Computing", „Industrie 4.0" und die „Digitale Fabrik" sind, wenn man den Aussagen Glauben schenken darf, die Garanten für eine wirtschaftlich prosperierende Zukunft der Industrie, insbesondere des Maschinen- und Automobilbaus. Mit der „Vierten industriellen Revolution" soll die Produktion mit cyber-physischen Systemen flexibler werden. Die wirtschaftliche Herstellung immer stärker individualisierter Produkte ist nicht mit den Methoden der Massenfertigung zu schaffen. Für die kostengünstige Produktion kleiner Lose ist die herkömmliche Automatisierung nicht das geeignete Mittel. Hier kann die Digitalisierung auf mittlere Sicht für Entlastung sorgen. Freilich darf nicht außer Acht bleiben, dass Digitalisierung im Sinne von „Industrie 4.0" nicht erst in den Werkshallen beginnt. Digitalisierung als Vernetzung von Objekten und Prozessen muss die gesamte Wertschöpfung einschließen – und die beginnt im Technischen Büro.

Nun sollte man meinen, in der Produktentwicklung und Arbeitsplanung sei die Digitalisierung schon weit fortgeschritten. Seit Jahrzehnten wird für fertigungsvorgelagerte Aufgaben Informationstechnik eingesetzt. Und dennoch ist die Situation in vielen Unternehmen der Fertigungsindustrie geprägt von anhaltendem oder gar steigendem

Kostendruck. Ein Indiz dafür, dass es Probleme mit der Rentabilität in den Arbeitsprozessen gibt. Trotz wettbewerbsfähiger Produkte und guten Umsätzen wird zu wenig verdient. Es fließen erhebliche Summen in Hard- und Software und mit großem Aufwand werden IT-Pläne implementiert. Die Resultate sind jedoch überwiegend enttäuschend, falls es denn überhaupt nennenswerte gibt. Symptomatisch dafür ist eine Anfrage, die ich als Berater von einem großen Automobilzulieferer erhielt: „Wir starten ein Projekt, um mithilfe eines neuen Nummernsystems Teile in unserem PDM-System eindeutig identifizieren zu können. Hierzu würden wir gerne Ihre Kompetenz auf diesem Gebiet in Anspruch nehmen." In diesem Unternehmen wurde offensichtlich PDM-Software eingeführt ohne ein Konzept, das auf klaren Zielanforderungen beruht. Ein prozesssicheres Nummernsystem wäre in diesem Fall eine klare Zielanforderung gewesen. Nur ein Beispiel von vielen, die ich bei meiner Beratertätigkeit „erlebt" habe. Soll sich in Sachen Arbeitsproduktivität wirklich etwas ändern, ist in der Geschäftsleitung ein radikales Umdenken vonnöten. Nichtstun kann sich hierin auf Dauer kein Unternehmen leisten.

Die eigentliche Ursache für das Missverhältnis von Umsatz und Gewinn sind schlecht organisierte Arbeitsprozesse und ein ebensolches Datenmanagement in den fertigungsvorgelagerten Bereichen der Produktentwicklung sowie der Arbeits- und Prozessplanung. Grundsätzlich trifft dies in gleicher Weise für Mittelstands- und Großunternehmen zu. Schlechtes Datenmanagement führt zu schlechter Datenqualität und schlechte Datenqualität zu schlechten Prozessergebnissen bzw. zu schlechter Prozessleistung. Eine exzellente Arbeits- und Datenorganisation im Technischen Büro ist der Schlüssel für wirtschaftlichen Erfolg. Mit der formalen Einführung der ein oder anderen Software etwa auf Drängen von Entwicklung und Konstruktion ist es nicht getan. Projekte dieser Art sind zum Scheitern verurteilt, soll heißen, sie zeigen kaum einen zählbaren Effekt. Sie werden als IT-Vorhaben aufgesetzt und mit dieser Vorgabe auch umgesetzt. Die Aufgabe bekommen Personen ohne strategische Sichtweise. Sachbearbeiter mit dem individuellen Fokus auf ihr eigenes Arbeitsgebiet sollen als Projektmitarbeiter die notwendigen Veränderungen im Unternehmen konzipieren. Ein problematisches Unterfangen, da meist die dazu erforderliche Qualifikation fehlt. Erschwerend kommt hinzu, dass das Projekt-Team nicht über die nötige Entscheidungskompetenz verfügt. Bei umstrittenen Lösungen führt dies i. d. R. zu untauglichen Festlegungen. Und die Geschäftsleitung ist außen vor, weiß kaum, worum es geht und verspielt die Möglichkeit, die Rendite der eingesetzten Mittel dauerhaft zu erhöhen.

Wenn die intelligente Fabrik mit der Idee von „Industrie 4.0" in naher Zukunft Realität werden soll, muss der Produktionsfaktor Information auf allen Ebenen der Wertschöpfung und über alle Ebenen der Wertschöpfung hinweg durchgängig nutzbar sein. Im Technischen Büro ist die Digitalisierung mit der Anwendung von gängiger Informationstechnik bislang größtenteils nicht über das Stadium von elektronischer Zettelwirtschaft hinausgekommen. Es ist höchste Zeit, eine IT-Systemlandschaft aufzubauen, die Projekte, Prozesse und Daten vernetzen und Daten zu Informationen verknüpfen kann. Gebraucht wird eine transparente IT-Arbeitsplattform – die digitale Fabrik – die allen Prozessakteuren zur virtuellen Wertschöpfung zur Verfügung steht, bei Bedarf auch Lieferanten und Kunden. Hierbei ist zu berücksichtigen, dass der Nutzen von Digitalisierung nur zu einem geringeren Teil von den zugrundeliegenden Softwaresystemen bestimmt wird. Weit wichtiger für die Leistungsfähigkeit einer IT-Gesamtlösung ist deren Konzeption, also ihr „Bauplan". Das zu erkennen, ist die Voraussetzung für die Realisierung eines erfolgreichen Projekts. Bleibt zu wünschen, dass mit den Veränderungen durch die digitale Transformation sich auch das Bewusstsein des Managements dahingehend ändert, dass es diese Aufgabe als seine Aufgabe wahrnimmt. Nur dann kann etwa die digitale Fabrik oder – weitergefasst – das digitale Unternehmen anforderungsgerecht konzipiert werden und ihr/sein Leistungsvermögen gemäß den Unternehmenszielen mit den Möglichkeiten von „Industrie 4.0" in der realen Fabrik entfalten.

Hohenthann bei München, im April 2017   Josef Schöttner

Inhalt

Einleitung

Industriegüter aus Deutschland haben einen außerordentlich guten Ruf. Vor allem Erzeugnisse des Maschinen-, Anlagen- und Automobilbaus sind sehr gefragt. Erstklassige Ingenieurleistungen bringen seit Jahrzehnten wettbewerbsfähige Produkte hervor; in vielen Segmenten sind diese Weltspitze. Beleg dafür ist nicht zuletzt die große Zahl an Marktführern. Dies gilt in weiten Teilen gleichermaßen für Konsum- und Investitionsgüter. Unternehmen der Fertigungsindustrie in Deutschland sollten demzufolge wirtschaftlich in hervorragender Verfassung sein – stabile Nachfrage, gute Geschäfte und hohe Umsätze. Die Realität zeichnet ein etwas anderes Bild. Die Umsätze in den meisten Industriebetrieben sind mit den üblichen konjunkturellen Schwankungen in der Tat erfreulich. Allerdings bereitet die Rentabilität in nicht wenigen Unternehmen Anlass zur Sorge. Obwohl die Lohnstückkosten durch moderate Lohnsteigerungen und zunehmende Automatisierung der Produktion schon seit längerer Zeit ohne größere Schwankungen annähernd konstant sind, klagt die hiesige Fertigungsindustrie seit Jahren über steigenden Kostendruck, ohne die beträchtlichen Potenziale in den fertigungsvorgelagerten Bereichen konsequent auszuschöpfen.

Die Arbeitsergebnisse in den Abteilungen des Technischen Büros (TB) – Entwicklung und Konstruktion sowie Arbeitsplanung (fertigungstechnischer Part der Arbeitsvorbereitung) bzw. Design und Manufacturing Engineering – sind in der Regel gut; für die Wirtschaftlichkeit der jeweiligen Arbeitsprozesse gilt dies nur bedingt. Durch unzulängliche Arbeits- und Datenorganisation in den Engineering-Bereichen geht merklich Unternehmensleistung verloren. Anders als in der Teilefertigung und Montage, wo mit hohem Automatisierungsgrad vorherrschend reproduzierende Arbeiten ablaufen, ist das Handeln im Technischen Büro meist geprägt von kreativer „Kleinarbeit". Seine Akteure wirken in einem hochdynamischen Prozess mit dem Ziel zusammen, Produkt- und Produktionsunterlagen fehlerfrei, termingerecht und wirtschaftlich „herzustellen". Obgleich modernste Arbeitsmittel in Form von leistungsstarker Informationstechnik zum Einsatz kommen, gelingt dies nur teilweise. Die Durchlaufzeiten im Technischen Büro sind häufig zu lang, die Kosten für die „Herstellung" des virtuellen Produkts – dies entspricht der digitalen Produktdokumentation – zu hoch.

Das projektspezifische „Zusammenwirken" der TB-Abteilungen Mechanik-Konstruktion, Elektro-Konstruktion oder Elektronik-Entwicklung, Programmierung, Arbeitsplanung und Qualitätssicherung (Design- und Prozess-FMEA etc.) läuft meist in getrennten Prozessen ab. Paralleles Arbeiten (Simultaneous Engineering) wird kaum praktiziert, frühzeitige Abstimmungen entsprechend methodischem Handeln bleiben außen vor und Fehler werden zwangsläufig erst spät erkannt. Zeitraubende und teure Änderungsschleifen sind die Folge. Nicht minder kostspielig ist, „das Rad immer wieder zu erfinden". Strategische Engineering-Methoden, wie Teilestandardisierung, Modularisierung, Baukastenkonstruktion und Variantenmanagement mit regel- bzw. wissensbasierter Variantenkonfiguration, bleiben nicht selten ungenutzt. Mit leistungsfähigen CAD-Systemen werden laufend neue Bauteile „hergestellt". Die Anzahl „handgemachter" Konstruktionsteile wächst explosionsartig. Diese „Einzelstücke" binden teure Entwicklungskapazität, rufen mitunter Qualitätsprobleme hervor, verursachen hohe Fertigungskosten und belasten das Betriebsergebnis. Eine fatale Entwicklung, die insbesondere seriennahe Auftragsfertiger betrifft.

Verantwortlich für den „Teilewildwuchs" sind i. d. R. zwei Dinge: Zum einen fehlt das Bewusstsein dafür, dass jede weitere Teilenummer fixe

Kosten verursacht und zum anderen ist eine einfache und schnelle Recherche bei mehreren zehntausend Teilen nur mit einer intelligenten Teilesuchmaschine möglich. Andernfalls benötigt ein Mitarbeiter mit seiner „3D-Konstruktionsmaschine" weniger Zeit, ein neues Teil zu entwickeln, als ein vorhandenes für einen bestimmten Anwendungsfall in angemessener Zeit zu finden. Die extensive Nutzung von CAx-Autorensystemen bringt neben den positiven Effekten auch eine Reihe negativer Auswirkungen mit sich. Es entstehen isolierte Informationsquellen, die nicht allen Mitarbeitern in gleichem Maße zugänglich oder bekannt sind. Außerdem führen in Teilen redundante Geschäftsanwendungen, wie Produktdaten-, Simulationsdaten-, Normteile- und Dokumentenmanagement, zu ebensolchen Datenbeständen. Hierbei sind Widersprüchlichkeiten kaum zu vermeiden. Diese zeigen sich u. a. in mehreren unterschiedlichen Nummern, Benennungen und Freigabeständen für ein und dasselbe Objekt (Teil, Zeichnung etc.). Mit derart schlechter Stammdatenqualität kann der Produktionsfaktor Information nur einen beschränkten Beitrag zur Produktivität leisten. Bis zu 40 % ihrer Arbeitszeit sind Mitarbeiter in Entwicklung und Konstruktion mit aufwendiger Informationsbeschaffung befasst. Dauer und Kosten der Produktentwicklung werden dadurch erheblich belastet.

Die TB-Bereiche Produkt- und Prozessentwicklung bzw. Design und Manufacturing Engineering bestimmen nicht nur die Dauer und damit die Kosten der Produktentwicklung, sie haben darüber hinaus noch weitreichenden Einfluss auf die Leistungsindikatoren Produkt-(ions)kosten und Produktqualität. Der dem Engineering nachgelagerte Prozessabschnitt Planung führt im Gegensatz zur technischen Arbeits- und Prozessplanung die organisatorische Disposition der Produktion durch. Hierzu gehören die Aufgaben Bedarfs-, Termin- und Kapazitätsplanung sowie Auftragsveranlassung und Auftragsüberwachung. Ferner sind die Beschaffung von Material und Dienstleistungen, der kontrollierte Wareneingang als Teil der Qualitätssicherung sowie die Bestandsführung etc. einbezogen. Den Abschluss der Vorgangskette Produktentstehung bilden die Blöcke Teilefertigung, Montage und Qualitätssicherung im Sinne von Fertigungskontrolle, unterstützt von IT-basiertem

Prozessmanagement auf der Leit-, Steuerungs- und Ausführungsebene. Die informative Grundlage für dieses Geschehen ist im Wesentlichen das virtuelle Produkt aus den Engineering-Abteilungen; es liefert nicht nur die Bauanleitung (Zeichnungen, Arbeitspläne, NC-Programme etc.) für den Herstellungsprozess des physischen Produkts, sondern ebenso die Daten (Teilestammsätze und Stücklisten) zur Disposition des realen Produkts.

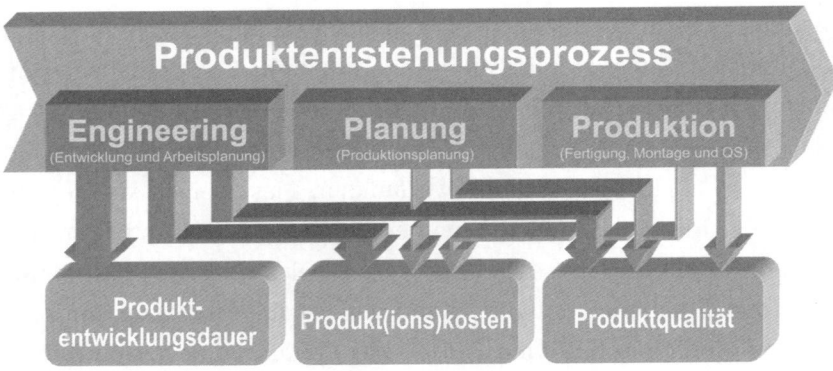

Bis zu 75 % der Produkt(ions)kosten werden durch Definitionen des Technischen Büros festgelegt. Großen Einfluss haben Wirkprinzipien, Funktions- und Produktstruktur, die konstruktive/geometrische Gestaltung, Werkstoffe, Oberflächengüte, Dimensionierung und Tolerierung, Fertigungs-, Montage- und Prüfverfahren sowie der Grad an Standardisierung, Modularisierung und Normierung. Das Niveau der Produktqualität wird zu großen Teilen von den Einflussgrößen Werkstoff, Technologie, Standardisierung, Bedienungskomfort, Funktions- und Betriebssicherheit, Wartungsfreundlichkeit sowie Recycling-Fähigkeit bestimmt. Die Leistungsindikatoren bzw. -größen Produktentwicklungsdauer, Produkt(ions)kosten und Produktqualität des Wertschöpfungsprozesses Produktentstehung werden unzweifelhaft in hohem Ausmaß direkt und indirekt von den Arbeiten der Fachbereiche Design und Manufacturing Engineering (Entwicklung, Konstruktion und Arbeitsvorbereitung) festgelegt. Leistungsdefizite in diesen Feldern lassen sich in den nachgeschalteten Prozessen Planung und Produktion auch mit großem Mitteleinsatz nur mehr geringfügig kompensieren. Selbst mit den neuen Möglichkeiten der Vernetzung technischer Fertigungs-, Montage- und Prüfsysteme der Fabrik von morgen wird das so sein. Umso wichtiger ist es, einen Rahmen zu schaffen, in dem die Produkt- und Prozessentwicklung wirtschaftlich bestmöglich ausgeführt werden kann. Zweifellos eine der wichtigsten Managementaufgaben der nächsten Zeit.

Die finale Erkenntnis einer Studie des Instituts WZL der RWTH Aachen und der Firma PTC mit dem Titel „Innovations-Agenda 2006" lautet: Wer die Produktentwicklung beherrscht, beherrscht den Wettbewerb. Auf den zentralen Zweck eines Unternehmens – Geld zu verdienen – übertragen, heißt dies: Wer die Produktentwicklung beherrscht, verdient mehr Geld. Gemessen an den operativen Umsatzrenditen vor Zinsen und Steuern (EBIT-Marge) ist diesbezüglich in den Betrieben der deutschen Fertigungsindustrie einiges zu tun. Erfolgreiche Automobilhersteller wie Audi, BMW und Mercedes-Benz erreichen derzeit Umsatzrenditen von ungefähr 8 bis 10 %, weniger erfolgreiche liegen teilweise erheblich unter 5 %. Automobilzulieferer stehen infolge des Abhängigkeitsverhältnisses zu ihren Kunden naturgemäß unter besonderem Kostendruck. Sie erzielen aktuell eine durchschnittliche Umsatzrendite von etwa 5 %, einige durchaus große liegen auch deutlich darunter. Laut einer Studie der Unternehmensberatung Oliver Wyman soll die Umsatzrendite deutscher Zulieferer bis zum Ende der Dekade auf durchschnittlich 2,5 % fallen. Die rund 6400 Betriebe des Maschinen- und Anlagenbaus erwirtschafteten in 2015 im Durchschnitt eine Umsatzrendite von rund 6 %. Dieser Wert wäre gewiss kleiner ohne die steigenden Aftersales- und Service-Umsätze (Schulung, Beratung, Umbau/Modernisierung, Wartung, Instandsetzung, Ersatzteile etc.) mit höheren Margen.

Eine Umsatzrentabilität von 6 % besagt, dass von jedem eingesetzten Euro 6 Cent an Gewinn verbleiben. Nach Abzug von Zinsen und Steuern steht folglich wenig Spielraum für Rücklagen und Investitionen in die Zukunft zur Verfügung. Dabei werden die Verkaufserlöse weiter sinken, weil Low-Cost-Anbieter mit zunehmender Qualität ihrer Produkte den Wettbewerb verschärfen. Das Gütezeichen „Made in Germany" als der Maßstab für Leistung und Qualität erlaubt zwar noch immer höhere Preise zu fordern, doch wird dieser Vorteil mit hoher Wahrscheinlichkeit in den nächsten Jahren geringer werden. Soll in diesem Umfeld die Rentabilität wenigstens erhalten bleiben, kann dies nur gelingen, wenn die Kosten für Entwicklung, Planung und Produktion in dem Maße reduziert werden, wie die erzielbaren Verkaufserlöse sinken. Weil die Engineering-Arbeiten im Technischen Büro die Leistungsgrößen der Wertschöpfung Zeit, Kosten und Qualität wesentlich bestimmen, ist es die vordringliche Managementaufgabe, eine flexible Arbeitsplattform zur wirtschaftlichen „Herstellung" des virtuellen Produkts als Pendant zur flexiblen Fertigung des physischen Produkts aufzubauen. Dazu muss sich in den Führungsetagen sehr bald ein starkes Bewusstsein für die fundamentale Bedeutung dieser Thematik entwickeln.

Kapitel I
Situation der Fertigungsindustrie

Seit den Jahren des Wirtschaftswunders bis in die heutigen Tage sehen sich Unternehmen der Fertigungsindustrie permanenten Veränderungen gegenüber. Vornehmlich auf die Herausforderungen der Globalisierung und im Besonderen auf die zunehmende Bedeutung der globalisierten Wertschöpfungsketten müssen geeignete Antworten gefunden werden. Es entstehen neue Märkte, aber auch neue Mitbewerber, es tun sich großartige Chancen auf, aber auch beunruhigende Risiken. Die kritischen Themen heißen unter anderem Wettbewerb, Innovation, Ökologie, Wachstum und Wirtschaftlichkeit. Es braucht Lösungen, um die Leistungsfähigkeit unter den gegebenen Bedingungen zu erhalten und die Zukunftsfähigkeit zu sichern.

Checkliste zu Situation der Fertigungsindustrie:

☑ Wie ist Ihr Unternehmen in der globalen Wirtschaft mit ihren tiefgreifenden Veränderungen positioniert?

☑ Haben Sie bereits die zu Ihrem Geschäftsmodell passenden Märkte, Partner und Kunden gefunden?

☑ Könnte die Auslagerung von Unternehmensaufgaben (z. B. Teilefertigung) Ihre Wirtschaftlichkeit verbessern?

☑ Nutzen Sie Outsourcing als Strategie, um Fixkosten zu senken und variable Kostenanteile zu erhöhen?

☑ Wie grenzen Sie sich gegenüber Ihren Mitbewerbern ab, verfügen Sie über markante Alleinstellungsmerkmale?

☑ Sind Sie in der Lage, flexibel und profitabel auf individuelle Kundenwünsche zu reagieren?

☑ Ist Ihre Innovationskraft in Einklang mit der rasanten Entwicklung in den Bereichen Individualisierung und Digitalisierung?

☑ Wird das Geschäftsmodell Ihres Unternehmens von disruptiven Umwälzungen (3D-Druck, E-Mobilität etc.) bedroht?

☑ Wie ist Ihr Unternehmen in Sachen Energie- und Ressourceneffizienz aufgestellt bzw. ausgerichtet?

☑ Welche Wachstumsstrategien verfolgt Ihr Unternehmen in den dynamischen Märkten der globalen Wirtschaft?

☑ Können Sie mit der Produktivität Ihres Unternehmens rentabel arbeiten bzw. auskömmlich Geld verdienen?

Globalisierung

Bis in die 1970er-Jahre hinein war die Weltwirtschaft geprägt vom Transfer von Waren, die in einem Land hergestellt und in anderen Ländern genutzt wurden. Dies galt für Konsumprodukte in gleicher Weise wie für Investitionsgüter. Sowohl Entwicklung, Konstruktion und Planung als auch Fertigung und Montage von Industrieprodukten erfolgten meist an einem Standort, besonders bei mittelständischen Unternehmen. Des Weiteren waren Entwicklungspartner und Zulieferer im Regelfall in geografischer Nähe angesiedelt. Industrielle Wertschöpfung fand überwiegend auf nationaler Ebene statt. Die Bedingungen waren für alle Beteiligten nahezu die gleichen.

Die heimische Fertigungsindustrie agierte bei diesen Rahmenbedingungen überaus erfolgreich. Allen voran waren die Produkte des Maschinen- und Anlagenbaus sowie der Elektrotechnik weltweit gefragt. Das Markenzeichen „Made in Germany" entwickelte sich de facto zum Alleinstellungsmerkmal. Es stand für innovative Produkte, hohe Qualität, zuverlässigen Service und ein gutes Preis-Leistungs-Verhältnis. Diese wichtigen Grundpfeiler der Unternehmensleistung sorgten zwangsläufig für eine überragende Wettbewerbsstellung in den internationalen Märkten.

Der enorme wirtschaftliche Erfolg in dieser Zeit lieferte den finanziellen Spielraum zur Verbesserung der Produktionsprozesse. Die imposante Entwicklung in der Fertigungstechnik – CNC-Werkzeugmaschinen, Handhabungsautomaten (z. B. Montage-Roboter), Transport- und Lagersysteme etc. – wurde konsequent in die betriebliche Praxis umgesetzt. So war es möglich, die Produktivität in den Unternehmen stetig zu verbessern. Damit konnten höhere Löhne realisiert und folglich breiter Wohlstand geschaffen werden. Andererseits ging mit der zunehmenden Automatisierung in den Werkshallen ein merklicher Arbeitsplatzverlust im Produktionsbereich einher.

Seit dem Einsetzen der Globalisierung wird dieser Effekt noch deutlich verstärkt. Der Abbau von Handelshemmnissen und der rasante technologische Fortschritt haben weltweit zu einer engmaschigen wirtschaftlichen Verflechtung geführt. Nationalstaatlicher Schutz für die heimischen Betriebe ist nicht mehr gegeben. Die Unternehmen der Fertigungsindustrie müssen in immer mehr Bereichen mit Niedriglohnländern konkurrieren. Die hiesige Kostenstruktur wird zusehends zur Belastung. Der einzig gangbare Ausweg scheint zu sein, an Standorten zu produzieren, die mutmaßlich bessere Bedingungen aufweisen, wie niedrigere Löhne, niedrigere Steuern, niedrigere Sicherheitsstandards und niedrigere Umweltauflagen.

Eine Strategie, von der sich Unternehmen die dringend notwendige Kostenentlastung versprechen. Bei genauerer Betrachtung der Situation wird schnell deutlich, dass dieser Ausweg aus dem Dilemma nicht für alle Betriebe eine Option sein kann. In Osteuropa oder Asien einen neuen Produktionsstandort aufzubauen, erfordert beträchtliche Finanzmittel. Darüber hinaus sind eine leistungsfähige Organisationsstruktur sowie Personal mit entsprechendem Know-how unerlässlich. Für größere und große Unternehmen, die ohnehin seit Jahren international aufgestellt sind, ist die Verlagerung eines Produktionsstandorts formal keine allzu große Herausforderung. Völlig anders stellt sich die Situation für kleine und mittlere Unternehmen (KMUs) dar. Sie haben kaum die Möglichkeiten, diesen Weg zu gehen, müssen hierzulande fast unumgänglich mit den gegebenen Bedingungen und „Spielregeln" fertig werden.

Andererseits bringt eine Produktionsverlagerung nicht in allen Fällen den erwünschten Nutzen. Auf den ersten Blick günstige Produktionsfaktoren zeigen mitunter auch unangenehme Begleiterscheinungen. So können sich interkulturelle Probleme zwischen Mitarbeitern verschiedener Nationen negativ auf die Zusammenarbeit auswirken und infolgedessen die Produktivität beeinträchtigen. In diesem Kontext mag auch die Qualifikation der neuen Mitarbeiter eine Rolle spielen. Nicht in allen Niedriglohnländern ist die gewerblich-technische Ausbildung auf dem notwendigen Niveau. Gibt es hier größere Defizite, hat dies womöglich nachteiligen Einfluss auf die Produktqualität. Ein weiterer Negativposten kann aus den Transportkosten erwachsen, insbesondere, wenn die Transportwege sehr lang sind und nur unzureichende Infrastruktur verfügbar ist. Nicht minder problematisch kann der Know-how-Schutz sein. Gerade auf diesem Gebiet machen heimische Unternehmen mit attraktiven Produkten immer wieder leidige und vor allem teure Erfahrungen.

Outsourcing

Da Unternehmen der Fertigungsindustrie mehr und mehr mit Wettbewerbern aus Nationalstaaten in Osteuropa, Asien, Südamerika und anderen Regionen konkurrieren, die mit deutlich geringeren Arbeitskosten agieren können, steht die permanente Herausforderung im Raum, die Wirtschaftlichkeit des laufenden Geschäftsbetriebs sicherzustellen. Es bleibt keine andere Wahl, die Betriebe müssen in einem globalisierten Wirtschaftsraum mit dem ständig wachsenden Kostendruck zurechtkommen. So ist die Suche nach neuen Möglichkeiten, die Kosten sowohl in den Kernprozessen (Produktentwicklung, Arbeitsplanung, Qualitätssicherung, Beschaffung, Produktion etc.) als auch in den Unterstützungs- und Verwaltungsprozessen (Personalwesen, Lohn- und Finanzbuchhaltung, Datenverwaltung etc.) nachhaltig zu senken, eine gewichtige Managementaufgabe.

Da der Aufbau eigener Produktionsstandorte in Niedriglohnländern – wie bereits dargelegt – nicht generell die erste Wahl sein kann, gilt es nach bestmöglichen Alternativen Ausschau zu halten. Welche Optionen sich auch anbieten, es stellt sich die alles bestimmende Frage: Mit welcher Strategie bzw. welchen Strategien kann das eigene Unternehmen wirtschaftlich betrieben werden? Ein Zauberwort heißt „Verschlankung". Damit wird versucht, das unternehmerische Handeln auf das Kerngeschäft auszurichten. Bezogen auf den Kernprozess Produktion bedeutet das die Verringerung der Wertschöpfungs- bzw. Fertigungstiefe. Nicht jedes Teil, nicht jede Baugruppe muss selbst hergestellt werden. Die Beauftragung spezialisierter Partner kann einen bedeutsamen Kostenvorteil – Nutzung günstiger Kostenstrukturen – erbringen und zudem zu einer flexibleren Produktionsstruktur führen.

Die Frage „Make or Buy" hat über die Fertigung hinaus einen starken Einfluss auf die „Verschlankung" eines Unternehmens. Mit dem Zukauf von Bauteilen und Leistungen lässt sich die Prozesskomplexität grundsätzlich reduzieren. Aus der Konzentration auf die Kernkompetenzen resultiert eine höhere Produktivität. Ineffiziente Arbeitsweisen sowie teure Maschinen und Anlagen können vermieden werden. Dies setzt Mittel für die Stärkung und den Ausbau der Leistungsfähigkeit in den eigentlichen Kernbereichen frei. Auf diese Weise kann ein wichtiger Beitrag zur Rationalisierung in den diversen Geschäftsprozessen erbracht werden. Natürlich ist hierbei eine klare Abgrenzung der Kernkompetenzen und des damit verbundenen Kerngeschäfts von besonderer Bedeutung.

Die Auslagerung von Unternehmensaufgaben und ggf. Unternehmensstrukturen an spezialisierte Dienstleister wird seit den 1980er-Jahren unter dem Begriff Outsourcing zusammengefasst. Unternehmen der Fertigungsindustrie bedienen sich heute verschiedener Formen dieser Strategie. Den einfachsten und zugleich häufigsten Fall stellt die Vergabe definierter Aufgaben an externe Partner (z. B. Auftragsfertiger) dar. Die Fremdfirma kann regional angesiedelt sein oder global auftreten. Eine Leistung wird je nach Vereinbarung entweder extern (z. B. Teilefertigung) oder intern (z. B. Betrieb der Kantine) oder sowohl extern als auch intern (z. B. Montage eines extern hergestellten Systemmoduls durch den Zulieferer am Fließband eines Fahrzeugherstellers) ausgeführt. Weit weniger häufig und aufwendiger ist die interne Ausgliederung. Etwa innerhalb eines Konzerns kann eine Organisationseinheit (z. B. Analyselabor) eines Geschäftsbereichs in einen anderen übergehen. Die Ausgründung in ein eigenständiges Unternehmen (z. B. in der Rechtsform einer GmbH) ist eine weitere Form von Outsourcing. Diese wird auch von größeren Mittelständlern genutzt. Ein zusätzlicher Vorteil bei dieser Konstellation: Das ausgegründete Unternehmen kann seine Leistungen (Konstruktion, Rapid Prototyping, Software-Entwicklung etc.) auch anderen Firmen auf dem Markt anbieten und damit Geld verdienen.

Die Palette der Geschäftsvorgänge, die mittlerweile ausgelagert werden, reicht von EDV bis Kantinenbetrieb – dazwischen liegen Teilefertigung, Software-Entwicklung, Einkauf und Beschaffung, Vertrieb, Logistik, Hotline, Instandhaltung und anderes mehr. Voraussetzung zur erfolgreichen Realisierung dieser Strategie ist immer ein Gesamtansatz. Beispielsweise besteht ein modernes Produktions- und Logistikkonzept zur Verringerung der Fertigungs- bzw. Wertschöpfungstiefe aus den Elementen just in time (JIT) und Supply Chain Management (SCM). Die Zulieferer werden planmäßig in die Wertschöpfungskette eingebunden. Logistik-Dienstleister sorgen für die termingerechte Anlieferung der extern gefertigten Baukomponenten, die Lagerhaltung wird auf ein Minimum reduziert.

Fixkosten senken, variable Kostenanteile erhöhen, nicht unumgängliche Investitionen und somit Mittelbindung vermeiden, sind die Motivation für Outsourcing. Die Möglichkeiten sind offensichtlich vielversprechend. Dennoch gibt es bei allen Chancen auch erhebliche Risiken, allen voran stehen die Kosten. Was zunächst als Kostenentlastung aussieht, entpuppt sich mittel- und langfristig nicht selten als das Gegenteil. Eine hinreichend genaue Kalkulation, die sämtliche Einflussgrößen realistisch erfasst, ist nicht immer gegeben. Zu einem weiteren Problem kann die Qualität der ausgelagerten Leistungen heranwachsen. Es ist nur begrenzt möglich, die Prozesse bei einem externen Dienstleister zu beeinflussen. Mit der Auslagerung von produktbezogenen Aufgaben können schnell Alleinstellungsmerkmale verlorengehen, da ein Zulieferer im Normalfall auch Mitbewerber bedient. Ein nicht zu unterschätzender Nachteil in diesem Kontext ist die rückläufige Kommunikation zwischen Konstruktion und Fertigung. Mit zunehmender Auslagerung der Produktion fehlt der direkte Informationsrückfluss in das Technische Büro. Ideen und Vorschläge zur Produktverbesserung nehmen zwangsläufig ab. Nicht weniger prekär ist der Know-how-Schutz. Je nach Form und Umfang der externen Auslagerung verlassen das Unternehmen sensible Informationen, wie Zeichnungen, Schaltpläne und Steuerungsprogramme.

Wettbewerb

Um im nationalen und internationalen Leistungsvergleich bestehen zu können, sind die Unternehmen der Fertigungsindustrie gefordert, ihre Wettbewerbsstärke beständig weiterzuentwickeln. Vor allem neue Marktteilnehmer in aufstrebenden Ländern, wie China mit günstigen Standortbedingungen, erfordern hierzulande wirkungsvolle Maßnahmen, damit dieses Ziel erreicht werden kann. Die Produktionsfaktoren Arbeit, Betriebsmittel und Information kommen fortwährend auf den Prüfstand. Unrentable Arbeit wird entweder in Niedriglohnstandorte verlagert oder aber an externe Partner ausgelagert, arbeitsintensive Prozesse werden – wenn immer möglich – automatisiert und der Einsatz moderner Informationstechnik wird massiv vorangetrieben. Bewährte Konzepte wie Lean Production, just in time und Materialflussoptimierung halten Einzug in immer mehr Produktionsbetriebe. In ihren der Fertigung vorgelagerten Engineering-Prozessen gewinnen CAD-/CAE-/DMU-Anwendungen zur Modellierung, Analyse und Simulation von dreidimensionalen Bauteilgeometrien stark an Bedeutung.

Es wird viel getan für die Wiedererlangung, Stabilisierung oder Verbesserung der Wettbewerbsstärke. Auf Augenhöhe mit den Konkurrenten zu sein oder sich gar einen Vorsprung vor dem Mitbewerber zu verschaffen, ist für den Erhalt jedes Unternehmens eine schiere Notwendigkeit. Doch wie zeigt sich Wettbewerbsstärke, sieht Unternehmensleistung aus? Das Leistungsvermögen eines gut aufgestellten Fertigungsunternehmens lässt sich an einer Vielzahl von Größen festmachen. Die Hauptindikatoren sind zweifellos Umsatz, Gewinn, Marktanteile, Time to Market, Innovationskraft (Zahl der Innovationszyklen pro Zeiteinheit), Flexibilität bei differenzierten Kundenwünschen, Produkt- und Service-Qualität sowie Kundenzufriedenheit. Sie offenbaren, wie gut oder schlecht ein Unternehmen „funktioniert". Mit welchen Ressourcen in welcher Zeit und in welcher Qualität die Wertschöpfung erbracht wird, schlägt sich direkt oder indirekt in diesen Indikatoren nieder.

Die Wettbewerbsfelder, in denen Industrieunternehmen bestehen müssen, heißen Produkt, Prozess und Service. Insbesondere im Bereich Produkt ist eine Abgrenzung von den Mitbewerbern in den Positionen Preis-Leistungs-Verhältnis, Qualitätsniveau und Funktionalität unabdingbar. Hoher Nutzen bei guter Ausführung und günstigem Preis ist sowohl bei Konsum- als auch bei Investitionsgütern für den Verkaufserfolg unerlässlich. Über den Nutzwert hinaus sind des Weiteren die Produktmerkmale Energieverbrauch, Service-Intervalle und Benutzerfreundlichkeit von Bedeutung. Das gilt z. B. für eine Büromaschine ebenso wie für ein Automobil. Die öffentliche Diskussion über Umweltschutz, Umweltverträglichkeit und speziell Kohlendioxid-Emission stellt die Aspekte Ressourcen-Schonung und Innovation mehr und mehr in den Mittelpunkt des allgemeinen Interesses. Innovative Lösungen in den Feldern Recycling und Energieverbrauch werden für die Marktakzeptanz von Produkten immer wichtiger. Der große Erfolg eines japanischen Autobauers, der seit Ende der 1990er-Jahre Fahrzeuge mit Hybrid-Antrieb anbietet, ist hierfür ein eindrucksvolles Beispiel. Einen Wettbewerbsfaktor ganz besonderer Art stellt das Marken-Image dar. Unternehmen, die es schaffen, sich und ihren Produkten einen Nimbus zu verleihen, erreichen eine herausragende Marktstellung. Stellvertretend für die vielen heimischen Hersteller, die sich diesen Stand erarbeitet haben, seien die Firmen Kärcher, Miele und Porsche genannt.

Im Wettbewerbsfeld Prozess werden die „Weichen" für die entscheidenden Kosten- und Qualitätsvor- oder -nachteile gestellt. Die Art der Geschäftsabwicklung – mit allen Arbeitsabläufen zur Wertschöpfung entsprechend dem Geschäftsmodell – bestimmt in wesentlichen Teilen die Leistungsfähigkeit eines Fertigungsunternehmens. Im Bemühen um die Kunden müssen die Betriebsvorgänge daher flexibel, effizient, QM-gestützt und kundenorientiert ausgerichtet sein. Für das Qualitätsmanagement (QM) wird in den Firmen nach wie vor in erheblichem Maße Zeit und Geld investiert. Zertifizierte Prozesse sind inzwischen ganz offensichtlich ein Muss – auch in der Außendarstellung – unverzichtbares Zeichen der Qualifikation im Wettbewerb. Doch nicht immer findet das definierte und mittels Audit bestätigte QM-Regelwerk tatsächlich Eingang in die betriebliche Praxis; häufig werden die Vorgaben kaum „gelebt". Über die Bedeutung des QM-Handbuchs hinaus spielt die Kundenorientierung eine zunehmend wichtige Rolle. Die Strategie Mass Customization (massenhafte Spezialanfertigung bzw. kunden-individuelle Massenproduktion) ist bereits in vielen Bereichen ein realer Wettbewerbsvorteil. Der Markt verlangt immer mehr nach indi-vidualisierten Produkten (Computer, Fertighäuser, Kleidung, Möbel, Werkzeugmaschinen usw.) mit günstigem Preis und guter Qualität.

Das Wettbewerbsfeld Service ist für den Kunden bei langlebigen Kon-sumprodukten geradeso wie bei Investitionsgütern ein wichtiger Ge-sichtspunkt bei seiner Kaufentscheidung. Vornehmlich im Service-Bereich zeigt sich Wettbewerbsstärke durch ein hohes Maß an Kundenzufrie-denheit. Die Attribute für eine gute Service-Leistung heißen Zuverläs-sigkeit, Kompetenz und Preiswürdigkeit; natürlich muss außerdem das Bestreben vorliegen, den Vorgang in einer freundlichen Atmosphäre abzuwickeln. Derart vermeintliche Selbstverständlichkeiten in die täg-liche Praxis eines Industrieunternehmens umzusetzen, bereitet mit-unter erstaunlicherweise Probleme. Eine weitergehende Herausforde-rung ist die Zielsetzung, kurze Reaktionszeiten in den verschiedenen Service-Fällen zu ermöglichen. Vor allem bei teuren, entfernt instal-lierten Maschinen und Anlagen (z. B. Druckstraße in einem Verlags-haus) ist Tele-Service eine Notwendigkeit im Wettbewerb. Durch den Einsatz flexibler Ferndiagnosesysteme ergeben sich deutliche Zeit- und Kosteneinsparungen und das Wichtigste, teure Nutzungsausfall-zeiten bei den Kunden lassen sich größtenteils auf ein Minimum redu-zieren.

Innovation

Die heimische Volkswirtschaft ist auf eine starke produzierende In-dustrie angewiesen. Ohne nennenswerte Rohstoffvorkommen brau-chen wir überaus wettbewerbsfähige Endprodukte, die weltweit in sig-nifikanten Stückzahlen nachgefragt werden. Bisher haben wir dies durch vortreffliche Ingenieurleistungen, besonders in den Bereichen

Maschinenbau, Verfahrenstechnik, Fahrzeugbau und Elektrotechnik, immer wieder erreichen können. Mit einer außerordentlich hohen Exportquote von hochwertigen Maschinen, Anlagen und Fahrzeugen ist es in unserem Land gelungen, in den letzten Jahrzehnten einen beträchtlichen materiellen Wohlstand aufzubauen. Wir gehören in 40 % der Weltmärkte zu den führenden Lieferanten von erstklassigen Industrieprodukten und zählen ferner bei den Patentanmeldungen zur Weltspitze. Eine durchweg beeindruckende Leistung unserer Fertigungsindustrie.

Dass dies kein Selbstläufer ist, wird nicht nur in Phasen schwächerer Weltkonjunktur deutlich. Die Abhängigkeit von unserem intellektuellen Kapital ist enorm, der Zusammenhang zwischen unseren Human-Ressourcen in den Ingenieur- und Naturwissenschaften und unserer Wirtschaftsleistung evident. Es steht außer Zweifel, dass die bis dato hohe internationale Wettbewerbsfähigkeit hierzulande in der Zukunft nur mit großer Innovationskraft aufrecht zu erhalten sein wird. Von dieser Herausforderung sind mehr oder weniger alle produzierenden Unternehmen betroffen. Der Innovationsdruck ist groß, die Kunden im Konsumgüterbereich wollen mit immer neuen Trendprodukten zum Kauf animiert werden und die Abnehmer von Investitionsgütern erwarten laufend Erzeugnisse mit besseren oder neuen Anwendungsmöglichkeiten und/oder höherer Wirtschaftlichkeit. Diese Situation können die betroffenen Firmen nur bewältigen, wenn es ihnen insbesondere gelingt, ihr technologisches Know-how permanent auf dem neuesten Stand zu halten.

Innovation ist für die weitere Entwicklung unserer Fertigungsindustrie von überragender Bedeutung. Andererseits wird von diesem Begriff in jüngster Zeit übermäßig Gebrauch gemacht. Innovation ist in der öffentlichen Diskussion längst zu einem Modewort verkommen. Es stellt sich die Frage, was Innovation in diesem Kontext ist und mit welcher Art von Innovation sich die notwendigen finanziellen Ergebnisse erzielen lassen. Hier zeigt sich naturgemäß kein einheitliches Bild. Die wenigsten Unternehmen schaffen es, sogenannte Killer-Produkte – vollständige Neuentwicklungen – auf den Markt zu bringen. In der Realität sind Innovationen meist verbesserte Produkte, erweiterte Dienstleistungen und effizientere Produktionsverfahren. Als Triebfeder für innovative Entwicklungen stehen in der Regel die Wünsche und Anforderungen der Kunden (z. B. Energieeinsparung). Mit einer derartigen Problemstellung aus dem Markt ist zwangsläufig eine wirtschaftlich interessante Nachfragesituation gegeben. Hier in die Entwicklung neuer Lösungen zu investieren, ist für erfolgsorientierte Industrieunternehmen eine Notwendigkeit. Indes kann die Investition in neue Produkte auch ein hohes finanzielles Risiko bergen. Die Vermarktung von Neuerungen, selbst wenn diese einen objektiven Nutzen bringen, ist aufwendig und verlangt große vertriebliche Anstrengungen.

Zum einen sind Innovationen in den Betrieben der Fertigungsindustrie überlebensnotwendig, zum anderen stellen sie erhebliche Anforderungen an alle Prozessbeteiligten. Ob Entwicklung und Herstellung neuartiger Produkte oder Einführung neuer Verfahren und Arbeitsabläufe, beides ist mit mehr oder minder umfangreichen Veränderungen verbunden. Gewohnheitsmäßiges, Routine und Vertrautes müssen aufgegeben werden. Dies wird von den Mitarbeitern häufig als Gefährdung ihrer persönlichen Situation wahrgenommen. Bisweilen bildet sich offener oder verdeckter Widerstand, Zweifel am Sinn einer Innovation werden laut. Hieraus erwachsen schädliche Spannungen in der Zusammenarbeit mit Vorgesetzten und Kollegen. Die Folge: wichtige Innovationen werden verzögert, verwässert oder gar verhindert; eine Entwicklung, die sich eigentlich kein Unternehmen im globalen Wirtschaftsraum leisten kann.

Wie die Erfahrung zeigt, braucht der erfolgreiche Umgang mit diesem Thema ein Umfeld, in dem Innovation und Veränderung als etwas Positives aufgefasst werden. Das Innovationsgeschehen benötigt organisatorische und auch kulturelle Rahmenbedingungen, mit denen sich Neuerungen systematisch fördern und umsetzen lassen. Mit strategisch ausgerichtetem Innovationsmanagement, für alle erkennbar getrieben und getragen von der Geschäftsleitung, lassen sich die nötigen Voraussetzungen schaffen. Innovativ zu sein, ist eine permanente Zielsetzung jedes Unternehmens. Das Top-Management muss alle Möglichkeiten einsetzen, um jedem Mitarbeiter den hohen Stellenwert von Innovation nachhaltig zu vermitteln. In der betrieblichen Praxis umfasst Innovationsmanagement eine ganze Palette von Maßnahmen und Regeln. Allem voran stehen die zielgerechte Qualifikation der Mitarbeiter und die Entwicklung eines gemeinsamen Verständnisses von und für Innovation. In diesem Bereich geht es auch um das Bewusstsein für Projektverantwortung und Verbindlichkeit. Das Erschließen von Knowhow-Quellen ist ein weiteres Feld des Innovationsmanagements. Hier stehen unter anderem Wissenschaftsinstitute, Technologiezentren, Patente und staatlich geförderte Technologieprojekte zur Verfügung. Natürlich wird zudem die Frage gestellt, ob eine Innovation eingekauft werden soll oder sogar die Akquisition eines innovativen Unternehmens eine wirtschaftlich interessante Alternative sein kann. In welcher Konstellation auch agiert wird, eines ist für die Verantwortlichen unverzichtbar: Kosten und Gewinnaussichten einer Innovation realistisch einzuschätzen und mit kaufmännischen Maßstäben zu kalkulieren.

Neben Veränderungen infolge eigener Innovationstätigkeit können Unternehmen auch von den Neuerungen anderer oder allgemeinen Veränderungen betroffen sein. Themen wie Digitalisierung oder Elektromobilität werden wohl in den kommenden Jahren viele Betriebe beeinflussen. Die Digitalisierung bringt sowohl Chancen als auch Gefahren mit sich. Für einen Teil der Fertigungsindustrie ergeben sich vielversprechende Innovationsmöglichkeiten, ein anderer sieht sein traditionelles Geschäftsmodell bedroht. Für diesen Teil der Industrie ist der digitale Wandel eine große Herausforderung. Immer flexiblere Roboter sind in der Lage, spezialisierte Maschinen zu ersetzen. Auch additive Fertigung mittels 3D-Druck ist inzwischen eine etablierte Technologie. Ihr Einsatzgebiet reicht von komplexen Einzelstücken über Kleinserien bis hin zu selten benötigten Ersatzteilen – und das zu wettbewerbsfähigen Kosten. Diese und andere Entwicklungen werden vermutlich zu einigen disruptiven Umwälzungen führen. Sofern sich die Elektromobilität in nicht allzu ferner Zukunft durchsetzen sollte, wird sich eine Reihe von Automobilzulieferern ein neues Geschäftsfeld

suchen müssen. Selbst wenn der Verbrennungsmotor etwa im Nutz-
fahrzeugbereich nicht völlig verschwinden wird, kann sich der Bedarf
derartig rückläufig entwickeln, dass auskömmliche Umsätze nicht
mehr zu generieren sind.

Ökologie

Spätestens seit der Veröffentlichung des Berichts „Die Grenzen des
Wachstums" durch den Club of Rome im Jahre 1972 spielt der Begriff
Ökologie in der Wirtschaft, speziell in der Fertigungsindustrie, eine
immer wichtigere Rolle. Das Wachstum in den hoch entwickelten Wirt-
schaftsregionen (Nordamerika, Europa und Japan) sowie die fortschreitende Industrialisierung – besonders in Asien und Lateinamerika –
belasten und verändern die Faktoren Klima, Boden, Wasser und Luft
unseres Lebensraums in zusehends stärkerem Maße. Die weitere rasante Zunahme der Weltbevölkerung wird in den kommenden Jahrzehnten die Situation noch dramatisch verschärfen. Bis etwa in 2050
sollen nach aktuellen Prognosen rund vier Milliarden Menschen in In-
dustriegesellschaften leben, mit all den uns bekannten Begleiterscheinungen.

Unser Ökosystem – lokal und global – kann nach heutigen Maßstäben
diesen Anforderungen nicht standhalten. Der steigende Wohnkomfort
und die zunehmende Mobilität von hunderten Millionen Menschen in
aufstrebenden Schwellenländern führen zu weiteren immensen Um-
weltschäden. Mit klimatisierten Räumen und den Betrieb von elektrischen Haushaltsgeräten, Unterhaltungselektronik und Kraftfahrzeu-
gen werden gewaltige Mengen fossiler Brennstoffe verbraucht. Die
ohnehin hohe Konzentration an Kohlendioxid (CO_2) in der Erdatmo-
sphäre steigt in bedrohlichem Maße weiter an. Eine sehr schlimme Entwicklung angesichts der von Fachleuten prognostizierten Auswirkungen auf unsere künftigen Lebensbedingungen. Parallel dazu geht ein
gigantischer Verbrauch von nicht energetischen Rohstoffen wie Bauxit,
Nickel, Kupfer, Zink etc. einher. Diese Ressourcen sind nicht in belie-
bigem Ausmaß verfügbar, jedoch für die industrielle Produktion von
außerordentlicher Bedeutung.

In Anbetracht dieser Gegebenheiten sehen sich die Industrieunternehmen auf der ganzen Welt riesigen Aufgaben gegenüber. Wenn die im
Raum stehende ökologische Katastrophe in den kommenden Dekaden
verhindert werden soll, sind innovative technische Lösungen dringend
notwendig. Der Bereich Energiebedarf für Stromerzeugung, Wärmegewinnung, Mobilität und Warentransport ist von besonderem Interesse.
Bei der Stromerzeugung und Wärmegewinnung sind unstrittig zwei
Ansätze erforderlich: Energieeinsparung und Nutzung regenerativer
Energiequellen (Wasser, Wind, Sonne, Geothermie und Biomasse). Im
Falle von Mobilität und Warentransport heißen die Zielsetzungen Energieeinsparung, alternative Energieträger (Biodiesel, Flüssiggas, Was-
serstoff etc.) und neue Antriebskonzepte (Hybrid- und Elektroantrieb).
Vor allem bei der Frachtschifffahrt ist ein Umdenken geboten. Mit
ca. 60 000 Schiffen, die größtenteils mit Schweröl betrieben werden,
trägt dieser Bereich zur globalen Klimabelastung bei. Der jährliche
Ausstoß von Schwefeloxiden eines dieser Mega-Frachter ist laut Fachleuten höher als der von 50 Mio. Autos. Auf dem Gebiet Rohstoffbedarf
müssen ebenso neue Wege beschritten werden. Wo immer möglich, ist
das Ziel, den Rohstoffverbrauch – auch unter dem Aspekt der Wirtschaftlichkeit – zu verringern. Die Wiederverwendung bzw. Rückge-
winnung knapper und demnach wertvoller werdender Ressourcen steigt
enorm in ihrer Bedeutung. Dies geht sogar so weit, dass derzeit geprüft
wird, ob es sich lohnt, längst geschlossene Mülldeponien wieder zu
öffnen.

Unsere Industrie hat in vielen Feldern der Umwelttechnik mit den Jahren eine hohe Kompetenz aufgebaut. Bei regenerativer Energiegewin-
nung mittels Solar-, Windkraft-, Biomasse- und Geothermietechnik
sind heimische Firmen international gut aufgestellt. Dies gilt ebenso
für den Sektor Abgasreinigung und im Besonderen für Filtertechnik
bei Anwendungen für Verbrennungsmotoren, Chemieanlagen und
Kraftwerke. Im Fahrzeugbau liegen die Schwerpunkte in der weiteren
Reduzierung des Kraftstoffverbrauchs, der intensivierten Entwicklung
neuer Antriebskonzepte und der konsequenten Umsetzung des Leicht-
baus mit innovativen Materialien wie etwa Verbundwerkstoffen. Mit

dem Engagement in diesen Bereichen haben Unternehmen der Fertigungsindustrie hervorragende wirtschaftliche Perspektiven. Umwelt- und klimafreundliche Produkte und Verfahren sind weltweit gefragter denn je. Ein auf das ökologische Gleichgewicht unserer Erde ausgerichtetes Handeln stärkt zunehmend die Wettbewerbsfähigkeit in den internationalen Märkten. Ökologie im Kontext unternehmerischen Denkens wird nicht mehr nur als Rendite- oder Ergebnis-Killer gesehen, sondern immer häufiger als reale Chance für eine florierende Ökonomie begriffen.

Umwelt- und Klimaschutz sind heute für alle Unternehmen attraktiv, nicht nur für Fahrzeughersteller und Energieerzeuger. Bei den Bemühungen um Energie- und Ressourceneffizienz ist die heimische Fertigungsindustrie deutlich erkennbar engagiert. Einen großen Raum nimmt das Thema Energieeffizienz von Konsumgütern ein. Die Hersteller bemühen sich, den Stromverbrauch insbesondere von Haushaltsgeräten (Staubsauger, Geschirrspüler, Gefrierschrank etc.) und Unterhaltungselektronik (Fernsehgerät, Stereoanlage etc.) deutlich zu senken. Gleiches ist bei den Herstellern von Beleuchtungstechnik, Heizsystemen und vielen weiteren Strom verbrauchenden Artikeln zu beobachten. Anstrengungen in Bezug auf Energie- und Ressourceneffizienz sind auch bei der Modernisierung der industriellen Produktion zu finden. Neben energiesparenden Investitionsgütern kommen hier verstärkt umweltfreundliche Technologien und Verfahren zur Anwendung. Angesichts hoher Preise wird in der Industrie mit Nachdruck an der Einsparung und Wiederverwendung von Rohstoffen gearbeitet. Zielsetzung ist, den Rohstoffverbrauch durch weitest gehendes Recycling mit innovativen Lösungen auf nahezu Null abzusenken. Eine wichtige Zukunftsstrategie, schneller Erfolg ist hier jedoch nicht zu erwarten.

Wachstum

Unter dem Eindruck von steigendem Ressourcenverbrauch und wachsender Umweltzerstörung wird in der Bevölkerung ebenso wie unter Fachleuten eine kontroverse Diskussion über die Notwendigkeit von permanentem Wirtschaftswachstum geführt. Aus unserem Blickwinkel, mit der Gewissheit eines sicheren und angenehmen Wohlstands, ist eine gewisse Tendenz zu erkennen, die Notwendigkeit von neuerlichen Wachstumsraten infrage zu stellen. In Entwicklungs- und Schwellenländern ist die Situation eine völlig andere. Dort gilt es, den Lebensstandard von Abermillionen Menschen zu verbessern oder gar auf ein menschenwürdiges Niveau zu bringen. Um dies zu erreichen, ist anhaltendes wirtschaftliches Wachstum unerlässlich.

Mit dem Industrialisierungsschub in Ländern und Regionen wie China, Indien, Brasilien, Osteuropa etc. entstehen neue Märkte und neue Marktteilnehmer. Das Volumen an Produktion und Dienstleistung in der Welt wird merklich größer. Angesichts dieser Entwicklung ist Null-Wachstum zweifellos gleichbedeutend mit Schrumpfung. Regional tätige Unternehmen – sofern es diese überhaupt noch gibt – können ohne Wachstum vielleicht eine Weile bestehen. Global tätige Unternehmen hingegen müssen wachsen, um ihre Stellung in den Märkten zumindest halten zu können. Die enorme Dynamik in den globalen Wirtschaftsräumen erlaubt keinen Stillstand. Für Unternehmen der Fertigungsindustrie stellt sich nach Lage der Dinge nicht die Frage nach dem Sinn von Wachstum, vielmehr ist Wachstum für sie eine Notwendigkeit zur Absicherung ihres Fortbestands.

Am Wachstum der Weltwirtschaft zu partizipieren, heißt in den Wachstumsmärkten aktiv zu sein. Es ist nicht mehr ausreichend, in China oder Indien ein Vertriebsbüro zu unterhalten. Marktteilnehmer müssen sich mit strategischer Wertschöpfung vor Ort einbringen. Die Global Player der produzierenden Industrie haben diesen Prozess schon vor Jahren eingeleitet. Dies gilt für alle Branchen vom Maschinen- und Anlagenbau, über den Fahrzeugbau – hier besonders der Sektor Automotive – bis hin zum Flugzeugbau. Auch größere mittelständische Unternehmen – nicht nur Zulieferbetriebe – sind mittlerweile rege tätig im Bemühen, Wachstumschancen zu ergreifen. In den großen Schwellenländern der Wachstumsregionen Asien und Südamerika werden für den Auf- und Ausbau einer leistungs- und wettbewerbsfähigen Industrie Hochtechnologie-Produkte im Bereich der Investitionsgüter gebraucht. Gerade hier bietet diese Entwicklung exzellente Möglichkeiten für unsere Unternehmen, ihre Marktstellung weiter auszubauen. Im Gegensatz dazu sind die Gegebenheiten in den hoch entwickelten Industrieländern komplett andere. Die Nachfrage nach Produkten im Privatsektor ist aufgrund des bereits hohen Lebensstandards erheblich geringer, folglich werden auch Investitionsgüter in geringerem Maße nachgefragt. Obschon beständiger Kostendruck sowie Entwicklungen wie die fortschreitende Digitalisierung auch dort die Notwendigkeit für Investitionen aufrechterhalten.

In neuen Märkten zu investieren, eröffnet für Fertigungsunternehmen Entwicklungsmöglichkeiten über das reine Wachstum hinaus. Neue Herausforderungen und starker Wettbewerb sind ein offensichtlicher Innovationstreiber. Das Produktangebot wird verbessert und/oder erweitert. Um sich von Mitbewerbern abzugrenzen, werden neue Wege beschritten, Prozesse und Technologien entwickelt oder eingeführt. Die eigene Produktpalette muss für Investoren in den Wachstumsregionen attraktiv sein. Vorgaben wie Leistung, Energieverbrauch, Prozesssicherheit, Wertbeständigkeit, Wartungsfreundlichkeit, Ausfallsicherheit etc. haben hohe Priorität. Neben dem Aspekt der Innovation kommt der Entwicklung des Unternehmens eine wichtige Rolle zu, das Wachstum als Motivationsfaktor. Wachsende Unternehmen sind für gute Mitarbeiter attraktiv. Durch neue Bereiche und Organisationsstrukturen entstehen für kreative und motivierte Köpfe gute Karrieremöglichkeiten. Eine lukrative Gehaltsentwicklung verstärkt diesen Effekt noch. Zufriedene und engagierte Mitarbeiter sind letztlich die Grundlage für gute Produkte, guten Service und zufriedene Kunden, die Voraussetzung für Wachstum und dauerhaften Unternehmenserfolg.

Bei allem Positiven, das mit dem Wachstum der Weltwirtschaft verbunden ist, dürfen die gewaltigen Herausforderungen nicht außer Acht gelassen werden. Besonders der stetig zunehmende Energiebedarf lässt die Treibhausgas-Emissionen weiter ansteigen und bedroht das Weltklima. Eine Entwicklung, die hohe Risiken birgt und zugleich die Chance eröffnet, Umwelt- und Klimaschutz in Wachstum umzusetzen. Unternehmen und ihre Produkte müssen „grüner" werden. Eine Neuausrichtung mit dieser Zielsetzung kann ein überaus positives Firmen- und Marken-Image entwickeln. Damit lässt sich Geld verdienen. Umwelt- und klimafreundliche Produkte und Produktionsprozesse verbessern die Wettbewerbsfähigkeit. So generiertes Wachstum muss nicht notwendigerweise zum Raubbau an unserem Lebensraum führen. Technischer Fortschritt muss mittel- und langfristig unbedingt eine Entkopplung von wirtschaftlichem Wachstum und der Nutzung natürlicher Ressourcen bewirken. Innovative Ideen haben da beste Aussichten auf wirtschaftlichen Erfolg.

Wirtschaftlichkeit

Das Ziel eines jeden Unternehmens, Geld zu verdienen, ist für Betriebe der Fertigungsindustrie eine besondere Herausforderung. Die Komplexität der Wertschöpfung – vor allem bei komplexen Produkten – verlangt einen hohen Aufwand an Personal und Produktionsmittel. Bis eine Maschine, eine Anlage oder ein Fahrzeug beim Kunden ist, sind viele Teile zu entwickeln, zu fertigen oder zu beschaffen, zu montieren, zu kontrollieren und vieles mehr. Allein die Erstellung der Bauunterlagen involviert eine Reihe von Abteilungen mit einer mehr oder minder großen Anzahl an Mitarbeitern der verschiedenen Fachdisziplinen. In Entwicklung und Konstruktion, Prototypenbau und Arbeitsplanung entstehen unter anderem dreidimensionale Geometrie- und Simulationsmodelle, Auslegungs- und Berechnungsunterlagen, Fertigungs- und Montagezeichnungen, Schaltpläne, Steuerungsprogramme, Arbeits- und Prüfpläne, NC-Programme sowie Muster und Prototypen. Eine Vielzahl von Abläufen ist zu koordinieren und Produkt- und Prozessdaten müssen verfügbar sein, wo und wann immer sie gebraucht werden.

Soll das Technische Büro seine Aufgaben mit hoher Wirtschaftlichkeit erledigen, erfordert dies logistische Höchstleistung. In der Realität der betrieblichen Praxis ist die nur selten gegeben. Die Arbeitsproduktivi-

tät wird besonders durch Defizite in der Kommunikation und beim Informationsfluss beeinträchtigt. Es kommt zwangsläufig zu „Blind- und
Scheinleistung", zudem werden ergebnisorientiertes Verhalten und
Handeln der Mitarbeiter nicht gerade gefördert. Eine Situation, die für
permanenten Kostendruck verantwortlich ist. Die Rationalisierung der
Fertigung in den letzten Jahrzehnten mit dem Einsatz moderner com-
putergesteuerter Produktionstechnik hat die Maschinenproduktivität
und damit verbunden die Arbeitsproduktivität der Werker zwar deutlich gesteigert, jedoch ist die Rentabilität in der Fertigungsindustrie
nach wie vor ein Problem. Die zunehmende Zahl der konkurrierenden
Marktteilnehmer infolge des Globalisierungsprozesses erfordert dauer-
hafte Maßnahmen zur Kostenentlastung. Die Einsparungspotenziale in
der Produktion sind aufgrund des bereits hohen Automatisierungs-
grads nach heutigem Stand der Technik – vielleicht bringt „Industrie 4.0" neue Effekte – mit vertretbarem Aufwand nur noch begrenzt
gegeben. Erhebliche Möglichkeiten zur Kostenentlastung sind dagegen
noch in den fertigungsvorgelagerten Engineering-Bereichen zu finden.

In der mechanischen Konstruktion sowie im Design von elektrischen
Schaltungen und elektronischen Platinen-Layouts werden heute ausnahmslos marktgängige MCAD/ECAD/EDA-Systeme eingesetzt. Mit
leistungsfähiger CAE/FEM- und DMU-Software wird – besonders im
Automobil- und Flugzeugbau – eine Vielzahl von Bauteil-, Baugruppen-
und Erzeugnis-Simulationen auf der Basis von digitalen 3D-Geometrie-
modellen durchgeführt. Diese und weitere Tools haben bei der Entwicklung von Bauunterlagen in Form des digitalen bzw. virtuellen Produkts
zu deutlich kürzeren Durchlaufzeiten im Technischen Büro geführt. In
der Automobilindustrie konnte die Entwicklungszeit für ein Fahrzeug
durchschnittlich um mehr als die Hälfte verkürzt werden. Die Wirtschaftlichkeit wurde dadurch merklich erhöht; gleichwohl wächst mit
ansteigendem Wettbewerbsdruck weiterhin der Druck auf die Erlöse.
Viele Unternehmen der Fertigungsindustrie erwirtschaften zwar einen
Gewinn, die wenigsten davon sind jedoch wirklich rentabel, haben gar
eine 2-stellige Umsatzrentabilität bzw. EBIT-Marge aufzuweisen.

Der flächendeckende Einsatz moderner Informationstechnik hilft, die individuelle Arbeitsproduktivität der Mitarbeiter bei spezifischen Einzelaufgaben eindrucksvoll zu steigern. High-end-CAD-Systeme etwa ermöglichen die schnelle Modellierung von parametrisch-assoziativen 3D-Bauteilgeometrien. Noch schneller lassen sich Änderungen an diesen Objekten ausführen. Mit jeder Bauteiländerung entstehen neue Dateien und Stammdaten. Im Zuge von Projektabwicklung erwächst so allein im Bereich der CAD-Anwendung eine enorme Datenmenge. Alle Produktunterlagen zusammen türmen sich – je nach Komplexität des betreffenden Produkts – zu einer regelrechten Datenhalde. Werden die Unterlagen hierbei nicht in einen logischen Kontext gestellt, ist eine transparente Nutzung nicht mehr gegeben. Das Auffinden der richtigen Daten für eine jeweilige Aufgabe erfordert mehr Zeit als wirtschaftliches Arbeiten zulässt. Da ca. 70 % der Entwicklungskosten Personalkosten sind, resultiert hieraus eine spürbare Belastung der Rentabilität. Mit der Einführung von PDM-Software zur Verwaltung von Produktdaten versuchen immer mehr Unternehmen, dieses drängende Problem in den Griff zu bekommen. Der Nutzen trifft aber nur selten die hohen Erwartungen.

Der Ausbau der Informationstechnik in der Fertigungsindustrie ist ein Schwerpunkt geworden im Bemühen, die Wirtschaftlichkeit und damit die Wettbewerbsfähigkeit anhaltend zu fördern. Neben CAx-Anwendungen und Lösungen für Prozess- und Datenmanagement wird die weitere Vernetzung von Informationen vorangetrieben (Industrial Internet, „Industrie 4.0"). Als weiterer Schwerpunkt, um Kosten zu senken und Erlöse zu steigern, gewinnt allmählich die Standardisierung von Baukomponenten an Bedeutung. Mit zunehmender Individualisierung der Produkte sind neue Herausforderungen zu bewältigen. Kundenspezifische Anforderungen führen zu einem starken Anstieg der Produktvarianten. Wirtschaftliche Industrieproduktion ist hier nur mit „Massenhafter Spezialanfertigung" zu realisieren. Mit konventionellen Methoden für Großserien-Produktion ist dies nicht zu schaffen. Schon in der Entwicklung werden deswegen neue Strategien wie Teilestandardisierung und Produktmodularisierung etabliert. Als Beispiel sei der Volkswagen-Konzern genannt, der im Zuge der Plattform-Standardisierung eine Reihe von Bauteilen einschließlich Bodengruppe z. B. in den Typen Golf, A3, Octavia und Leon seiner Marken VW, Audi, Škoda und Seat verwendet. Mit deutlich weniger Baukomponenten eine Vielzahl von gefragten Produktvarianten bei rentabler Fertigung anbieten zu können, ist eine der künftigen Kernaufgaben für unsere Industriebetriebe. Der in- und extensive Einsatz von Informationstechnik in Entwicklung und Produktion wird dafür weiter forciert werden.

Bei allem Bemühen zur Verbesserung der Wirtschaftlichkeit sind in weiten Teilen der Fertigungsindustrie die Dinge im Argen. Zu viele oder die falschen „Köche" verderben den „Brei". Evidente Unzulänglichkeiten – unabhängig von ihrer Tragweite – werden durch „Schnellschüsse" behoben. Aktionismus statt planmäßiges Handeln – Personen ohne geeignete Struktur und adäquates Know-how treffen zukunftweisende Entscheidungen. Die Wahrscheinlichkeit, damit die Wirtschaftlichkeit zu fördern, ist genauso hoch wie beim Glücksspiel. Wenn wirklich mal ein strategisches Projekt (z. B. Teilestandardisierung) aufgesetzt wird, erfolgt die Umsetzung ohne die notwendigen Maßnahmen und Rahmenbedingungen. Es fehlt der Nachdruck der Verantwortlichen, der Zielkatalog ist zu schwammig, die Ressourcen sind zu knapp bemessen und die Zeitplanung ist völlig unrealistisch. Dieses Szenario ist bei vielen Vorhaben zu beobachten. Es ist beinahe der Normalfall. Projekte scheitern oder ihre Ergebnisse bleiben weit hinter den Erwartungen zurück. Teure Investitionen verpuffen ohne die erwünschte Wirkung. Es wird immer wieder mit den gleichen Rezepten agiert. Wo sind die Persönlichkeiten in der Industrie, die das nicht länger verantworten wollen und diesen Teufelskreis durchbrechen? Die Zeichen der Zeit scheinen noch nicht hinreichend wahrgenommen zu werden.

Kapitel II

Informationstechnik

Die Ausführung von Geschäftsprozessen in der Fertigungsindustrie erfolgt inzwischen nahezu vollständig mittels diverser Informationstechnik. Um die Arbeitsproduktivität zu erhöhen, wird ein hoher Aufwand betrieben. Jedoch sind die Ergebnisse häufig ernüchternd. Was in einem Unternehmen ohne Informationstechnik schlecht organisiert abläuft, kann mit Informationstechnik kaum besser werden. Die alleinige Beschaffung von IT-Systemen löst keines der Probleme. Das Fehlen geeigneter Strategien und Konzepte führt zwangsläufig zu mangelnder Datentransparenz, unzulänglicher Datenqualität und lückenhafter Systemintegration. Auch der Datensicherheit wird nicht durchweg die erforderliche Beachtung geschenkt.

Checkliste zu Informationstechnik:

☑ Erfolgen Auf- und Ausbau der IT-Infrastruktur Ihres Unternehmens mittels abteilungsübergreifender Strategie?

☑ Werden Softwaresysteme (MCAD, ECAD etc.) auf der Grundlage eines systematischen Auswahlverfahrens beschafft?

☑ Nutzen Sie in Ihrem Unternehmen bereits PDM-Software zur integralen Verwaltung bzw. Vernetzung Ihrer Produktdaten?

☑ Führen Sie alle Elemente einer Produktdokumentation strukturiert zum Informationskomplex „Virtuelles Produkt" zusammen?

☑ Schließen Ihre Stücklisten alle materiellen und immateriellen Komponenten (Hard- und Software) eines Produkts ein?

☑ Liegen in Ihrem Unternehmen die Produktdaten zu jeder Zeit vollständig, aktuell und widerspruchsfrei vor?

☑ Werden die Daten Ihrer Anwendungssysteme (MCAD, ECAD, CAQ etc.) prozessorientiert zusammengeführt?

☑ Sind Ihre IT-Systeme so integriert, dass diese eine Arbeitsplattform für alle Prozessakteure Ihrer Wertschöpfung bilden?

☑ Schützen Sie Ihre Produktdaten – Ihr Firmenkapital – vor Verlust oder Missbrauch, insbesondere an ausländischen Standorten?

☑ Ist Ihr Unternehmen hinreichend gewappnet vor Angriffen durch Hacker oder Cyber-Kriminelle?

☑ Stellen Sie die langfristige Verfügbarkeit Ihrer Produktdaten zur Wiederverwendung und/oder Nachweisführung sicher?

Beschaffung ohne Strategie

Die Erstellung und Nutzung von Informationen geschieht heute ausnahmslos mithilfe informationstechnischer Hard- und Software. Textverarbeitung, Tabellenkalkulation, Präsentationsentwurf, Bildbearbeitung, Mechanik- und Elektro-Konstruktion, Software-Entwicklung, Simulation, Berechnung und Auslegung, Arbeits- und Prozessplanung, Qualitätssicherung usw., all diese Aufgaben werden mittels spezifischer Software-Lösungen ausgeführt. Die Forderung nach Beschaffung eines IT-Werkzeugs ist fast immer getrieben von vermeintlichen oder tatsächlichen Unzulänglichkeiten bei der Bearbeitung einer anfallenden Aufgabe (z. B. NC-Programmierung) in einem Geschäftsprozess (z. B. Arbeitsplanung). Mit der persönlichen Wahrnehmung einzelner Mitarbeiter wird oftmals kurzfristig entschieden, was wann von wem gekauft oder geleast wird. Dabei sind zumeist zwei Dinge problematisch: Die Beschaffung erfolgt ohne strategische Zielsetzung und ohne systematisches Auswahlverfahren.

Wertschöpfende Prozesse werden nicht in ihrer Gesamtheit gesehen. Der Fokus ist immer auf Einzelaufgaben gerichtet. Jede Abteilung sieht nur ihr Geschehen und ihre Probleme. Aus dieser Sichtweise heraus wird folglich gehandelt. Zunächst nimmt man eine bestimmte Schwierigkeit, ein Dilemma wahr. Kurzerhand gibt es dazu die Lösung – eine neue Software. Die IT-Abteilung tritt entsprechend ihrer Bestimmung als Dienstleister auf und unterstützt die betreffende Fachabteilung bei der Auswahl, Beschaffung, Installation und Administration. Die Sinnhaftigkeit der Aktion wird von den IT-Fachleuten gewöhnlich nicht hinterfragt. Dies liegt zwangsläufig begründet im Aufbau der Unternehmensstruktur und der damit festgelegten Regeln. Aus Eigeninteresse wird die IT-Abteilung nichts tun, was ihre Daseinsberechtigung untergraben könnte. Dadurch wird der Flickenteppich an Software-Lösungen stetig größer und auch der finanzielle Aufwand für Beschaffung, Pflege sowie Administration steigt weiter an. Mit diesem Vorgehen ist die Wahrscheinlichkeit groß, Geldmittel zu verschwenden und damit dem Unternehmen zu schaden.

In größeren Unternehmen oder Unternehmenseinheiten existieren nicht selten mehrere IT-Abteilungen, oftmals bedingt durch so manche Umstrukturierungsmaßnahme. Bei einer solchen Konstellation kommt es vor, dass IT-Abteilungen sogar miteinander um Projekte und Zuständigkeiten konkurrieren. Absurd – und der „Nährboden", aus dem mehr IT-Vorhaben „erwachsen" als nötig. Nicht minder schädlich ist das Verhalten von Abteilungsverantwortlichen, die sich ganz bewusst dafür entscheiden, „gegen den Strom zu schwimmen", soll heißen, IT-Werkzeuge anschaffen ohne Rücksicht auf die wirtschaftlichen Auswirkungen für das eigene Unternehmen. Ein Ergebnis solchen Handelns kann beispielsweise dazu führen, dass verschiedene E & K-Abteilungen ohne jede Notwendigkeit mit unterschiedlichen CAD-Systemen arbeiten. Die Verwendung mehrerer Dokumentenmanagementsysteme (DMS) in den fertigungsvorgelagerten Bereichen ist ein weiteres Übel. Obwohl mittels PDM-Lösung sämtliche produktbezogenen und nicht produktbezogenen Dokumente hinsichtlich aller Anforderungen in bester Form verwaltet werden können, werden für Dokumenttypen wie Normen, Versuchsberichte, Konformitätserklärungen, Risikobeurteilungen, Zertifikate, Gefahrstofflisten, Fließbilder etc. des Öfteren diverse DMS eingesetzt. Übertroffen wird dieser Unsinn noch von Unternehmen, die abteilungs-, geschäftsbereichs- oder standortbezogen verschiedene Managementsysteme für Produktdaten eingeführt haben oder dabei sind, es zu tun, was durchaus nicht selten der Fall ist. Die Folge all dieser Auswüchse sind erhebliche Mehrkosten, die ganz einfach zu vermeiden wären.

Wirtschaftlichkeit leitet sich nicht automatisch aus der Installation von IT-Systemen ab, Wirtschaftlichkeit ist vielmehr das Ergebnis der Umsetzung strategischer Unternehmensziele mithilfe einer informationstechnischen Infrastruktur, die die Wertschöpfungsprozesse nach Stand der Technik in bestmöglicher Art und Weise unterstützt. Wenn der IT-Ausbau ohne Strategie – aus der Tagesaktualität heraus – erfolgt, läuft naturgemäß vieles in die falsche Richtung, treten Effekte zu Tage, die nicht förderlich sind und niemand wollen kann. Hinzukommt, dass die Entscheidung für Software nur selten auf der Grundlage eines methodischen Auswahlprozesses getroffen wird. Statt der Schritte Entwicklung eines Fachkonzepts, Definition eines Anforderungskatalogs und Durchführung von Benchmarks sowohl zur Prüfung der Anwendungsfunktionen als auch zur Beurteilung des Systemverhaltens bei praxisbezogenen Anwendungsfällen wird aufgrund einer cleveren Vertriebspräsentation eines der Anbieter ein „schneller" Entschluss gefasst. Die Software wird hierbei größtenteils nur oberflächlich betrachtet. Wichtige Auswahlkriterien wie Systemarchitektur, Integrationsfähigkeit bzw. Integrierbarkeit, Anpassbarkeit und Erweiterbarkeit werden nicht mit der nötigen Sorgfalt bedacht. Meist erfolgt auch keine Analyse darüber, welche Strategien, Konzepte und Methoden der Software zugrunde liegen und welche Standards unterstützt werden. Diese Unzulänglichkeiten zeigen sich vor allem, wenn Personen ohne hinreichendes IT-Know-how in die Auswahl involviert sind. Das Ergebnis könnte fast ebenso durch Würfeln erzielt werden. Mit einer derartigen Herangehensweise kommt keine gesicherte Beschaffung zustande. Abhängig von der betreffenden Software-Klasse (PDM, ERP etc.) kann dies schwerwiegende Auswirkungen auf die Produktivität eines Unternehmens haben.

Die Fertigungsindustrie investiert jährlich Milliardenbeträge in informationstechnische Ausrüstung. Unbestritten werden damit gewisse Erfolge erzielt, doch im Verhältnis zu den Aufwendungen fallen diese in der Regel eher bescheiden aus. Wie bereits dargelegt, ist das Grundproblem eine zutiefst abteilungsorientierte Denkweise. Das Erreichen eines Abteilungsoptimums wird über das Erreichen eines optimalen Unternehmensergebnisses gestellt. Es gibt offensichtlich niemand, der das Ganze im Blick hat. Der IT-Abteilung fehlt naturgemäß der Fachbezug, den Fachabteilungen die Sicht auf den Gesamtprozess. Dieses Manko ist teuer und kostet Rentabilität, darüber hinaus beeinträchtigt es generell die Unternehmensentwicklung. Der Auf- und Ausbau der IT-Infrastruktur erfordert eine abteilungsübergreifende Strategie. So wie in einer Produktionshalle die einzelnen Bearbeitungsstationen (z.B. Dreh-Fräs-Zentrum) fertigungstechnisch in einer logischen Anordnung platziert sind, müssen auch IT-Systeme zusammengestellt und vernetzt werden, um damit die Wertschöpfungsprozesse durchgehend produktiv ausführen zu können.

Mangelnde Datentransparenz

So gut wie jede der Aufgaben im Technischen Büro eines Fertigungsunternehmens wird inzwischen mit einer IT-Anwendung (z.B. CAD) bearbeitet. Im Zuge einer Produktentwicklung oder Auftragsabwicklung entstehen mithin hunderte oder gar tausende – bei sehr komplexen Produkten sogar mehrere zehntausend – Dateien. Wenn kein Verwaltungssystem vorhanden ist, erfolgt ihre Ablage mittels Betriebssystem-Funktionalität in Verzeichnisstrukturen auf einem Fileserver. Mangels anderer Möglichkeiten bekommen die Dateien Namen, die aus einigen Schlüsseln zusammengesetzt sind. Damit werden Informationen wie Dokumenttyp, Bezeichnung, Projekt, Version, Freigabestand etc. zugeordnet. In dieser Art sind auch die Verzeichnisnamen aufgebaut. Es gibt weder Stammdaten zu den Dateien noch eine einheitliche Ablagesystematik. Des Weiteren existieren keine Verknüpfungen zwischen zusammengehörenden Dateien. Der Zustand dieser Art von Datenverwaltung gleicht dem einer Loseblattsammlung in einem Papierarchiv. Anstelle von elektronischer Datenverarbeitung (EDV) wird elektronische Zettelwirtschaft (EZW) praktiziert. Infolgedessen ist die digitale Produktbeschreibung unstrukturiert und intransparent. Ein schneller aufgabenbezogener Zugriff auf Dateien (z.B. Fertigungszeichnung) ist nicht möglich. Die Suche nach den benötigten Arbeitsunterlagen ist zeitintensiv und dementsprechend teuer. Da keine Plausibilitätsprüfung bei der Ablage – insbesondere nach Änderungen – durchgeführt wird, schleichen sich zunehmend nicht mehr definierbare

"Zettelwirtschaft"

Dateistände ein, außerdem wächst auf diese Weise die Zahl an Datei-Doubletten. Folglich produziert die elektronische Zettelwirtschaft ganz nebenbei auch eine Menge wertloses elektronisches Altpapier.

Mehr und mehr Firmen versuchen diesen Zustand mit der Anschaffung einer PDM-Software zu beenden. Da bei der Verwaltung von Produktdaten die größte Not grundsätzlich in der oder den E & K-Abteilungen vorherrscht, kommt aus dieser Ecke meist auch die Initiative dazu. Das Interesse an Produktdaten konzentriert sich hierbei auf Geometriemodelle und Zeichnungen, also auf alle Dateien, die mithilfe von CAD-Applikationen erzeugt werden. Der große Rest an technischen Unterlagen, die Arbeitsergebnis verschiedener CAx-Anwendungen sind, bleibt außen vor. Die angestrebte PDM-Lösung verkommt im Zuge der Einführung zur einfachen Zeichnungsverwaltung. Bei derlei Projekten fehlt die Gesamtsicht auf das Problem. Demzufolge fehlt es auch an einem Gesamtkonzept. Die Definition der Beschreibungs- bzw. Metadaten für die Verwaltungsobjekte (z. B. Zeichnungsstammsatz) entspricht oftmals nicht den Anforderungen der Prozessakteure. Die Frage, wer welche Produktdaten-Attribute (Zeichnungsart, Freigabestatus etc.) in welchem Geschäftsprozess schreibt/ändert (erzeugt) und/oder liest (nutzt), wird kaum im nötigen Umfang analysiert. Damit fehlt die Möglichkeit, etwa für eine Zeichnung alle Eigenschaften zu führen, die sie in ihrem gesamten Lebenszyklus aufweisen kann. Auch bei dieser Art von EDV wird die Arbeitsproduktivität der Prozessbeteiligten merklich beeinträchtigt. Die situative Beschaffung von prozessrelevanten Informationen wird nur unzureichend unterstützt. Begleiterscheinungen in diesem Umfeld sind längere Bearbeitungszeiten und höhere Arbeitskosten. Trotz einer stattlichen Investitionssumme zur PDM-Einführung zeigen sich im Ergebnis kaum positive Effekte in Sachen Kosteneinsparung.

Wenn in einem PDM-Projekt keine Komponente Dokumentenmanagement zur Verwaltung aller technischen Unterlagen auf dem Plan steht, ist das problematisch genug, noch schlimmer ist, wenn stattdessen in einem weiteren IT-Projekt ein eigenes Dokumentenmanagementsystem (DMS) eingeführt wird. Selbst dieses Szenario ist in den Betrieben nicht nur gelegentlich anzutreffen. Mit PDM und DMS gibt es zwei Verwaltungssysteme, zwei Datenbanken, also zwei Insellösungen. Das verursacht zusätzliche Kosten für Software (Beschaffung und Pflege), Administration und Schulung ohne entsprechenden Nutzen. Als Argument zur Rechtfertigung einer DMS-Einführung neben einer PDM-Installation wird gerne genannt, dass diese Software-Klasse auch Workflow-

Funktionalität zur Datei- bzw. Dokumentbearbeitung bietet. Dabei wird übersehen oder aber ignoriert, dass Workflow-Management (WfM) eine Grundkomponente in jedem professionellen Produktdatenmanagement-System ist. Des Weiteren lassen sich mit PDM Teileinformationen in Form eines Teilestammsatzes führen. Mit diesem kann wiederum der konstruktive und/oder fertigungstechnische Produktaufbau als grafische Stückliste bzw. Produktstruktur abgebildet werden. Hinsichtlich der Teile beschreibenden Dateien (Modelle, Zeichnungen etc.) ist die Produktstruktur der natürliche Ort zur Verknüpfung von Teil und Dokument (= Datei mit Stammdaten). Alle Elemente der Produktdokumentation sind dadurch per Relation eindeutig und hierarchisch gegliedert in das Datengebilde „Virtuelles Produkt" eingebunden.

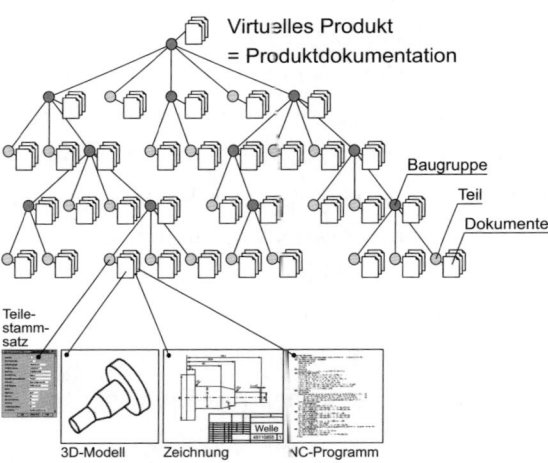

Ein Dokumentenmanagementsystem kennt keine Teile und somit auch keine Produktstruktur. Der Teilestammsatz als Bezugspunkt für alle beschreibenden Dokumente eines Teils fehlt. Dies ist nicht verwunderlich, da Dokumentenmanagementsysteme für administrative Aufgaben konzipiert sind. Sie werden zur Digitalisierung des Posteingangs, zur Bearbeitung und Ablage von Anfragen, Angeboten, Lieferscheinen etc. sowie zur Archivierung von Bestellungen, Rechnungen, Verträgen usw. eingesetzt. DMS-Software ist ein Teil von Enterprise Content Management (ECM), jedoch in der Verwaltung, nicht in der Technik. Und dennoch gibt es Fertigungsunternehmen, in deren Technischem Büro mehr als eine DMS-Software installiert ist. So liegt die Produktdokumentation jeweils nicht als Einheit, sondern in Fragmenten vor, die weder sachlogisch noch physisch in Verbindung stehen. Dies ist ein krasser Widerspruch zur Zielsetzung der elektronischen Datenverarbeitung – computergestütztes Chaos anstelle von vollständiger Datentransparenz. Produktdaten werden wie elektronische Zettel verwaltet. Das schränkt die Produktivität selbst sehr guter Mitarbeiter ein, was für deren Motivation nicht förderlich ist. Hier zeigt sich ein gravierendes Problem in vielen Fertigungsunternehmen in Sachen Informationstechnik: viele Systeme, viele Anwender, viele Daten, aber kein integrales – ein Ganzes bildendes – Werkzeug zur Arbeits- und Datenorganisation. Bei diesen Verhältnissen lässt sich Information nicht wirtschaftlich nutzen. „Scheinleistung" und Zeitverschwendung sind unvermeidbar und eine Verbesserung des Betriebsergebnisses ist so nicht zu erreichen.

Unzulängliche Datenqualität

Wirtschaftliche Prozesse mit hoher Arbeitsproduktivität setzen Daten von hoher Qualität voraus. Für das Technische Büro eines Fertigungsunternehmens trifft dies besonders umfänglich zu. In jeder Phase der Produktentwicklung sind korrekte Produktdaten die Basis für hochwertige Arbeitsergebnisse. In Summe sind das alle technischen Daten, die ein Produkt (Gerät, Maschine, Fahrzeug, Anlage etc.) mindestens in den Kategorien Funktion, Gestalt, Technik, Qualität, Produktion, Service und Recycling vollständig beschreiben. Vor diesem Hintergrund fordert die internationale Norm für Konfigurationsmanagement ISO 10007 (vormals ISO 9004-7) das eindeutige und zeitabhängige Erkennen einer Produktzusammensetzung, d. h. die Beschreibung einer Konfiguration mit vollständigen, aktuellen und widerspruchsfreien Produktdaten. Wenn dieses Ziel erreicht wird, bilden Produktdaten verlässliche Produktinformationen und darüber hinaus das komplette Produktwissen.

Da in den meisten Betrieben ein Flickenteppich an Software vorliegt, existieren Dateninseln ohne jede Verbindung. Es gibt kaum eine vollständige Stückliste. Entweder fehlen elektrotechnische Teile (z. B. Schalter, Sensoren und Aktoren) oder Dinge wie Betriebs- und/oder Hilfsstoffe (Öl, Dichtmasse etc.) oder Dokumentationen (Handbuch, Montageanleitung etc.). Auch die Teile beschreibenden Dateien liegen verstreut im IT-Netzwerk. Modell, Zeichnung, Wertanalyse, NC-Programm, Arbeitsplan, Erstmusterprüfbericht usw. haben keinerlei Beziehung (Relation) zu dem Teil, das sie direkt oder indirekt beschreiben. Wird ohne datenbankgestütztes Verwaltungssystem gearbeitet, liegen Produktdaten lediglich als Nutzdaten in Form von CAx-Dateien mit allen bereits beschriebenen negativen Folgen vor. Prozessbezogene Grunddaten (Stamm- und Strukturdaten) zu Aufbau und konsistenter zeitabhängiger Verwaltung von Teil, Dokument und Stückliste gibt es im Technischen Büro somit nicht.

Selbst wenn ein PDM-System installiert ist, zeigen sich vielfach gravierende Schwachstellen bei der Datenqualität Ein Teil wird unter mehreren Nummern und/oder Benennungen geführt. Oftmals nutzen Abteilungen (TB, AV, Vertrieb, Service etc.), Geschäftsbereiche und/oder Tochterunternehmen eigene Nummernsysteme. Daraus erwachsen sehr schnell kritische Anwendungssituationen. Noch problematischer ist, wenn die PDM-seitige Teilenummer sich von der auf der ERP-Seite – dort meist Artikelnummer genannt – unterscheidet. In den allermeisten Fällen ist die Artikelnummer als Schlüsselnummer aufgebaut. Mit der Einführung von PDM wird aus gutem Grund des Öfteren eine n-stellige Zählnummer für die Teileidentifikation etabliert. Ohne systemtechnischen Abgleich von unterschiedlichen PDM- und ERP-Identnummern sind Fehler mit teuren Auswirkungen unabwendbar. Kaum anders verhält es sich mit prozessbezogenen Stücklisten. Konstruktions- und Fertigungsstückliste etwa sind ohne einen Bezug zueinander. Änderungen an der Konstruktionsstückliste schlagen nicht auf die Fertigungsstückliste durch. Wird beispielsweise ein Teil in der Konstruktionsstückliste ausgetauscht, kommt diese Information in der Fertigungsstückliste nicht an. Die Geschlossenheit der Information über die beiden Stücklisten geht verloren. Einen weiteren Mangel an Datenqualität offenbart die fehlende Relation zwischen Teil und formgebendem Werkzeug. Teile- und Werkzeug- bzw. Betriebsmittelentwicklung erfordern eine enge Verzahnung ihrer Abläufe. Die Modellgeometrie des Teils ist Grundlage für die Modellgeometrie des Werkzeugs (z. B. Spritzgussform). Modifikationen am Teil müssen zeitnah in die Werkzeugform einfließen. Ohne datentechnische Verknüpfung zwischen Teil und Werkzeug ist das Risiko groß, in eine Inkonsistenz zu laufen. Über all diese Unzulänglichkeiten hinausgehend ist das grundsätzliche Manko das fehlende Lifecycle Management. Es gibt keine Erfassung der Lebensgeschichte eines Produkts bzw. seiner Produktdaten. Die Ursache dafür ist, dass für Stamm- und Nutzdaten keine Lifecycle-Kenner in Verbindung mit Revisionierung und Versionierung bezogen auf einen Projektphasendurchlauf (Entwicklungs- oder Änderungsprojekt etc.) geführt werden. Alltägliche Fragestellungen wie zum Beispiel welchen Entwicklungsstand (Reifegrad) und welchen Freigabegrad hat das Dokument X, welche Produktdaten wurden bei der Produktänderung Y modifiziert oder ersetzt oder welche Produktkonfiguration (Produktzusammensetzung) war zum Zeitpunkt Z gültig, können nicht oder nur mit reichlich zeitlichem Aufwand beantwortet werden.

Die Defizite hinsichtlich der Datenqualität wirken sich in vielen Aufgabenbereichen merklich negativ aus. So werden etwa wegen fehlerhafter Stücklisten Produkte entweder unvollständig oder in der falschen Konfiguration ausgeliefert. Auch beim Versenden von Ersatzteilen kommt es öfter als vermutet zu Verwechslungen. Der Kunde bekommt entweder ein Teil mit falscher Identnummer oder ein Teil mit der richtigen Identnummer, aber falschem Änderungsindex. Führt dieser Fehler zu langen und folglich teuren Stillstandzeiten, addiert sich zu den internen Prozessmehrkosten (Verpackung, Versand, Transport) noch ein unzufriedener oder gar verärgerter Kunde. Die Ursachen für falschen Ersatzteilversand sind meist auch der Grund für fehlerhafte Beschaffung von Katalog- und Normteilen. Bei Kundenprojekten kann das eine der Ursachen dafür sein, dass der vereinbarte Liefertermin nicht eingehalten wird. Schlechte Datenqualität ist außerdem häufig im

Spiel, wenn falsche Änderungsstände von Zeichnungen an Lieferanten gehen. Wird ein Fehler hier nicht rechtzeitig erkannt, können erhebliche Kosten für Nacharbeit oder sogar Verschrottung und Neuanfertigung entstehen.

Die Verwechslung von Bearbeitungsständen bei CAD-Modellen infolge unvollständiger oder widersprüchlicher Stammdaten birgt ein hohes Risiko, unbrauchbare Arbeitsergebnisse aus Prozessen des Technischen Büros zu bekommen. So führt ein falsches Geometriemodell zu einer falschen FEM-Analyse, einem falschen NC-Programm oder einer falschen Werkzeugform. Eine kleine Ursache mit verhängnisvollen Auswirkungen, die hohe Folgekosten hervorrufen. Ungenügende Transparenz bei der Datenaktualität kann besonders auch bei der Entwicklung mechatronischer Produkte wie Haushaltsgeräte, Büromaschinen, Kraftfahrzeuge etc. verschiedene negative Effekte zeigen. Die Kooperation der Bereiche Mechanik, Elektronik und Informatik erfordert die frühzeitige Zusammenführung der Arbeitsergebnisse in einer zentralen Produktdokumentation. Ist das nicht der Fall – was sehr häufig vorkommt –, hat dies gegebenenfalls zur Folge, dass etwa ein falscher Release-Stand von Firmware (Embedded-Software) zur Gerätesteuerung in den Hardware-Speicher eingespielt wird. Bei einem Serienprodukt kann ein derartiger Fehler eine kostspielige Tausch- oder Rückrufaktion notwendig machen.

Wie diese wenigen Beispiele verdeutlichen, ist in einem industriellen Fertigungsunternehmen mit vielen Produktdaten-Nutzern die Datenqualität ein entscheidender Faktor für wirtschaftliches Arbeiten. Schlechte Datenqualität gefährdet die Prozesssicherheit, ruft Fehler und Fehlentscheidungen hervor und verschlechtert in der Konsequenz das Betriebsergebnis. Ein höchst problematischer Zustand, der dringend abgestellt werden muss. Die Zielsetzung für Produktdaten kann nur lauten: wirtschaftliche Erstellung und Bearbeitung, kontextbezogene Verknüpfungen, lückenlose Dokumentation aller Änderungen, transparente Verwaltung, Sicherung der Konsistenz, schnelles Wiederfinden, langfristige Verfügbarkeit und zuverlässiger Schutz vor Missbrauch. Damit sind vollständige, aktuelle und widerspruchsfreie Informationen in jedem Abschnitt der Wertschöpfung garantiert. Hohe Arbeitsproduktivität, gute Arbeitsergebnisse und niedrige Arbeitskosten sind das Resultat. Ein außerordentlich wichtiger Beitrag zu mehr Wirtschaftlichkeit und einer besseren Rentabilität.

Lückenhafte Systemintegration

Eine Hauptursache für mangelnde Datentransparenz und unzulängliche Datenqualität ist ein fehlendes Gesamtkonzept zur Integration der Informationstechnik. Bei systemfreier Betrachtung ergeben sich Daten in ihrer Gesamtheit aus dem Geschäftsmodell mit seinen spezifischen Abläufen. Die Vielfalt in der Systemlandschaft resultiert aus dem Umstand, dass es keine Allround-Anwendung gibt, mit der alle Aufgaben ausgeführt werden können. Die Komplexität der Anforderungen hat hochspezialisierte Software-Lösungen (Geschäfts- und Autorensysteme) hervorgebracht, mit denen sich einzelne Aufgaben schnell und zuverlässig bearbeiten lassen. Der Fokus der Autorensysteme (z. B. MCAD) liegt primär auf der Datenerzeugung, weniger auf der Datenverwaltung. Meist kann ein Arbeitsergebnis (z. B. Zeichnung) nur in Form einer Datei im Filesystem abgelegt werden. Bei Geschäftsanwendungen (z. B. ERP) ist dies grundsätzlich anders. Hier geht es um Vorgangsbearbeitung (z. B. Beschaffung) auf der Grundlage von Stammdaten (z. B. Artikelstammsatz). Die Datenhaltung erfolgt mit einem Datenbanksystem. Dennoch bilden auch Geschäftsanwendungen in sich abgeschlossene „Welten". Systemgrenzen sind dort ebenso Datengrenzen. Eine Vernetzung von Daten über Systemgrenzen hinweg ist per se nicht gegeben. In diesem Zustand sind Daten system-, aber nicht prozessbezogen. Dies hat zur Folge, dass Daten, die im Kontext eines Geschäftsprozesses mit diversen IT-Anwendungen erstellt, modifiziert oder genutzt werden, nicht als integrale Einheit im Sinne von Prozesswissen verfügbar sind. Anstelle von prozessbezogenem Informationsmanagement muss mit singulären „Datentöpfen" agiert werden. Die negativen Auswirkungen auf Qualität, Transparenz und Redundanz der Daten verhindern unvermeidlich kooperatives Arbeiten bei bestmöglicher Produktivität.

Die Integration der Systeme mit der Zielsetzung, vernetzte Daten gemäß den Prozessanforderungen zu kreieren, setzt einen übergreifenden Ansatz ohne Blick durch die „Abteilungsbrille" voraus. Offensichtlich eine schwierige Aufgabe, wie die weit verbreiteten Gegebenheiten in den Unternehmen zeigen. Obgleich schon seit Anfang der 1990er-Jahre PDM-Systeme für das Produktdatenmanagement im Technischen Büro auf dem Markt sind, wird in vielen Firmen noch ohne eine PDM-Lösung gearbeitet. Die Arbeitsergebnisse der Fachabteilungen Mechanik-Konstruktion, Elektro-Konstruktion, Software-Entwicklung, Qualitätssicherung, Arbeitsplanung etc. werden folglich nicht zu einer Einheit zusammengeführt. Jeder Bereich verfügt nur über die Sicht auf seinen Teil der Produktdaten. Die Stücklisten in der Mechanik-Konstruktion etwa entstehen auf der Basis der Filestrukturen der MCAD-Baugruppenmodelle. Und die Elektro-Konstruktion stellt ihre Stücklisten aus den Schaltplänen der ECAD-Anwendung zusammen. Ohne eine PDM-Lösung existieren im TB keine Teile- und auch keine Zeichnungs- bzw. Dokumentstammdaten. So ist es nicht möglich, der Qualitätssicherung (QS) in einer frühen Phase der Projekt- bzw. Auftragsabwicklung alle erforderlichen Produktdaten in Form von Produktstruktur/Stückliste samt Teile- und Zeichnungsstammsätzen sowie Zeichnungen zur Erstellung einer Design-FMEA zur liefern. Umgekehrt lassen sich QS-Daten (FMEA, FTA, Prüfbericht etc.) nicht mit Konstruktionsdaten verknüpfen. Die Neuanlage oder Änderung von Stücklisten und Artikelstammsätzen mit Konstruktionsdaten in der ERP-Lösung zeigt bei fehlender Systemintegration ein weiteres Dilemma. Mit freigegebenen Produktdaten des Technischen Büros – vor allem CAD-Baugruppenstrukturen – müssen im ERP-System Artikel und Stücklisten manuell angelegt bzw. eingepflegt werden. Dies ist irrational, fehlerträchtig und insbesondere unwirtschaftlich.

An diesen wenigen Szenarien lässt sich erkennen, dass die IT-Infrastruktur in den Unternehmen der Fertigungsindustrie oftmals sehr unterentwickelt ausgeprägt ist. Verglichen mit der Verkehrsinfrastruktur verhält es sich so, als gäbe es Straßen in den Ortschaften, jedoch keine

Verbindungsstraßen zwischen den Orten. Die fehlende Durchgängigkeit beim Informationsfluss ist eines der größten Probleme für die Effizienz der Geschäftsprozesse. In den fertigungsvorgelagerten Bereichen
kann dieser Zustand mit dem Einsatz einer „maßgeschneiderten" PDM-
Lösung entschärft werden. Damit ist nicht nur integrales Produktdatenmanagement gegeben, sondern auch eine einheitliche – aus einem
Guss bestehende – Integrationsplattform verfügbar. Um mittels PDM-
Anwendung das Optimum zu erreichen, ist ein strategischer Ansatz
zwingend geboten. Im Gegensatz dazu erfolgt die Realisierung einer
PDM-Lösung fast immer mit der Wahrnehmung einer oder weniger
Fachabteilungen, die unternehmensstrategische Sichtweise bleibt au-
ßen vor. Das Manko der unzureichenden Systemintegration ist aus diesem Grund auch mit PDM-Software nicht gesamtheitlich behoben. Als
Hauptinitiator der PDM-Einführung sorgt die Abteilung Mechanik-Konstruktion für die Anbindung des oder der MCAD-Systeme. Eine Schnittstelle zu den Office-Anwendungen ist meist standardmäßig gegeben.
Auch ein Viewer ist häufig Bestandteil der PDM-Installation. Im Auto-
mobil- und Flugzeugbau kommt prozessbedingt in vielen Fällen die
Einbindung eines DMU-Werkzeugs zur Kollisions-, Ein- und Zusam-
menbauprüfung, zur Untersuchung von Kontaktflächen- und Passform-
genauigkeit, zur kinematischen Simulation sowie zur Bauraumsuche
usw. hinzu. Die IT-Werkzeuge von anderen Fachabteilungen der Produktentwicklung bleiben überwiegend Insellösungen. Nur selten wird
für die ECAD-Anwendung der Elektro-Konstruktion oder das EDA-Sys-
tem der Elektronik-Entwicklung eine Schnittstelle zur PDM-Lösung
implementiert. Die Software von Arbeitsplanung und Qualitätssicherung – CAP und CAQ – spielt bei den Integrationsthemen in PDM-
Projekten bis heute kaum eine Rolle. Bei derart lückenhafter Systemintegration kann das virtuelle Produkt als Informations-, Kommuni-
kations- und Kollaborationsplattform für alle Prozessbeteiligten nur
unvollständig aufgebaut werden. Damit lässt sich keine signifikante
Produktivitätsverbesserung der Wertschöpfung im TB erreichen.

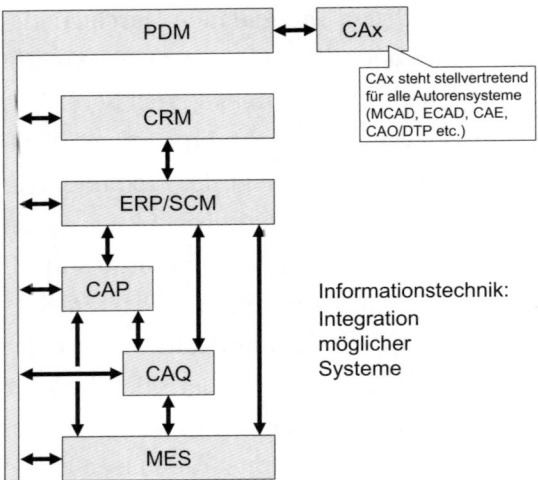

Informationstechnik:
Integration
möglicher
Systeme

Bei der Betrachtung aller operativen Prozesse (Entwicklung, AV, Beschaffung, Produktion, Qualitätssicherung, Vertrieb etc.) zeigt sich die
mögliche Komplexität der Systemlandschaft. In Unternehmen, die die
derzeit etablierten Systemklassen verwenden, ist etwa folgende Situation anzutreffen: Neben der Business Solution PDM im Technischen
Büro verfügt der Bereich Planung und Disposition über eine ERP-Lösung, in Fertigung und Montage wird ein MES-System eingesetzt und
die Abteilung Vertrieb und Verkauf arbeitet mit einer CRM-Installation.
Sofern die Arbeitsplanungssoftware kein Modul des ERP-Systems ist,
existiert zudem eine CAP-Anwendung. Gleiches gilt für die Qualitätssicherung, sodass ggf. noch CAQ-Software installiert ist. Bei dieser Konstellation sind die IT-Systeme im Idealfall wie in obiger Abbildung integriert. Wie bereits ausgeführt, sind aber selbst die CAx-Anwendungen in
Entwicklung und Konstruktion nur zum Teil mit der PDM-Lösung verbunden. Eine Schnittstelle zwischen PDM und ERP wird in aller Regel
realisiert, jedoch nur selten in der notwendigen Ausbaustufe. Auf nütz-
liche Möglichkeiten wie z. B. das Erstellen einer – eigentlich unverzichtbaren – Auswirkungsanalyse mit PDM- und ERP-Daten im Zuge
einer Produktänderung wird meist verzichtet. Mit der PDM-Datenbasis als Quelle für viele Geschäftsprozesse kann durch Vernetzung von
PDM mit den Systemen CAP, CAQ, MES, CRM etc. ein bedeutsamer Pro-

duktivitätsgewinn erreicht werden. Produktdaten (Montagezeichnung, Stückliste etc.) mit einem definierten Reifegrad bzw. Freigabestand lassen sich Workflow getrieben automatisiert – ohne manuelles Zutun – von PDM an die betreffenden Systeme verteilen. Umgekehrt kann beispielsweise ein mit CAQ erstellter Prüfplan als PDM-Dokument in das virtuelle Produkt zum Aufbau einer vollständigen Produktdokumentation eingebracht werden.

In der betrieblichen Wirklichkeit bleiben diese Möglichkeiten größtenteils leider ungenutzt. Die IT-Systeme sind mehr abgegrenzt als integriert. Durchgängiger Datenfluss ist nur bei wenigen Prozessen gegeben. Mehrfacheingaben sind noch immer der Normalfall. In diversen Systemen werden manuell die gleichen Daten angelegt, dabei kommt es zwangsläufig zu unkontrollierten Redundanzen. Ferner nimmt das Ausmaß an widersprüchlichen Daten zu. Akteure in diesem Umfeld sind gezwungen, diese Unzulänglichkeiten durch persönliches Engagement auszugleichen. Natürlich ist dies selbst bei hoher Motivation der Mitarbeiter nur bedingt möglich. Die Aufgabenbearbeitung in den fertigungsvorgelagerten Prozessen wird infolgedessen lediglich mit eingeschränkter Produktivität ausgeführt. Der zeitliche Aufwand hierfür wird somit größer und in der Folge steigen die Arbeitskosten. Mit dem unternehmerischen Ziel einer hohen Umsatzrendite ist dieser Zustand der Informationstechnik nicht vereinbar.

Kritische Datensicherheit

Produkt- und Prozessinformationen sind in ihrer Bedeutung das zentrale Wirtschaftsgut in jedem Fertigungsunternehmen. Firmenwissen (= Firmenkapital) langfristig zu sichern und in seiner Dynamik kontinuierlich verfügbar zu halten, bedingt einen adäquaten IT-Ansatz. Zunächst kommt es darauf an, den laufenden Geschäftsbetrieb zu sichern. Die aktuellen Arbeitsergebnisse von Entwicklungs- oder Kundenprojekten müssen jederzeit greifbar sein. Vornehmlich der Schutz technischer Unterlagen (Zeichnungen, Prüfnachweise etc.) ist fundamental. Diese Daten sind gleichsam der Lebensnerv eines Unternehmens. Ein

Fileserver mit einem redundanten Festplattensystem (RAID) bietet eine entsprechend hohe Ausfallsicherheit. Dennoch ist auch dies kein absoluter Schutz vor Datenverlust. Es ist nicht völlig auszuschließen, dass eines Tages der „Super-GAU" eintritt und das RAID-System nicht mehr ausgelesen werden kann. Umso wichtiger ist es, täglich Sicherungskopien anzulegen. Der Stand einer Tagessicherung ist zwar nicht immer der aktuelle Stand vor dem Systemausfall, doch ist der Schaden ungleich geringer als bei einem totalen Datenverlust. Nicht mehr reproduzierbare Daten müssen mit hohem Kostenaufwand erneut erstellt bzw. entwickelt werden, sofern dies überhaupt noch möglich ist. Je nach Situation kann das die Rendite eines Kundenprojekts zunichtemachen oder sogar die wirtschaftliche Stabilität des Unternehmens gefährden.

Ein weiterer Aspekt der Datensicherheit ist der geordnete Zugriff auf den Datenbestand. Die Nutzer der IT-Geschäftsanwendungen PDM, ERP, CRM etc. brauchen – je nach Aufgabenspektrum – die Berechtigung zum Anlegen, Ändern oder Lesen/Nutzen von Daten. Gleichzeitig muss der Schutz der Daten vor Missbrauch und Verlust gewährleistet werden. Diesen Gegensatz muss eine zuverlässige „Sicherheitsschleuse" auflösen. Ein flexibles, ggf. standortübergreifendes Sicherheitskonzept muss beide Anforderungen erfüllen können. Einem Nutzer der Systeme darf es nicht möglich sein, Daten über seinen lokalen Rechner (Workstation, PC, Notebook etc.) auf einen lokalen Datenträger (z. B. USB-Stick) zu kopieren oder an nicht registrierte Mail-Adressen zu senden. Zum Sichern von Arbeitsergebnissen (z. B. CAD-Zeichnung) darf es im Regelfall nur die Option Server-Festplatte geben. Alle Nutzer sollten entsprechend ihrer Aufgaben ein rollenspezifisches Berechtigungsprofil erhalten. Eine Rolle (z. B. Konstrukteur) hat bestimmte Rechte (z. B. Ändern) auf bestimmte Daten (z. B. CAD-Modell) mit bestimmtem Status (z. B. freigegeben für Nullserie). Damit lässt sich genau definieren, wer wann was mit welchen Daten tun darf. Weitergehend kann es sinnvoll sein, die Berechtigungsprofile projektbezogen festzulegen. Ein Konstrukteur hat dann zum Beispiel nur Zugriff auf CAD-Modelle des Projekts, für das er aktuell arbeitet. Mit projektbezogenen Berechtigungsprofilen und spezifizierten Rollen gemäß den Prozessanforderungen kann ein wirkungsvolles Berechtigungsmanagement etabliert werden. So lassen sich wirtschaftliches Arbeiten und Schutz der Firmendaten bestmöglich in Einklang bringen.

Der Datenschutz an ausländischen Standorten (China, Russland, USA etc.) sollte darüber hinaus mit besonderer Sorgfalt betrieben werden. Mit dem zwingenden Engagement in wichtigen Märkten der globalen Wirtschaft zeigt sich eine neue Herausforderung in Sachen Datensicherheit. Deutsches Ingenieur-Know-how ist noch immer sehr gefragt, nicht nur in Schwellen-, sondern ebenso in Industrieländern. Aufgrund der geringen Bindung der Mitarbeiter an ihr Unternehmen besteht insbesondere in manchen Schwellenländern eine größere Gefahr, internen Datendiebstahl zu erleiden. Bei einer relativ hohen Fluktuation der Mitarbeiter ist unbedingt zu verhindern, dass hochwertige Produkt- und/oder Prozessdaten abgegriffen und auf externe Speichermedien übertragen oder per Mail außer Haus geschafft werden können. Die zentrale Verteilung von Nutzdaten (z. B. Fertigungs- und Montagezeichnungen) an reine Fertigungsstandorte sollte überdies grundsätzlich nur in Form von Neutralformaten (z. B. PDF) erfolgen. Bei Entwicklungs- und Fertigungsstandorten sind ein stringentes Berechtigungsmanagement und eine vertrauenswürdige Administration unerlässlich. Und auch wenn beides gegeben sein sollte, besteht dennoch ein gewisses Risiko, dass Firmenwissen auf kriminelle Weise abgezogen wird. Mit der Entscheidung, eine Tochtergesellschaft in einer bestimmten Region der Erde aufzubauen, ist stets die sorgfältige Abwägung zwischen der Gefahr eines Know-how-Klaus und der Chance, die Firma weiterzuentwickeln, verbunden. Einfluss auf die Rentabilität eines Unternehmens ist mit einem solchen Schritt in jedem Fall gegeben. Es kommt darauf an, negative Auswirkungen infolge einer möglichen Datenunterschlagung (Stärkung der Mitbewerber, Kundenverlust, Umsatzrückgang etc.) zu verhindern oder zumindest gering zu halten.

Auch die Bedrohung der Datensicherheit durch Cyber-Attacken nimmt in den Fertigungsunternehmen stark zu. Davon betroffen sind nicht nur Großkonzerne, auch kleine und mittlere Betriebe sind Zielscheibe. Die Hälfte aller deutschen Unternehmen wurde bereits Opfer von Hackerangriffen. Bei Fertigungsunternehmen ist die Motivation der Cyber-Kriminellen primär die Industriespionage. Diebstahl von geistigem Firmeneigentum ist ein lukratives Geschäft. Bauunterlagen von deutschen Technologie-Produkten, etwa aus dem Sektor Maschinen- und Anlagenbau, sind mehr denn je begehrt und lassen sich weltweit bestens verwerten. Einem geschädigten Unternehmen kann es Jahre an Forschung und Entwicklung kosten, um den Verlust wieder auszugleichen. Wenn gar Alleinstellungsmerkmale verloren gehen, ist der Schaden auf absehbare Zeit kaum mehr zu kompensieren. Das kann unter Umständen existenzgefährdend sein. Umso bedeutender ist geeignete Prävention. Am Anfang steht die Gefahrenabschätzung mit einer umfassenden Risikoanalyse zur Cyber-Bedrohung. Dabei ist die Betrachtung der firmenweiten IT-Infrastruktur im Mittelpunkt. Welche Netzwerke sind installiert, welche Einrichtungen (Gebäude, Standorte, Produktionsanlagen etc.) sind vernetzt, ist die IT oder Teile davon infolge einer Outsourcing-Strategie ausgelagert und wird Cloud-Computing – Nutzung externer IT-Ressourcen – betrieben, um nur einige Fragestellungen zu nennen. In erster Linie kann Cloud-Computing zu einem Sicherheitsproblem werden. Es ist dringend geboten, den oder die Anbieter vertraglich in die Pflicht zu nehmen und auf etablierte Sicherheitsstandards (z. B. ISO/IEC 27001) zu achten. Auch unbedachtes Handeln von internen Stellen ohne Vorsatz kann Gefahren heraufbeschwören. Mitarbeiter sollten daher mit qualifizierten Maßnahmen für IT-Sicherheit sensibilisiert werden. Schließlich ist zu prüfen, inwieweit sich mit einer individuellen Versicherungslösung Schäden aus einem Hackerangriff abmildern lassen. Das Problem sollte keinesfalls verharmlost werden. Know-how-Diebstahl, Datenverlust oder Geschäftsunterbrechung durch Cyber-Attacken können erhebliche Kosten verursachen und folglich auch das Betriebsergebnis dezimieren.

Langzeitarchivierung ist eine weitere Forderung der Datensicherheit. Dabei handelt es sich nicht allein um ein informationstechnisches Problem, auch die Wirtschaftlichkeit kann davon beeinflusst werden.

Zwei Aspekte sind im Kontext von Entwicklung, Konstruktion und Arbeitsplanung zu beachten, und zwar langfristige Verfügbarkeit zur Wiederverwendung von Produktdaten und Nachweisführung bei Haftungsfällen. Technische Unterlagen zu Produkten (Prüfnachweise, Schaltpläne etc.) müssen auch nach Jahren noch gelesen und bearbeitet werden können. Sei es, um auf vorhandenes Know-how zurückzugreifen und es als Basis für neue Entwicklungen zu nutzen oder um langlebige Maschinen und Anlagen mit einer Einsatzdauer von 20 Jahren und mehr Instand zu setzen oder umzubauen bzw. zu modernisieren. Service-Aufträge dieser Art sind ein lukratives Geschäft. Bei Langzeitarchivierung mit diesem Fokus spielt nicht nur die Verlagerung der Produktdaten von einem oder mehreren Produktivsystemen (PDM, ERP, DMS etc.) auf externe Datenträger wie Magnetbänder, optische Disks oder redundante Festplatten eine Rolle. Es kommt zu allererst darauf an, Daten in Formaten zu speichern, die es erlauben, neue Änderungsstände zu erstellen. Bei CAD-Daten sind das entweder die nativen Herstellerformate oder Neutralformate (DXF, IGES, STEP etc.) für den Datenaustausch. Um noch nach Jahren mit derart archivierten Produktdaten verlustfrei arbeiten zu können, müssen diese bei einem Release-Wechsel des oder der Erzeugersysteme ggf. konvertiert werden. Im Gegensatz dazu sind bei der Langzeitarchivierung zur Nachweisführung bei Haftungsfällen die Anforderungen des Produkthaftungsgesetzes (ProdHaftG) zu erfüllen. Daten (z. B. Technische Zeichnungen) müssen in einer Form archiviert werden, die eine Änderung nach der Archivierung nicht mehr zulässt. Die vorgeschriebene Archivierungsdauer beträgt mindestens 10 Jahre. Als Datenformate werden die Standards PDF/A, TIFF oder XML empfohlen. Generell ist bei Langzeitarchivierung auf hohe Ausfallsicherheit der Hardware zu achten. Dazu kann redundante Speicherung ggf. auf unterschiedlichen Medien beitragen. Wegen der Gefahr von Datenverlust durch Alterung der Datenträger – etwa durch UV-Strahlung – sollte turnusmäßig auf neue Medien umkopiert werden. All diese Maßnahmen lösen zwar Kosten aus, jedoch kann der Verlust wertvoller Firmendaten ungleich größeren Schaden hervorrufen.

Kapitel III

Entwicklung und Konstruktion

Die Leistungsfähigkeit von Entwicklung und Konstruktion bestimmt in hohem Maße die Leistungsfähigkeit des Unternehmens. Trotzdem, dass vielerorts 3D-CAD-Systeme zum Einsatz kommen, werden die Möglichkeiten zur Verkürzung der Produktentwicklung mittels systemgestützter Auslegung, Analyse und Simulation nur mäßig genutzt. CAD-Software dient lediglich als „3D-Konstruktionsmaschine". Die Zahl „handgemachter" Konstruktionsteile wächst explosionsartig. Kundengetriebene „Einzelstücke" binden teure Entwicklungskapazität, rufen Qualitätsprobleme hervor, verursachen hohe Fertigungskosten und führen nicht selten zu Terminproblemen – ein Ergebnis von Kreativität mit falscher Zielsetzung. Zukunftsweisende Strategien wie Standardisierung und Normierung, Modularisierung, Baukastenkonstruktion sowie Varianten- und Produktkonfiguration basierend auf Beziehungswissen bleiben außen vor.

Checkliste zu Entwicklung und Konstruktion:

☑ Nutzen Sie in Ihrem Technischen Büro 3D-Systeme zur Modellierung, Analyse, Simulation und Visualisierung?

☑ Werden in Ihrem Unternehmen die Methoden zur virtuellen Produktentwicklung (z. B. Rapid Prototyping) angewandt?

☑ Realisieren Sie jede kundenspezifische Individualanforderung (Kundenauftrag) mittels Individualkonstruktion?

☑ Beklagen Sie in Ihrem Unternehmen einen hinsichtlich der Auftragszahlen überproportionalen Anstieg Ihres Teilebestands?

☑ Werden in Ihrem Konstruktionsbüro Wiederholteile durch Standardisierung und Normierung eingeführt?

☑ Setzen Sie einen Produktbaukasten mit modularen Funktionseinheiten zur Abwicklung von Kundenprojekten ein?

☑ Nutzen Sie zur Bewältigung der kundengetriebenen Variantenvielfalt die Strategie Mass Customization?

☑ Sind „Massenhafte Spezialanfertigung" und Baukastenkonstruktion Zukunftsstrategien Ihres Unternehmens?

☑ Führen Sie das gesamte Angebot an lieferfähigen Ausführungen zu einem Produkt in einer Variantenkonfiguration?

☑ Ist in Ihrem Unternehmen Produktkonfiguration ein Element zur wirtschaftlichen Auftragsabwicklung?

☑ Umfasst Ihr Konstruktionsbüro die beiden eigenständigen Einheiten Entwicklungs- und Auftragskonstruktion?

Ungenutzte Möglichkeiten

Entwicklungsarbeit ist außerordentlich personalintensive Arbeit, annähernd dreiviertel der Entwicklungskosten schlagen als Personalkosten zu Buche. Die Umsetzung von Ideen/Konzepten in fertigungs- bzw. normgerechte Bauteil- und Baugruppenzeichnungen erfordert viel Zeit. So wundert es nicht, dass schon seit Mitte der 1960er-Jahre versucht wird, diese Arbeit mit Computereinsatz zu beschleunigen. Es entstanden die ersten CAD-Systeme zur Erstellung und Bearbeitung von Technischen Zeichnungen. Zunächst wurde mit 2D-Geometrien gearbeitet. Damit konnten Ansichten, Schnitte und Einzelheiten erzeugt werden. Das klassische Reißbrett wurde im Grunde durch ein elektronisches Zeichenbrett ersetzt. Der zeitliche Aufwand für die Bearbeitung von Konstruktionszeichnungen konnte zwar reduziert werden, jedoch war es mit 2D-CAD-Systemen nicht möglich, den Entwicklungsprozess deutlich effizienter zu gestalten. Ob mit klassischem Reißbrett oder elektronischem Zeichenbrett, die Arbeitsweise blieb die gleiche. Erst als etwa Mitte der 1980er-Jahre die ersten 3D-CAD-Systeme verfügbar waren, stand die Zeichnung nicht mehr im Mittelpunkt der Konstruktionsarbeit. Nun war es möglich, die dreidimensionale Geometrie eines Objekts bzw. Bauteils zu definieren. Die Ansichten und weitere Details einer Zeichnung konnten aus dem 3D-Geometriemodell abgeleitet werden. Damit ließen sich neue Ansätze in der Produktentwicklung realisieren. Seither sind bedeutsame Einsparungen bei einzelnen Entwicklungsschritten (Dimensionierung, Musterbau etc.) möglich. Dies führt in Summe zu einer erheblichen Verkürzung der Entwicklungszeiten.

Bauteile mithilfe parametrisch-assoziativer Geometriemodelle zu beschreiben, ist die Voraussetzung zur Rationalisierung der Teilprozesse in der Produktentstehung. Bauteiländerungen – vor allem in den frühen Phasen Konzeption und Entwurf sehr häufig – können mit parametrisierten CAD-Modellen einfach und schnell ausgeführt werden. Hinzu kommt die Möglichkeit der Parallelisierung von Entwicklungsaufgaben (Concurrent Engineering). Die Geometrie des Bauteilentwurfs kann via Austauschformat in ein FEM-System eingelesen werden. Als Rückmeldung bekommt der Konstrukteur frühzeitig fundierte Aussagen zum Verhalten seines Entwurfs, je nachdem, ob es sich um einen Festigkeitsnachweis, eine Spannungsanalyse, das Deformationsverhalten, die Temperaturverteilung bei thermischer Beanspruchung, die Materialermüdung bei hoher Sicherheitsrelevanz oder eine Bauteiloptimierung bezüglich Materialeinsparung oder Leichtbau handelt. So lassen sich die physikalischen Eigenschaften eines Werkstoffs in Verbindung mit einer bestimmten Bauteilgeometrie simulieren, ohne teure Muster bauen zu müssen und aufwendige Versuche durchzuführen. Sollte für weitere Anforderungen dennoch ein physisches Muster notwendig sein, kann das mit einem 3D-Druckverfahren (Stereolithographie, Laserschmelzen/-sintern etc.) schnell und kostengünstig angefertigt werden (Rapid Prototyping).

Mit der Ableitung eines DMU-Formats (CGR, JT etc.) aus einer dreidimensionalen CAD-Modellgeometrie lassen sich weitere Abschnitte der Produktentwicklung signifikant vereinfachen. Als digitale Attrappe bzw. digitales Muster eines Teils, einer Baugruppe oder eines Endprodukts (z. B. Fahrzeug) können DMU-Modelle für viele Entwicklungsaufgaben eingesetzt werden. Eine häufige Anwendung ist die fotorealistische Visualisierung. Mit der dreidimensionalen Repräsentation eines Produkts steht eine Informations- und Kommunikationsplattform zur Verfügung. Im Bereich Technik können so etwa bei Reviews fachübergreifende Bewertungen vorgenommen und folglich gesicherte Entscheidungen getroffen werden. Auch für Entscheider im Management lassen sich mit den diversen Möglichkeiten der DMU-Visualisierung wichtige Aspekte (Funktionalität, Technologie, Design etc.) zum Beispiel bei Neuentwicklungen virtuell aufzeigen. Besonders wichtige und große Investitionen können dadurch auf der Grundlage fundierter Erkenntnisse entschieden werden. Für den Vertrieb ist die fotorealistische Darstellung des Produktportfolios ebenfalls von großem Nutzen. Die Vorzüge und Alleinstellungsmerkmale lassen sich mit einer dynamischen Produktpräsentation am Bildschirm (Animation) weit eindrucksvoller vermitteln als mit einem Hochglanzkatalog. Vor allem Eigenschaften wie Funktionsvariabilität und/oder Anwendungsflexibilität sind anschaulich demonstrierbar. Auch die kundenspezifische Zusammenstellung eines Produkts mithilfe eines Konfigurators kann realistisch visualisiert werden. Auf diese Weise profitiert der Vertriebsprozess von den Ergebnissen des Entwicklungsprozesses oder exakter gesagt, von der Entwicklung des virtuellen Produkts.

Dreidimensionale Bauteilgeometrien werden in der Produktentwicklung nicht nur zur Visualisierung, sondern darüber hinaus ebenso zur Simulation eingesetzt. Mit DMU-Modellen lässt sich auch die Kinematik beweglicher Teile untersuchen. Mit dem Ansatz der Bewegungssimulation können Entwicklung und Konstruktion frühzeitig kritische Verhältnisse (Kollision, Freiheitsgrade etc.) in einer Baugruppe erkennen und gezielt korrigieren oder optimieren. Eine weitere Form der Simulation befasst sich mit der virtuellen Handhabung von Nutzerschnittstellen. Die Bedienbarkeit von Leitstand, Armaturenbrett usw. wird dynamisch „durchgespielt". Messinstrumente zeigen realistisch Werte an und mit Bedienungselementen lassen sich korrelierende Systemfunktionen auslösen. Mit 3D-Objekten von gegenständlicher Anmutung kann mit dieser Form der Simulation auch die Ergonomie im Sinne von Benutzerfreundlichkeit bestmöglich berücksichtigt werden. Eine andere Domäne der Anwendung dreidimensionaler Bauteilgeometrien ist die Montagesimulation. Ziel ist es, schon in einer frühen Phase der Produktentwicklung die Bewegungspfade von Teilen und Baugruppen bei deren Montage bzw. Demontage zu ermitteln. Einerseits lassen sich damit Probleme beim Platzbedarf entlang der Bewegungspfade erkennen und andererseits besteht die Möglichkeit, verschiedene Montagevarianten zu entwickeln und gegenüberzustellen. Darin einbezogen ist die Festlegung der Montagereihenfolge und der teileabhängigen Mindestabstände, darüber hinaus resultiert eine optimale Raumausnutzung. Die virtuelle Inbetriebnahme einer Maschine/Anlage ist ein weiteres Gebiet für den Einsatz von dreidimensionalen Bauteilgeometrien. Die Fachabteilungen Mechanik-Konstruktion, Elektro-Konstruktion und Software-Entwicklung (SPS- und ggf. Roboterprogrammierung) haben mit dem 3D-Maschinen-/Anlagenmodell eine gemeinsame Arbeitsplattform. Die Steuerungsprogramme können mit der virtuellen

Maschine/Anlage gekoppelt und getestet werden. Dadurch lassen sich alle Steuerungsfunktionen bereits während der Maschinen-/Anlagenentwicklung simulieren und natürlich optimieren. Die Software kann folglich mit hohem Reifegrad in die reale Maschine/Anlage eingespielt werden. Zeitaufwendige Korrekturschleifen beim Prozess der Inbetriebnahme entfallen. Der Auftragsdurchlauf verkürzt sich deutlich, das Resultat sind geringere Kosten.

In die Produktentwicklung mit dreidimensionalen Bauteilgeometrien kann die Arbeits- und Prozessplanung schon zu einem relativ frühen Zeitpunkt eingebunden werden. Der Arbeitsplaner kann den CAD-Entwurf des Konstrukteurs unter fertigungstechnischen Gesichtspunkten beleuchten. Je nach Losgröße (Einzel-, Serien- oder Massenfertigung) und Qualitätsanforderungen legt der Arbeitsplaner jeweils die im Sinne der Wirtschaftlichkeit geeigneten Fertigungsverfahren fest und bewertet diesbezüglich die Bauteilgestaltung. Entspricht die Modellgeometrie den Erfordernissen etwa für spanlose Umformung bzw. Formgebung (Ziehen, Pressen, Gießen etc.), sind Tolerierung und Oberflächengüte konform, ist die Fertigung mit vorhandenen Maschinen und Werkzeugen möglich? Die Beantwortung dieser und weiterer Fragen liefert dem Konstrukteur wertvolle Informationen zur fertigungsgerechten Modellierung seiner Bauteilgeometrie. Der Fertigungsplaner ist in der Lage, schon frühzeitig seinen Arbeitsplan in den wesentlichen Zügen zu skizzieren und für den Konstrukteur ist es kein großer Aufwand, in diesem frühen Stadium seiner Arbeit Korrekturen vorzunehmen. Werden Probleme erst nach der Planungsfreigabe durch die Konstruktion erkannt, entstehen rasch ergebnisbelastende Kosten für die Nachbesserung. Mit der Zielsetzung Prozessverkürzung lassen sich außerdem die Betriebsmittelkonstruktion und der Werkzeugbau früh in die Produktentwicklung einbeziehen. Auf dem 3D-CAD-Teilemodell kann direkt die Werkzeugentwicklung aufsetzen. Insbesondere bei Formwerkzeugen, zum Beispiel für Spritzguss, ist es mithin möglich, beizeiten treffende Aussagen zu den Werkzeugkosten zu machen. Liegen diese im Kontext der Gesamtkalkulation zu hoch, kann der Konstrukteur noch problemlos Änderungen an der Form seines Teilemodells vornehmen.

Zur Fertigung einer Vorserie im Rahmen der Serienreifmachung oder zur Herstellung einer Kleinserie bieten sich auch für den Werkzeugbau Kostenvorteile mit additiven Fertigungsverfahren (Rapid Tooling). Noch weitergehend können mittels 3D-Modellen und einem CAPE/DMF-System Fertigungs- und Montageprozesse teilweise oder vollständig simuliert werden (digitale Fabrik). Hierin liegt ein großes Potenzial zur Harmonisierung von Durchsatz, Flexibilität und Kosten.

Mit IT-Anwendungen zur virtuellen Produktentwicklung lassen sich dreidimensionale Bauteilgeometrien nicht nur wirtschaftlich erstellen, sondern auch durchgängig nutzen. Der zeitliche Aufwand im Technischen Büro wird geringer und schnelle Produktentwicklung (Rapid Product Development) so realisierbar. Als klarer Vorteil zeigt sich die Parallelisierung von Konstruktions-, Nachweis- und Planungsprozessen. Umso unverständlicher ist die Tatsache, dass diese Möglichkeiten nur zum Teil ausgeschöpft werden. Lediglich in den Branchen Automobil- und Flugzeugbau kommen sie weitgehend zur Anwendung. In den Unternehmen des Maschinen- und Anlagenbaus haben zwar mittlerweile 3D-CAD-Systeme Einzug in das Konstruktionsbüro gehalten, jedoch fehlt es an Durchgängigkeit bei der Nutzung dreidimensionaler Bauteilgeometrien in allen Prozessen der virtuellen Produktentwicklung. Andererseits sind in mittelständischen Strukturen größere Anstrengungen zur Realisierung dieser Methoden erforderlich. Bereits die Investition für Lizenzen, Pflege und Schulung von 3D-CAD-Software im High-end-Segment ist erheblich. Die Einführung von DMU- und DMF-Systemen und -Prozessen scheitert meist an fehlenden Ressourcen oder schlimmstenfalls daran, dass – warum auch immer – die Verantwortlichen (Geschäftsführer, Technischer Leiter etc.) keine Notwendigkeit für dieses Thema sehen.

Kreativität mit falscher Zielsetzung

Wettbewerbs- und somit Kostendruck zwingt die Unternehmen der Fertigungsindustrie und deren Partner dazu, ihre Produktivität in Entwicklung und Konstruktion weiter zu forcieren. Der Fokus liegt auf

schneller Modellierung dreidimensionaler Teilegeometrie. Leistungs-
starke CAD-Werkzeuge werden demnach für die wirtschaftliche Entwicklung von „Virtueller Maschine", „Virtuellem Fahrzeug" oder „Virtueller Anlage" immer wichtiger. Wie bereits dargelegt, können nahezu
alle Teilprozesse der virtuellen Produktentwicklung (Auslegung, Analyse, Simulation, Zeichnungserstellung, Arbeits- und Prüfplanung, Betriebsmittelkonstruktion, Werkzeug- und Musterbau etc.) mithilfe von
3D-Bauteilmodellen ausgeführt werden. Richtig eingesetzt, sind damit
enorme Zeit- und Kostenvorteile zu erreichen. Ebenso besteht die Gefahr, den gegenteiligen Effekt auszulösen. Die 3D-CAD-Anwendung als
„Konstruktionsmaschine" kann schnell zu unnötig vielen Teilen führen. Kreative Geometriemodellierung sollte uneingeschränkt nur in
Entwicklungsprojekten zum Tragen kommen. Zur wirtschaftlichen Realisierung innovativer und somit zukunftsträchtiger Neuprodukte ist
der intensive Einsatz der 3D-Systeme unerlässlich. Allerdings muss
nach Abschluss der Entwicklungsphase der Prototyp in der Phase der
konstruktiven Ausarbeitung und Serienreifmachung in ein Baukastensystem überführt werden. Die Bearbeitung von Kundenaufträgen – insbesondere im Falle von seriennahen Produkten – kann so weitgehend
mit einem standardisierten Teilevorrat erfolgen. Andernfalls werden
bei jedem Kundenprojekt immer wieder spezifische Auftragsteile als
teure „Einzelstücke" entwickelt. Alle Kreativität der Konstruktionsabteilung aufzubieten, um jede Kundenanforderung erfüllen zu können,
ist aus wirtschaftlicher Sicht die falsche Zielsetzung. Auf diese Weise
wird eine fatale Entwicklung eingeleitet, die den Teilebestand überproportional – in Bezug auf den normalen Geschäftsverlauf – ansteigen
lässt. Es bleibt außer Acht, dass mit jedem neuen CAD-Teilemodell eine
neue Teilenummer entsteht, mit allen damit einhergehenden Folgeprozessen und leider auch Folgekosten.

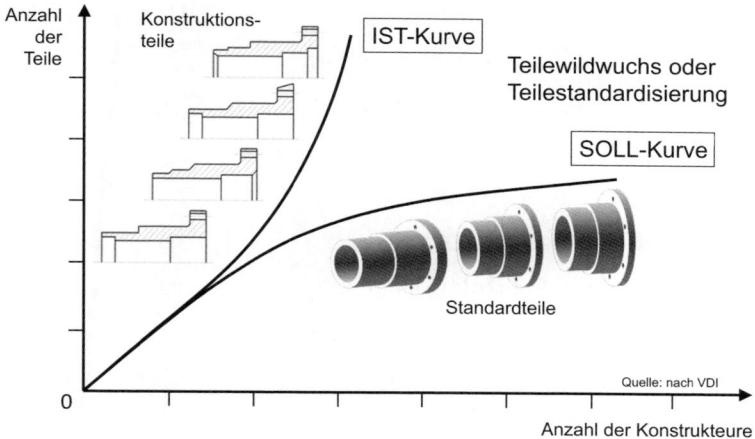

Jedes neue Teil muss in- oder extern gefertigt werden. Die Losgröße bei kundenspezifischen Teilen ist meist gering, im ungünstigsten Fall ist sie lediglich eins. Dementsprechend hoch sind die Fertigungskosten, besonders, wenn zudem spezielle Werkzeuge, Vorrichtungen und Prüfmittel gebraucht werden. Die Fertigungskosten sind nur eine Seite der Medaille, hinzukommt eine Reihe von Personal- und Sachkosten, die das Ergebnis eines Kundenprojekts zwangsläufig belasten. Bei einer größeren Zahl auftragsspezifischer Teile kann das die Rendite beachtlich mindern. Angesichts des hohen Stellenwerts dieses Themas werden zur Verdeutlichung der Problematik nachstehend wesentliche Kostenpositionen aufgelistet:

- Bereitstellung der IT-Infrastruktur,

- Anlage/Pflege der Grund-/Stammdaten,

- Anlage/Pflege der Produktstrukturen/Stücklisten,

- Ablage in das Klassifikations-/Ordnungssystem,

- Anlage/Pflege der Dokumentationsunterlagen (z. B. Fertigungs- und Montagezeichnung),

- Nachweisführung (FEM-Analyse, DMU-Simulation etc.),

- Anlage/Pflege der Fertigungsunterlagen (z. B. Arbeitsplan),

- Anlage/Pflege der Qualitätsunterlagen (z. B. Prüfplan),

- Disposition/Beschaffung von Ausgangsmaterial (z. B. Halbzeug) oder eines Vorfertigungsteils (z. B. Schmiedeteil),

- Beschaffung von Fertigungs-/Betriebs-/Prüfmittel,

- Beschaffung von Fremdfertigungsteil (alternativ),

- Fertigungsdisposition und -beauftragung,

- Fertigungs- und Montagesteuerung,

- Teileprüfung (Qualitätskontrolle/-sicherung),

- Kostenermittlung (Vor- und Nachkalkulation),

- Warenannahme/Wareneingangsprüfung,

- Bearbeitung von Reklamationen,

- Lieferantenaudit/Betreuung des Lieferanten,

- Ein- und Auslagerung von Ausgangsmaterial/Vorfertigungsteil,

- Ein- und Auslagerung von Eigen- oder Fremdfertigungsteil,

- Verwaltung/Finanzbuchhaltung/Controlling,

- etc.

Das unkontrollierte Wachstum des Teilebestands ist nicht nur ein unschöner Seiteneffekt, es ist eine ernstzunehmende Bedrohung für die Fähigkeit des Unternehmens, hinreichend Geld zu verdienen. Das Augenmerk bezüglich der Zielsetzung von Entwicklung und Konstruktion sollte nicht darauf gerichtet sein, „das Rad für jeden Kunden neu zu erfinden". Der gebotene Ansatz ist, alle fachliche Kompetenz und Kreativität mit der Maßgabe zu bündeln, mit relativ wenigen Teilen eine hohe Konfigurationsflexibilität zu realisieren, zudem die Produktkomplexität zu verringern und die Produktqualität anzuheben. Mit klassischer individueller Auftragskonstruktion nimmt der Auftragsdurchlauf zwangsläufig mehr Zeit in Anspruch. Zeit, die anderweitig wieder eingespart werden muss, mitunter zu Lasten der Qualität. Obwohl spezifische Kundenteile den gleichen Qualitätsstandard aufweisen sollten wie Serienteile, können die QS-Prozesse nicht immer in gleichem Umfang ausgeführt werden wie zur Serienreifmachung. Im Gegensatz zu rasch entwickelten Bauteilen in Kundenprojekten sind Standard- bzw. Serienteile durchweg erprobte Baukomponenten mit einem hohen Qualitätsniveau. Gegebenenfalls die Form, den Werkstoff und die Bearbeitung betreffende wie auch funktionale Schwachstellen sind zumeist aufgrund langjähriger Produktpflege und Erfahrungen beseitigt. Die Bauteile zeigen eine hohe Zuverlässigkeit; Reklamationen und Garantiefälle sind daher eher selten, wenn sie denn überhaupt auftreten. Die Kundenzufriedenheit ist demzufolge hoch, die Reputation ebenso.

Für die Abwicklung eines Kundenauftrags den x-ten Flansch, das x-te Distanzstück, die x-te Platte zu konstruieren, ist mit einem leistungsfähigen 3D-CAD-System vermeintlich schnell gemacht. Geometriemodell und Zeichnung sind in kurzer Zeit erstellt, so wie es sein soll. Diese Denkweise und dieses Bewusstsein sind weit verbreitet. Aus dem Blickwinkel der Konstruktionsabteilung betrachtet ist das nachvollziehbar. Eine Aufgabe wird mit Sachverstand, Erfahrung und Engagement zügig gelöst. Die Folgekosten für projektspezifisch konstruierte Teile sind in dieser Phase von untergeordneter Bedeutung. Schließlich ist die Zielsetzung, die Wünsche eines Kunden zu erfüllen. In fast der Hälfte aller Fertigungsunternehmen ist das so etwas wie Firmenphilosophie. Für jeden Kunden wird eine individualisierte Lösung konstruiert und gebaut, der Mehraufwand in Kauf genommen, die Nachteile bei der Prozesseffizienz als unvermeidlich akzeptiert. Standardisierte Kundenlösungen in Bezug auf das eigene Produktspektrum werden als nicht machbar angesehen. Die Teile seien viel zu komplex und die Kundenanforderungen zu speziell. Der Aufwand für ein Standardisierungsprojekt stehe in keinem Verhältnis zu dessen Nutzen. Durch diese Sichtweise wird die große Chance verspielt, die Umsatzrendite zu steigern und das Unternehmen für die Herausforderungen des globalen Marktes zu rüsten. Es gibt in diesem Feld nicht so viele „Stellschrauben", mit denen substanzielle Veränderungen zu erzielen sind. Außerdem besteht die Gefahr, dass Konkurrenten sich mit dieser Methode einen klaren Vorteil erschließen.

Standardisierung, Modularisierung und Baukastenkonstruktion

Mit Fortschreiten der Globalisierung werden die Märkte größer, aber auch die Zahl der Mitbewerber. In allen Segmenten nimmt das Produktangebot zu. Die Kunden, ob privat oder geschäftlich, erwarten fortwährend mehr Nutzen und bessere Qualität bei niedrigen Preisen. Mit den Kriterien Nutzen/Leistung und Qualität hat die hiesige Industrie kaum Probleme. Hier sind die Unternehmen größtenteils gut aufgestellt, deutsche Waren haben in aller Welt ein hervorragendes Renommee. Bei den Preisen ist die Situation nicht mehr so komfortabel. Die Kosten der Wertschöpfung sind insgesamt vielfach zu hoch. Obschon mit der Anwendung von 3D-CAD-Systemen und weiteren wirkungsvollen Engineering-Werkzeugen (z. B. DMU-Software) im Technischen Büro zählbare Erfolge zu verzeichnen sind, ist der Aufwand für Produktentwicklung noch immer ziemlich hoch. Da mehr als zwei Drittel der Entwicklungskosten auf Personalkosten entfallen, liegt hier der Hauptschlüssel zur Verbesserung der Rentabilität. In der Konstruktion kommt trotz Nutzung moderner IT-Anwendungen wie CAD/CAE noch immer überwiegend teure Handarbeit zum Einsatz. Für jeden Kundenauftrag werden neue Teile entwickelt. Automation beginnt i. d. R. erst nach Fertigstellung der Produktdokumentation mit Beginn von Fertigung und Montage. Ein Zustand, der sich ungünstig auf der Kostenseite niederschlägt. Um dies zu ändern, braucht es einen Paradigmenwechsel im Konstruktionsbüro. Betrachtet man die Einflussfaktoren von Entwicklung und Konstruktion (Technologie, Komplexität, Teilespektrum, Dimensionierung, Tolerierung etc.) auf die Leistungsgrößen Zeit, Kosten und Qualität eines Unternehmens, zeigt sich ein Faktor von herausragender Bedeutung, und zwar die Zahl an Norm-, Katalog- und Werknormteilen in einem Produkt.

Norm- und Katalogteile (C-Teile) haben einen hohen Mengenanteil, gleichwohl schlagen ihre Kosten nur geringfügig zu Buche. C-Teile müssen weder entwickelt noch gefertigt werden. Durch günstigen Einkauf lässt sich ihr Kostenanteil noch weiter reduzieren. Werknormteile (B-Teile) weisen üblicherweise einen etwas geringeren Mengenanteil auf als Norm- und Katalogteile; ihr Kostenanteil liegt jedoch höher. B-Teile müssen entwickelt und gefertigt werden, entweder selbst oder durch Partner. Im Regelfall erfolgt die Produktion in höheren Stückzahlen. Aufgrund der größeren Fertigungslose lassen sich die Produktionskosten günstig gestalten. A-Teile sind entweder spezifische Kundenteile bei seriennaher Auftragsfertigung oder produktspezifische Konstruktionsteile (z. B. Ergänzungs-/Sonderteile) bei Serienfertigung. Ihr Mengenanteil ist im Allgemeinen eher gering, hingegen ist ihr Kostenanteil überproportional hoch. Der Anteil an A-Teilen in einem Produkt sollte daher so klein wie nur möglich sein. Kunden- und produktspezifische Teile – im Weiteren Sonderteile genannt – sollten von der Kategorie A in die Kategorie B, Werknormteile überführt werden.

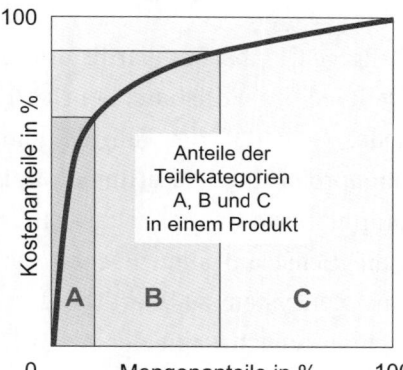

B-Teile durch C-Teile zu ersetzen, ist ebenfalls ein lohnendes Ziel. Das Angebot besonders an Katalogteilen ist schier unerschöpflich. Mit jedem Werknormteil, das ein Sonderteil, und mit jedem Norm- oder Katalogteil, das ein Werknormteil ersetzt, sinken naturgemäß die Produktions- und folglich die Produktkosten.

Wenn Automation nicht erst mit der Fertigung und Montage beginnen soll, ist es unumgänglich, Standardisierung als Engineering-Methode zu etablieren. Standardisierung beinhaltet die topologische (= die Gestalt betreffende) und funktionale Festlegung von ähnlichen Teilen, Baugruppen und Erzeugnissen mit dem Ziel der Vereinheitlichung. Wie bereits an anderer Stelle erwähnt, wird diese Methode häufig als nicht praktikabel eingestuft. Der Begriff Standardisierung ist in Bezug auf Technik und Entwicklung nach wie vor mit einem negativen Image belegt. Standardisierung und Fortschritt bzw. Innovation werden oftmals als Widerspruch angesehen; viele assoziieren damit Normen, Richtlinien und Vorschriften, nicht aber Kreativität und Innovation.

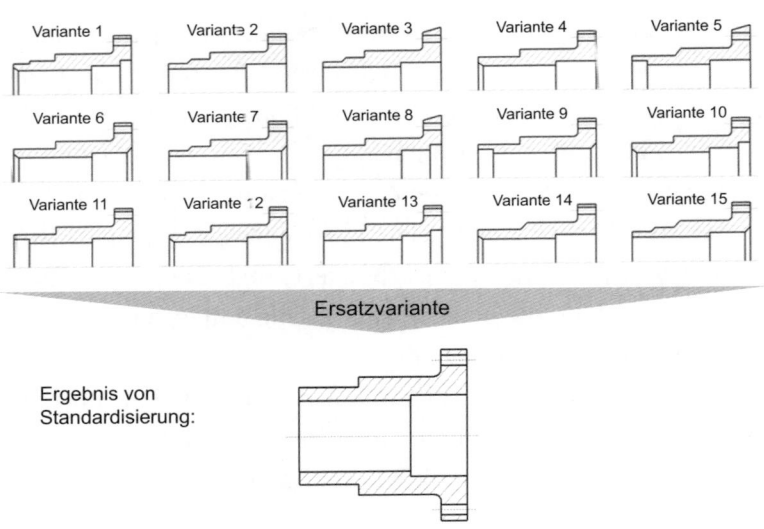

Aus dieser Einschätzung resultiert der irrige Glaube, Standardisierung bedeute a priori Gleichförmigkeit, Mittelmaß und Stillstand. Bei richtigem Verständnis dieser Methode ist das Gegenteil der Fall. Es geht nicht darum, „das Rad in jedem Kundenprojekt neu zu erfinden, nur in anderer Ausprägung", sondern das innovative Grundkonzept eines Produkts oder einer Produktgruppe möglichst auf allen Ebenen der Produktstruktur in ein modulares Baukastensystem zu überführen. In diesem Kontext beginnt Standardisierung zunächst mit der Analyse der Bauteilgeometrien. Um ähnliche Bauteile vereinheitlichen zu können, muss deren Geometrie vereinfacht, versachlicht, flexibilisiert und funktionalisiert werden. Für bereits vorhandene Teilevarianten (z.B. Flansche) lässt sich so eine Ersatzvariante finden, die die konstruktiven Anforderungen der gesamten Produktgruppe oder -familie erfüllt.

Die Ersatzvariante mit ihrem strukturellen Aufbau kann beliebig viele Ausprägungen annehmen, ist somit Variantenteil. Mit der Definition der Teileeigenschaften (Maße, Werkstoff, Oberfläche etc.) kann aus dem Variantenteil jede gewünschte Teilevariante abgeleitet werden. Um den Effekt der Standardisierung nicht wieder ins Gegenteil zu verkehren, ist es notwendig, die Teilevarianten nur entsprechend den tatsächlichen Anforderungen festzulegen. Dies erfolgt durch Normierung.

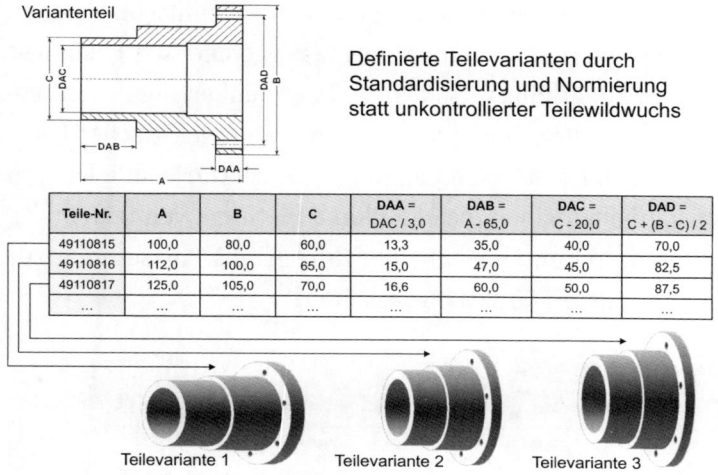

Variantenteil

Definierte Teilevarianten durch
Standardisierung und Normierung
statt unkontrollierter Teilewildwuchs

Teile-Nr.	A	B	C	DAA = DAC / 3,0	DAB = A - 65,0	DAC = C - 20,0	DAD = C + (B - C) / 2
49110815	100,0	80,0	60,0	13,3	35,0	40,0	70,0
49110816	112,0	100,0	65,0	15,0	47,0	45,0	82,5
49110817	125,0	105,0	70,0	16,6	60,0	50,0	87,5
...	...	...	...	...	...	...	...

Teilevariante 1   Teilevariante 2   Teilevariante 3

Hierfür werden geometrische, physikalische und weitere Größen mit dem Ziel der Ausprägung standardisierter Bauelemente – z. B. mithilfe der Normzahlen nach DIN 323 – bestimmt. Diese durch Standardisierung und Normierung konfektionierten Teilevarianten sind ihrer Bestimmung nach Werknormteile. Sie fließen zusammen mit den ausgewählten Norm- und Kaufteilen in den Konstruktionsbaukasten ein. Konstrukteure können zur Bearbeitung von Kundenaufträgen nunmehr weitgehend auf standardisierte B- und C-Teile zurückgreifen. Damit geht eine deutliche Erhöhung der Wiederholteile-Rate einher, was wiederum höhere Stückzahlen mit sich bringt. Zudem kann der Anteil an A-Teilen je nach Zielsetzung des Standardisierungsprojekts gegen null gehen.

Standardisierung sollte nicht bei Teilen und Baugruppen enden. Mit der Modularisierung von Maschinen- und/oder Anlageneinheiten beginnt die nächste Stufe zur Erhöhung der Wirtschaftlichkeit bei der Auftragsabwicklung. Durch den Aufbau standardisierter modularer Funktionseinheiten wird der Konstruktionsbaukasten zum höherwertigen Produktbaukasten. Auf dieser Ebene lässt sich das Prinzip der Baukastenkonstruktion durchgängig realisieren. Ein Produkt kann so durch geometrisch und funktional abgegrenzte Module (Komponenten), die kombinier- und austauschbar sind, anforderungsspezifisch zusammengestellt bzw. konfiguriert werden. Für das funktionale Zusammenwirken der Komponenten sind definierte Modulschnittstellen erforderlich. Alle Funktionseinheiten müssen geometrisch gekoppelt werden können. Zudem muss Kraft- bzw. Energieübertragung in mechanischer, hydraulischer, pneumatischer und/oder elektrischer Form möglich sein. Je nach Produktkomplexität und -strukturierung können alle Funktionseinheiten einen gleichen Rang im Sinne von Bedeutung haben oder eine der Funktionseinheiten fungiert als Basiseinheit zur Versorgung aller anderen Funktionseinheiten.

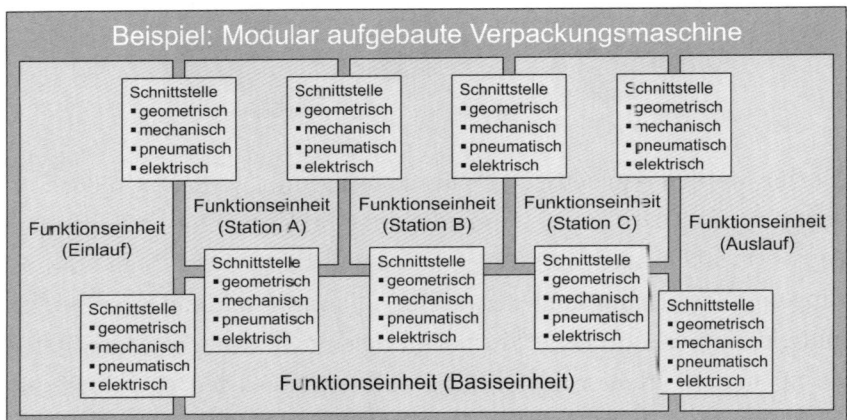

Bei einem chinesischen Dampfturbinen-Hersteller wurden mithilfe eines Standardisierungsprojekts sehr beeindruckende Ergebnisse realisiert. Vor dem Projekt wurde jedes Produkt für den Kunden konstruiert und gefertigt, es lag die Produktionsform Design-to-Order (DTO) vor. Die Auswirkungen waren lange Angebotsbearbeitung, hohe Entwicklungs- und Fertigungskosten, lange Auftragsdurchlaufzeit und eine geringe Rentabilität. Es wurde eine Möglichkeit gesucht, Einzelfertigung für individuelle Kundenwünsche wirtschaftlich zu gestalten. Die Lösung hieß individuelle Varianten durch Baukastenkonstruktion und Produktkonfiguration. Als besondere Herausforderung galten die Standardisierung und Normierung von Turbinenläufer und Gehäuse. Diese beiden Teile sind abhängig von den Kundenanforderungen. Je nach geforderter Leistungskurve (Durchsatz-Drehzahl- bzw. Leistung-Durchsatz-Diagramm) ergeben sich ihre Dimensionen. Die größte Herausforderung bestand darin, die Gestaltvarianz von Turbinenläufer und Gehäuse auf B-Teile (Werknormteile) abzubilden. Vor allem musste ein Weg gefunden werden, das Gehäuse als komplexes Gussteil nicht nur konstruktiv, sondern auch fertigungstechnisch konfigurieren zu können. Sowohl Turbinenläufer als auch Gehäuse werden in kombinierbare Formelemente (Geometriebausteine bzw. -segmente) unterteilt. Die standardisierten und normierten Geometriesegmente des Gehäuses werden zur rationalen Fertigung als Sandguss-Formsegmente im Sinne von Baukastenteilen im Lager geführt. Auf diese Weise lässt sich entsprechend der Kombination der Geometriesegmente sofort die Sandgussform zusammenstellen. Mit dieser Methode ist es möglich, die Dampfturbine vollständig nach Kundenwunsch zu konfigurieren. Ein innovativer Produktbaukasten sorgt verlässlich für gleichbleibende Produktqualität, kurze Lieferzeit, hohe Kundenzufriedenheit und zudem für hohe Wirtschaftlichkeit. Dieses sehr ambitionierte Standardisierungsprojekt verkürzt nun die durchschnittliche Durchlaufzeit im Technischen Büro (Entwicklung/Konstruktion und Arbeitsplanung) von 7,5 auf 1,5 Monate und den gesamten Auftragsdurchlauf von 17 auf 7 Monate. Das ist eine Einsparung von genau 80 % im TB und knapp 60 % insgesamt.

Die negativen Effekte von verfehltem Variantenmanagement, die zu ständig steigenden Komplexitätskosten führen, lassen sich nur durch die konsequente Verwendung von Gleichteilen wieder umkehren. Voraussetzung hierfür ist ein radikales Umdenken in der Unternehmensführung. Es muss offizielle Firmenpolitik sein, ein auf Standardisierung, Modularisierung und Normierung aufbauendes Variantenmanagement einzuführen. So sind sichere Kalkulationen möglich, lassen sich die Durchlaufzeiten verkürzen, wird die Wettbewerbsfähigkeit nachhaltig gestärkt oder wiederhergestellt und eine „gesunde" Rentabilität erreicht. Mit dem alleinigen Einsatz moderner IT-Werkzeuge (CAD, CAE, DMU etc.) ist das nicht zu schaffen. Ferner ist damit kein Alleinstellungsmerkmal gegeben, da alle nationalen und internationalen Mitbewerber ebenso mit diesen Tools arbeiten. Um sich von den Konkurrenzunternehmen absetzen zu können, müssen darüber hinaus wirkungsvolle Engineering-Methoden – wie gezeigt – bezogen auf das eigene Produktspektrum entwickelt und genutzt werden. Nur so ist den künftigen Herausforderungen in den globalen Märkten wirtschaftlich wirksam zu begegnen.

Varianten und Mass Customization

Mit der starken Nachfrage nach individualisierten Produkten ist eine ebensolche Zunahme an Produktvarianten zu verzeichnen. Die Herausforderung heißt heute kaum mehr Massenproduktion (Mass Production), sondern vielmehr massenhafte Spezialanfertigung (Mass Customization). Die kundengetriebene Variantenvielfalt braucht geeignete Maßnahmen, um die Entwicklungs-, Planungs- und Produktionsprozesse wirtschaftlich beherrschen zu können. Wirkungsvolles Variantenmanagement ist hierfür unverzichtbar. Ziel ist es, ein Organisationsprinzip für Aufbau und Nutzung von Varianten auf allen Konstruktionsebenen – Formelement, Teil, Baugruppe und Erzeugnis – zu etablieren. Die Varianten im Sinne von Standardisierung und Normierung sind hierin geometrisch ähnliche Teile, die eine oder mehrere Funktionen (z. B. Drehmoment übertragen) erfüllen und sich in definierten Merk-

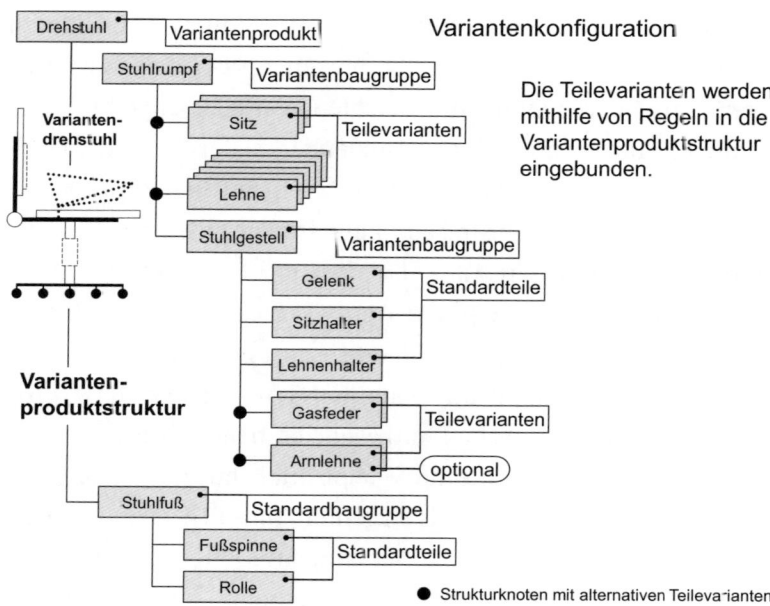

malen (z. B. maximales Drehmoment) unterscheiden. Für Baugruppen lassen sich damit variante Produktstrukturen bzw. Stücklisten aufbauen, die in einem oder mehreren Strukturknoten bzw. Positionen alternative Teile aufweisen können. So entsteht, wie bereits im vorherigen Kapitel beschrieben, ein Produktbaukasten, aus dem einfach und flexibel variante Produkte (= Produktvarianten) kreiert werden können. Das heißt mit anderen Worten, diese Form von Variantenmanagement ermöglicht, Produktvarianten systematisch und rentabel in Teilen oder vollständig durch Konfiguration zu „entwickeln". Dies gilt für einfache Baugruppen ebenso wie für Module und Erzeugnisse. Funktionsgleiche Einheiten (z. B. Erzeugnisse) können als abgestufte Baureihe mit normierten Leistungsdaten und Abmessungen definiert werden. Zudem weisen alle Varianten einer Baureihe den prinzipiell gleichen konstruktiven Aufbau auf; ebensolches gilt natürlich auch für die Fertigungsverfahren. Ein wichtiger Aspekt von Baukastenkonstruktion und einem Produktbaukasten wie das Beispiel des chinesischen Dampfturbinen-Herstellers zeigt.

In obiger Abbildung ist ein Dreh- bzw. Bürostuhl in Form einer Variantenproduktstruktur dargestellt. Die Merkmale der enthaltenen Produktvarianten sind Bezugsfarbe (Sitz und Lehne), Rückenlehnenfunktion, Federungsfunktion und Armlehnen-Design. Als Optionen für die Bezugsfarbe von Sitz und Lehne sollen rot, blau oder schwarz verfügbar sein. Die Rückenlehne soll auf Wunsch mit Lordosenstütze angeboten werden. Für die Gasfeder sollen die Varianten Standard und Komfort zur Auswahl stehen. Der Drehstuhl soll mit oder ohne Armlehnen zu haben sein. Des Weiteren sollen die Armlehnen in den Ausführungen (Designs) dreieckig oder trapezförmig angeboten werden. Alle Teile des Drehstuhls sind Standardteile, auch die alternativen Teile (= Teilevarianten). Jede der Baugruppen (z. B. Stuhlgestell) in der Variantenproduktstruktur, die erst nach Festlegung ihrer Teilevarianten (hier Gasfeder und Armlehne) definiert ist, wird als Variantenbaugruppe geführt. Gleiches gilt für die oberste Baugruppe, das Variantenprodukt. Mit den wenigen Produktmerkmalen in diesem Beispiel sind bereits 36 Varianten des Drehstuhls konfigurierbar. Bei zehn möglichen Bezugsfarben ergeben sich schon

120 Stuhlvarianten. Dieser Ansatz für Variantenmanagement erfüllt zum einen die Kundenforderung nach Variantenvielfalt und unterstützt zum anderen das Bestreben nach Wirtschaftlichkeit. Mass Customization bzw. massenhafte Spezialanfertigung kann profitable Unternehmensstrategie sein und zudem Alleinstellungsmerkmal werden.

In die Variantenproduktstruktur, die auch als Variantenkonfiguration bezeichnet wird, bringen Entwicklung und Konstruktion alle technisch zulässigen Teilevarianten ein. Bei der Freigabe dieser Teile wird insbesondere auch ihre wechselseitige Verträglichkeit geprüft. Hierbei spielen Qualitäts- und Sicherheitsaspekte eine wichtige Rolle. Vor allem gesetzliche Vorgaben – auch länderspezifisch – müssen erfüllt werden. Hinzukommen können Wünsche des Vertriebs wie Design, Oberflächenausführung oder Farbgestaltung. In der Variantenproduktstruktur bzw. Variantenkonfiguration ist somit das gesamte Angebot an lieferfähigen Ausführungen zu einem Produkt enthalten. Aus der Vielzahl an realisierbaren Produktvarianten kann die gewünschte Ausführung mithilfe eines Produktkonfigurators einfach und schnell zusammengesetzt werden. Der Konfigurationsdurchlauf liefert als Ergebnis die Produktstruktur bzw. Stückliste. Mit dieser Information können sofort Fer-

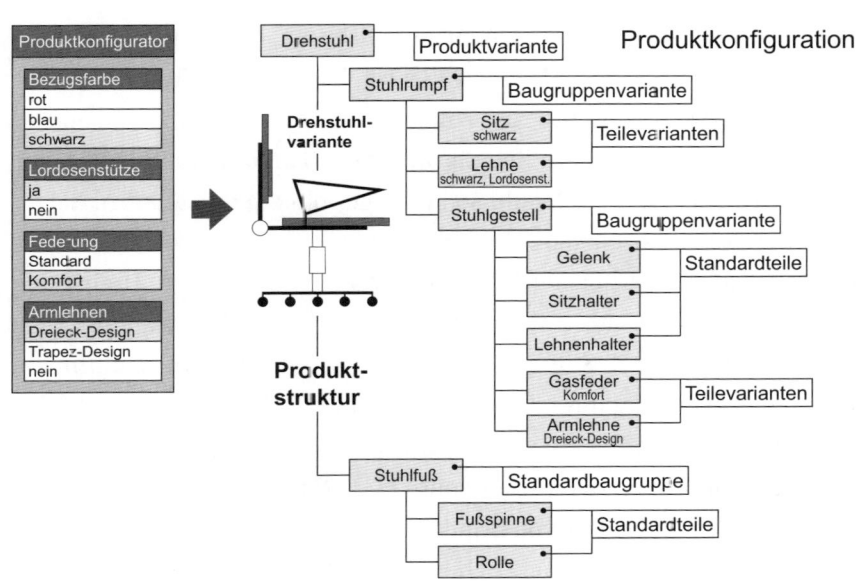

tigung und Montage angestoßen werden. Im Falle der vorliegenden Produktionsform Assemble-to-Order (ATO) heißt das Lager- und Auftragsfertigung (auftragsneutrale Vorfertigung und kundenspezifische Endfertigung bzw. -montage). Bei einem abweichenden Kundenwunsch ist eine Änderung der Konfiguration notwendig. Aus dem konfigurierten Produkt, das eine standardisierte Produktvariante – eine der Optionen – einer Baureihe repräsentiert, entsteht durch Anpassungskonstruktion ein spezifisches Auftragsprodukt. Auch in dieser Situation ist der Prozess im Kern der gleiche wie bei reiner Konfiguration. Die Nacharbeit in Konstruktion und Arbeitsplanung ist in der Regel gering und der Bezug zur Ausgangsvariante ermöglicht zu jeder Zeit die einfache Rückverfolgbarkeit in allen Folgeprozessen. Jede Anpassungskonstruktion hat stets eine Verbindung zu einer konfigurierten Standardvariante. Zu einer Standardvariante kann es natürlich mehrere verschiedene Kundenanpassungen geben, wenn diese alle auf der gleichen Konfiguration bzw. dem gleichen Konfigurationsdurchlauf beruhen.

Im Gegensatz zum systematischen Variantenmanagement auf der Grundlage der Variantenproduktstruktur steht die Nutzung eines Vorlageprodukts. Dieses ist Ergebnis eines Entwicklungs- oder Kundenprojekts. Das Vorlageprodukt entsteht nicht oder nur bedingt mit der Zielsetzung Standardisierung. Für jeden Kundenauftrag wird eine neue Arbeitskopie aus dem Vorlageprodukt erzeugt. Der Aufwand für die Anpassungskonstruktion ist verhältnismäßig groß, gleiches trifft für Arbeitsplanung und Produktion zu. Sofern die Auftragsvarianten immer aus demselben Vorlageprodukt entwickelt werden, ist der Bezug zwischen Original und Ableitung gegeben. Extrem problematisch wird die Situation, wenn Auftragsvarianten ohne jede Systematik kreuz und quer aus früheren Auftragsvarianten abgeleitet werden. Es entsteht in kurzer Zeit eine Vielzahl von Auftragsvarianten, die keinerlei Bezug zueinander haben. Unabhängig davon, ob die Produktvarianten in Beziehung stehen oder nicht, entstehen ständig neue Teile und Baugruppen. Ohne Kontrolle verursacht jeder neue Kundenauftrag unnötige Teilenummern und folglich unnötige Kosten. Anders als bei den Standardkomponenten im Produktbaukasten, deren Kosten durch Kalkula-

tion und Erfahrung hinreichend genau bekannt sind, ist bei Auftragsvarianten, ob nun aus Vorlageprodukt oder anderen Auftragsvarianten,
meist nur eine unzureichende – weil grobe – Kostenabschätzung gegeben. Auftragsbasierte Produktvarianten durch Modifikation aus anderen Auftragsvarianten zu entwickeln, birgt schwer absehbare Risiken.
Die Methode bzw. dieser Weg ruft unweigerlich ein Datenchaos hervor.
In der Folge werden Prozesse beeinträchtigt und letztlich das Betriebsergebnis belastet. Aus Gründen der Wirtschaftlichkeit sollten daher
die Strategien Standardisierung und Mass Customization immer Aus-
gangspunkt zur Abwicklung individueller Kundenaufträge sein. Der
vermeintlich einfachere Weg ist hier gewiss die schlechtere Alternative, in absehbarer Zeit führt er zu katastrophalen Verhältnissen.

Organisations- und Arbeitsstruktur

Standardisierung, Modularisierung und Normierung sowie Mass Customization sind die zukunftsträchtigen Strategien für die Betriebe der Fertigungsindustrie. Um diese Ansätze erfolgreich in der Praxis etablieren
zu können, wird im Technischen Büro eine andere Organisations- und
Arbeitsstruktur gebraucht. Standardisierung als strategisches Vorhaben nebenher zum operativen Geschäft betreiben zu wollen, ist zum
Scheitern verurteilt. Zur wirkungsvollen Umsetzung dieser Strategie
sind entsprechende Rahmenbedingungen notwendig. Da Standardisierung eine bleibende Aufgabe ist, müssen geeignete Strukturen geschaf-

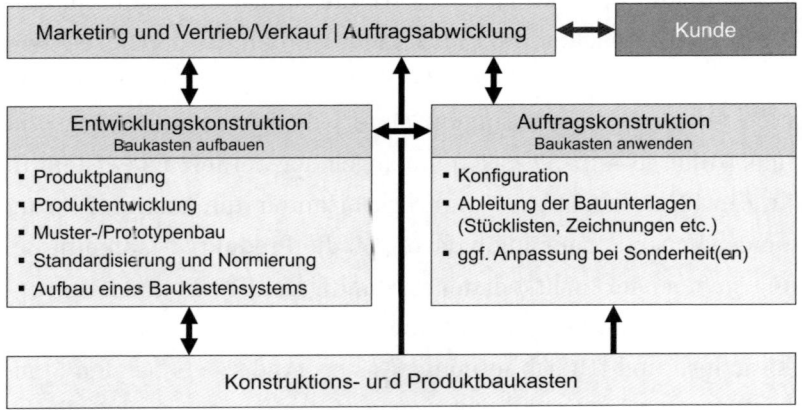

fen werden. Eine Reorganisation von Entwicklung und Konstruktion ist unverzichtbar. Für Mass Customization sind andere Geschäftsprozesse erforderlich: Zur Auftragsabwicklung soll nach Möglichkeit kein oder nur ein geringer Konstruktionsaufwand anfallen, das Kundenprodukt soll aus den Komponenten des entwickelten Produktbaukastens zusammengesetzt werden können. Die primäre Aufgabe ist somit, den Bereich Entwicklung und Konstruktion in die zwei eigenständigen bzw. unabhängigen Einheiten Entwicklungs- und Auftragskonstruktion aufzuteilen. Dies ist die Grundlage zur profitablen Gestaltung der Geschäftsprozesse Produktentwicklung, Vertrieb/Verkauf und Auftragsabwicklung.

Der Prozess Produktentwicklung umfasst alle Aufgaben für den Aufbau eines flexiblen Produktbaukastens. Hier wird der Grundstein für den späteren Erfolg gelegt. Die Arbeit beginnt mit der Produktdefinition. In dieser Phase müssen Know-how und Erfahrung von Produktplanung, Marketing und Vertrieb, Entwicklung und Konstruktion sowie Arbeitsplanung und Kalkulation fokussiert werden. Marktanforderungen, Markttrends und Marktvolumen sind realistisch zu bewerten. Schließlich soll das Ergebnis der Produktplanung die Spezifikation für ein innovatives Produkt mit guten Marktchancen sein. Die Umsetzung der Idee im nächsten Schritt ist Aufgabe der Entwicklungskonstruktion. Für die geforderten Funktionen des Produkts müssen die Wirkprinzipien (z. B. physikalische Effekte) bestimmt und auf eine Funktionsstruktur abgebildet werden. Mit der Ableitung der Produkt- aus der Funktionsstruktur und der Ausgestaltung der Teile beginnt die konstruktive Tätigkeit. Bei der Festlegung der Detaillösungen sollten stets Lösungsalternativen mithilfe der Wertanalyse entwickelt werden. Der Wert bzw. Nutzen einer gewünschten oder geforderten Wirkung/Funktion ist umso größer, je geringer der bauliche Aufwand dafür ist. Beispielsweise ist Fügen, wenn möglich, die bessere, weil günstigere Alternative zur Verschraubung. Mittels Prototyp oder kleiner Vorserie werden diese Fragen und weitere gegebenenfalls kritische Punkte durch Erprobung und Bewertung geklärt. Nach Abschluss der eigentlichen Entwicklungsarbeit steht die Realisierung des Konstruktionsbaukastens an und in der Folge darauf aufbauend die des Produktbaukastens.

Standardisierung und Normierung stehen hierbei im Mittelpunkt. Diese Aufgaben sind der abschließende Teil des Produktentwicklungsprozesses. So liegt die Zuständigkeit dafür ebenfalls bei der Entwicklungskonstruktion. Für die Baureihen der Produktfamilien werden die geometrischen und funktionalen Merkmale der Produktkomponenten fixiert. Dazu gehören Grund-, Alternativ- und Ergänzungsbausteine. Grundbausteine sind die Standardbauteile und bilden den Rumpf eines Produkts. Auch von diesen Teilen werden gewöhnlich mehrere Varianten (Dimensionen) für die geplanten Produktfamilien festgelegt. Alternativbausteine sind die Teilevarianten eines Produkts. Sie sind austauschbar und charakterisieren die möglichen Produktvarianten. Ergänzungsbausteine sind optionale Teilevarianten eines Produkts. Sie sind i. d. R. nicht für die Funktion des Produkts notwendig, stellen also eine Sonderausrüstung dar. Die Normierung von Grund-, Alternativ- und Ergänzungsbausteinen entscheidet darüber, ob sich mit den verfügbaren Produktkomponenten die Kundenanforderungen auf konfigurierbare Kundenlösungen bilden lassen. Mit der geometrischen Festlegung der Standard- bzw. Werknormteile (Teilevarianten) ist obendrein die Anlage sowohl von Master-Zeichnungen als auch von Master-Arbeitsplänen und Master-Teileprogrammen möglich. Ferner lässt sich mit standardisierten Textbausteinen der Technischen Redaktion in Form von Master-Dokumenten (Vorlagen) die Erstellung variantenspezifischer Benutzeranleitungen automatisieren. Mit dem Aufbau von Master-Strukturen (Variantenstrukturen) wird der Konstruktionsbaukasten zum Produktbaukasten. Das Regelwerk mit der Kombinatorik für die Grund-, Alternativ- und Ergänzungsbausteine entscheidet über die Möglichkeiten von Mass Customization. Bei der Definition des Regelwerks geht es nicht nur um Fragen der Beschaffenheit wie Farbe, Form oder Oberfläche, sondern auch und vor allem um technische Anforderungen wie Leistung, Durchsatz oder Tragfähigkeit. Hierbei haben die Aspekte Funktions- und Anwendungssicherheit einen hohen Stellenwert. Aufbau und Pflege des Regelwerks sind eine Engineering-Aufgabe und müssen in der Verantwortung der Entwicklungskonstruktion liegen.

Akquisition und Auftragsabwicklung werden von den Strategien Standardisierung und Mass Customization im positivsten Sinne stark beeinflusst. Für die Akteure in Vertrieb und Verkauf bieten sich beste Möglichkeiten, ihre Prozesse wettbewerbsfähiger und zudem wirtschaftlicher zu gestalten. Im Mittelpunkt ihrer wichtigsten Aufgaben steht der Produktbaukasten. Er unterstützt bereits die fachliche Präsentation des Produktangebots. Der Vertriebsingenieur kann im Gespräch mit dem Kunden seine Angebotspalette virtuell darlegen, Eigenschaften und Anwendungsmöglichkeiten am Simulationsmodell aufzeigen. Mit den konkreten Anforderungen des Kunden wird mittels Konfiguration aus dem Produktbaukasten das gewünschte Kundenprodukt sofort „zusammengebaut". Für die Angebotserstellung liegen damit bereits die wesentlichen Unterlagen vor. Der größte Teil der Angebotsmappe leitet sich mit der Konfiguration aus Master-Dokumenten ab. Die Produktbeschreibung und Angebotzeichnungen (Maßbilder, Funktionsschemata etc.) sind so sehr schnell verfügbar. Selbst die Preiskalkulation lässt sich aus dem Konfigurationslauf gewinnen. Ergänzt um die obligatorischen Vertragskomponenten, kann dem potenziellen Kunden in kürzester Zeit ein umfassendes Angebot übergeben werden. Die beste Vorleistung, um Kompetenz und Verlässlichkeit zu zeigen und folglich den Auftrag zu erhalten. Mit der Auftragsabwicklung kommt die Auftragskonstruktion ins Spiel. Die Produktkonfiguration ist auch für diesen Prozess die Grundlage. Stücklisten, Fertigungs- und Montagezeichnungen – die Bauunterlagen der Konstruktion – liegen entweder schon als Standarddokumente vor oder werden automatisiert abgeleitet. Da jede Master-Zeichnung eine intensive Prüfung durchlaufen muss, bevor sie in den Konstruktionsbaukasten gelangt, sind alle daraus generierten Standardzeichnungen de facto fehlerfrei. Dies bedeutet in der Konsequenz: Wurde eine Master-Zeichnung für den Konstruktionsbaukasten freigegeben, ist automatisch jede aus ihr gewonnene Standardzeichnung ebenso freigegeben. Mit dieser Null-Fehler-Strategie können Prüfung und Freigabe abgeleiteter Standardzeichnungen entfallen – ein merklicher Beitrag zur Kostenentlastung. In gleicher Weise kann mit Arbeitsplan und NC-Programm sowie Benutzerhandbuch und weiteren Produkt oder Prozess beschreibenden Dokumenten verfahren werden. Arbeitsplanung und Manual-Redaktion können ihre Auftragsdokumente genauso wirtschaftlich wie die Konstruktion aus Master-Dokumenten erzeugen. Die fertigungsvorgelagerten Bereiche der Auftragsabwicklung erzielen mit diesem Ansatz extrem kurze Durchlaufzeiten (Rapid Product Design).

Entwicklungs- und Auftragskonstruktion als separate Einheiten mit entsprechender Organisations- und Arbeitsstruktur einzurichten, ist nicht nur das probate Mittel für die Neuentwicklung von Produkten. Auch bereits existierende Erzeugnisse können in diesem Umfeld durch Produkt-Reengineering in ein leistungsfähiges Baukastensystem überführt werden. Der Lohn für diesen Aufwand zeigt sich umgehend in Vertrieb und Auftragsabwicklung – kurze Angebotsbearbeitung, schneller Auftragsdurchlauf, hohe Produktqualität und daraus folgend nachhaltige Rentabilität. Dieser Erfolg fordert eine klare Regelung der Kompetenzen. Ob die beiden TB-Einheiten Entwicklungs- und Auftragskonstruktion innerhalb einer Abteilung oder in zwei eigenständigen Abteilungen organisiert sind, kann erheblichen Einfluss auf die Gesamtleistung haben. Liegen Entwicklungs- und Auftragskonstruktion in einer Verantwortung, ist die Gefahr gegeben, dass in kritischen Auftragssituationen – hoher Auftragsbestand – Personal kurzfristig von der Entwicklungs- in die Auftragskonstruktion verlagert wird. Im Zweifelsfall erhält die Auftragsabwicklung höhere Priorität, die Arbeiten am Baukastensystem werden teilweise oder sogar vollständig unterbrochen oder vernachlässigt. Bei guter Auftragslage kann dies zum Dauerzustand werden und die Strategien Standardisierung und Mass Customization, mit denen die Auftragsabwicklung effizienter sein könnte, bleiben auf der Strecke. Für Aufträge werden wieder Individuallösungen entwickelt, statt Kundenlösungen zu konfigurieren und ggf. individuelle Anpassungen bei Sonderheiten vorzunehmen. Die erfolgreiche Umsetzung besagter Strategien macht erfahrungsgemäß zwei unabhängige Organisationseinheiten – Entwicklungs- und Auftragskonstruktion – mit klar getrennten Verantwortlichkeiten notwendig.

Kapitel IV

Arbeits- und Datenorganisation

Unternehmen der produzierenden Industrie investieren enorme Summen in neueste Informationstechnik. Es wird das Ziel verfolgt, die Kenngrößen „Time to Market", Auftragsdurchlaufzeit, Kundenzufriedenheit, Marktanteil sowie Umsatz und Gewinn zu verbessern. Die Prozess-Leistungsgrößen Zeit, Kosten und Qualität sollen hierfür signifikant optimiert werden. Zwischen Anspruch und Wirklichkeit klafft jedoch meistens eine große Lücke. Um eine positive Veränderung herbeiführen zu können, wird exzellente Arbeits- und Datenorganisation gebraucht, die zukunftsträchtige Konzepte u. a. für Prozess-, Projekt-, Teile-, Dokumenten-, Varianten-, Änderungs- und Konfigurations- sowie Qualitätsmanagement umfasst. Mit guter Software und dem richtigen Integrationsansatz lässt sich daraus ein wirkungsvolles IT-Unternehmenswerkzeug aufbauen.

Checkliste zu Arbeits- und Datenorganisation:

☑ Gibt es in Ihrem Unternehmen allgemeingültige Prozessdefinitionen, die für die jeweiligen Aufgaben verbindlich sind?

☑ Steht den Mitarbeitern in Ihrem Technischen Büro integrales Teile- und Dokumentenmanagement zur Verfügung?

☑ Ermöglicht das Variantenmanagement in Ihrem Haus den wirtschaftlichen Umgang mit Ihrer Variantenvielfalt?

☑ Werden Ihre Geschäftsprozesse (z. B. Auftragskonstruktion) durchgängig mittels Workflow-Management ausgeführt?

☑ Schließt Ihr Projektmanagement neben dem Projektstrukturplan auch Phasenprozesse und Produktdaten (Arbeitsergebnisse) ein?

☑ Ist in Ihrem Unternehmen ein standardisiertes Änderungswesen für alle Arten von Produkt- und Prozessänderungen etabliert?

☑ Werden die Arbeitsergebnisse in Ihrer Produktentwicklung oder Auftragskonstruktion mit Freigabeprozessen abgesichert?

☑ Sind in Ihrem Unternehmen die Empfehlungen zu Konfigurationsmanagement nach ISO 10007 umgesetzt?

☑ Bezieht Ihre QS neben den Prozessen der Produktion auch die von Entwicklung, Konstruktion und Arbeitsplanung ein?

☑ Arbeiten Sie mit einem „nicht sprechenden" Nummernsystem mit eigenständiger Identifikations- und Klassifikationsnummer?

☑ Nutzen Sie in Ihrem Haus zur Definition Ihrer Fachbegriffe standardisierte mehrsprachige Benennungskataloge?

Unternehmensprozesse

Die Aktivitäten eines industriellen Fertigungsunternehmens basieren im Wesentlichen auf organisations- und produktbezogenen Prozessen. Jeder der betrieblichen Vorgänge/Abläufe lässt sich in die Kategorie Kern-, Führungs-, Unterstützungs- oder Verwaltungsprozess einordnen. Mit Ausführung der Kernprozesse erfolgt die Wertschöpfung. Die wichtigsten Vorgänge hierbei sind:

- Marketing und Vertrieb/Verkauf,
- Produktplanung,
- Produktentwicklung,
- Auftragskonstruktion,
- Betriebsmittelkonstruktion,
- Technische Dokumentation,
- Arbeits- und Prozessplanung,
- Beschaffung (Technischer Einkauf),
- Produktionsplanung und -beauftragung,
- Produktionssteuerung (Fertigung und Montage),
- Wartung, Instandsetzung und Ersatzteilversorgung,
- Qualitätssicherung
- und Recycling.

Alle Prozesse in Summe spiegeln die „Funktionsweise" eines Unternehmens wider. Ob diese eine gute oder weniger gute Unternehmensleistung hervorbringt, ist von der Gestaltung jedes einzelnen Prozesses abhängig. Ein leistungsfähiger Geschäftsprozess als mehr oder minder komplexe Handlung mit einem definierten Ergebnis braucht klare Vorgaben und Regeln. Alle Akteure müssen den Zweck der Handlung kennen. Nur dann kann sich jeder eingebundene Mitarbeiter verantwortungsbewusst verhalten und ergebnisorientiertes Wirken zeigen anstelle von „Blindleistung" und Verschwendung.

In der betrieblichen Arbeit wird zwar von und über Prozesse gesprochen, aber nur selten sind diese konzeptionell definiert, dokumentiert und allseits bekannt. Selbst Prozessverantwortlichen fehlt mitunter die Detailkenntnis über das Geschehen. Meist haben sich über die Jahre hinweg Praktiken „entwickelt", die eine klare Systematik vermissen lassen. Aufgaben werden nach dem immer gleichen Muster ausgeführt. Auch wenn dem ein oder anderen das ein oder andere unlogisch oder umständlich erscheint, werden Abläufe kaum kritisch hinterfragt. Hinzukommt, dass jeder Prozesse nach seiner eigenen Auffassung interpretiert. Das Ergebnis ist vergleichbar mit dem Klang eines Orchesters, das ohne einen Dirigenten spielt oder diesen nicht wahrnimmt. Die Prozessleistung kann unter derlei Umständen kaum ein Maximum erreichen. Ganz im Gegenteil, die Produktivität ist eingeschränkt und verhindert eine optimale Gesamtleistung des Unternehmens.

Im Rahmen einer QS-Zertifizierung nimmt das Thema Prozessmanagement breiten Raum ein. Insbesondere die Schlüsselprozesse Produktentwicklung, Anpassungskonstruktion, Beschaffung, Produktionsplanung und -steuerung, Qualitätssicherung, Auftragsabwicklung und Vertrieb/Verkauf werden mit eindrucksvollen Flussdiagrammen (Flowcharts) „verewigt". Mit ihren Ausdrucken ließen sich ganze Wände „tapezieren". Die dokumentierten Prozesse dienen meist nur dazu, dem Verfahren Genüge zu tun. Die Umsetzung in die betriebliche Nutzung fehlt. Prozesse existieren lediglich auf dem Papier, werden nicht „gelebt". Ohne systemgestützte Workflows ist niemand gezwungen, sich an Festlegungen zu halten. Vorgesehene IT-Systeme werden ignoriert und Daten nicht oder nur unvollständig angelegt. Dabei ist Information gerade in den fertigungsvorgelagerten Geschäftsvorgängen ein extrem wichtiger Leistungsfaktor. Daten als vollständige, aktuelle und widerspruchsfreie Informationseinheiten kennzeichnen in Form von In- und Output die Güte der betreffenden Prozesse. Die Qualität der ausgehenden Daten wird von der Qualität der eingehenden bestimmt. Es ist demzufolge wesentlich, die Qualität der Ein- und Ausgangsdaten unabhängig von den Prozessdetails festzulegen. Sowohl für Grund- als auch für Nutzdaten sind eindeutige Merkmale (z. B. Reifegrad) erforderlich, die zweifelsfrei erkennen lassen bzw. anzeigen, wofür sie verwendet werden dürfen. Nachdem definiert ist, „was" der Prozess als

Ergebnis zu liefern hat, kann die Frage geklärt werden, „wie" das am besten geschehen soll.

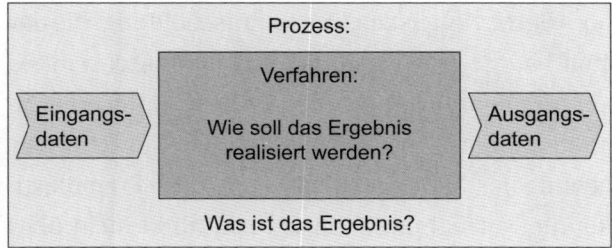

Über ihre Ein- und Ausgangsdaten lassen sich Prozesse klar voneinander abgrenzen. Ihre Schnittstelle zu vor- und nachgelagerten Prozessen wird durch ihren Zweck bzw. ihre Zielsetzung bestimmt. Eindeutig definierte Betriebsabläufe im Sinne von abgeschlossenen „Funktionseinheiten" sind gekennzeichnet durch:

- Eine scharf umrissene Aufgabenstellung (Zielsetzung),
- eine logische Schnittstelle zum vorgelagerten Prozess,
- Eingangsobjekt(e) mit definierter Qualität bzw. definiertem Status (z. B. Fertigungszeichnung, freigegeben für Beschaffung),
- eine logische Schnittstelle zum nachgelagerten Prozess,
- Ausgangsobjekt(e) mit definierter Qualität bzw. definiertem Status (z. B. Bestellung an einen Lieferanten),
- einen spezifischen Personal- und Sachmittelbedarf,
- kritische Gegebenheiten (Komplexität, Konfliktpotenzial etc.)
- und definierte Erfolgsfaktoren (Prozessleistung).

Nach ihrer Identifikation ist es hilfreich, jeden der Prozesse zunächst als „Blackbox" zu betrachten. So können etwa den Teilprozessen der Beschaffung – Angebote einholen, Angebote vergleichen, Lieferanten auditieren, Bestellung ausführen und Warenlieferung annehmen – in Bezug auf ihr Ergebnis jeweils unverwechselbare In- und Outputs zugeordnet werden. Bei dieser Sicht auf Prozesse wird schnell deutlich, ob diese sauber definiert und logisch abgegrenzt sind. In der Praxis ist dies vielfach nicht der Fall. Zwischen Technischem Büro und Beschaffungs- und Produktionslogistik kommt es beispielsweise in der Frage „Make or Buy" immer wieder zur Diskussion darüber, wer wann wo festlegt, ob ein Konstruktionsteil eigen- oder fremdgefertigt werden soll. Bei rein fachlicher Abgrenzung ist das keine Entscheidung, die der Konstrukteur zu treffen hat. Er entwickelt das Teil und beschreibt es vollständig mit der Fertigungszeichnung. Ferner legt er technische Teile- und Zeichnungsstammdaten an. Selbst wenn der Konstrukteur in seiner Systemumgebung das Artikelattribut Eigen- oder Fremdfertigung formal setzen könnte, verfügt er zu diesem Zeitpunkt nicht über die nötige Information. In dieser Situation ist für ihn eine fundierte Bewertung dieser Frage nicht möglich. Besonders bei wechselnden Make-or-Buy-Fällen stehen für das betreffende Bauteil erst zum Zeitpunkt der Produktionsplanung die Gegebenheiten fest, die bestimmen, ob eigen- oder fremdgefertigt wird. Da die Disposition bzw. Materialbedarfsplanung in der Prozesskette stets zeitnah erfolgen muss, kann die Make-or-Buy-Entscheidung nicht Aufgabe des Technischen Büros sein.

Wenn Geschäftsvorgänge in der Zielsetzung sowie mit In- und Output eindeutig fixiert sind, kann im nächsten Schritt ihr „Innenleben" gestaltet werden. Neben den Ergebnissen eines Prozesses ist das Verfahren zur Gewinnung der Ergebnisse entscheidend für den Wert/Nutzen eines Prozesses. Entsprechend der Definition nach DIN EN ISO 9000 ist ein Prozess ein Satz von in Wechselbeziehung oder Wechselwirkung stehenden Tätigkeiten, der Eingaben in Ergebnisse umwandelt. Wenn man hierbei die Ergebnisse mit der physikalischen Größe Arbeit gleichsetzt, entspricht die Summe aller Tätigkeiten in einem Zeitfenster der physikalischen Größe Leistung. Das Verfahren, mit dem ein Prozessergebnis erbracht wird, bestimmt in diesem Sinne auch die Leistung des Prozesses. Hierin liegt in vielen Unternehmen ein riesiges Potenzial. Prozesse sind hinsichtlich der Struktur ihrer Verfahrensaufgaben bzw. -tätigkeiten größtenteils reformbedürftig, können die hohen Leistungsanforderungen infolge härter werdendem Wettbewerb nicht mehr erfüllen. Die Durchlaufzeiten sind zu lang, die Prozesskosten folglich zu hoch. Damit die Aufgabenstruktur eines Prozesses künftig optimal gestaltet werden kann, muss ihr aktueller Zustand bekannt sein. Da die realen Abläufe nur selten exakt vorliegen, ist eine detaillierte Ist-Aufnahme notwendig.

Detaillierte Kenntnis über die Prozessaufgaben haben jeweils die Akteure eines Prozesses, sie sind in Summe dessen Informationsträger. Damit ist eine der Kernaufgaben der Ist-Analyse, das Wissen der Prozessakteure systematisch zu erfassen, in Beziehung zu setzen und ein Bild von der inneren Ablaufstruktur zu zeichnen. Im ersten Schritt muss mithilfe eines konkreten Fragenkatalogs das Know-how in den Köpfen der Prozessbeteiligten „eingesammelt" werden. Um nicht nur Äußerungen der subjektiven Wahrnehmung mit persönlichen Auffassungen und Empfindungen zu bekommen, sondern eine Sicht auf die realen Verhältnisse in den Betriebsabläufen zu erhalten, sind präzise Fragen eine Grundvoraussetzung. Die nachstehende Auflistung zeigt exemplarisch wie ein entsprechender Fragenkatalog aussehen kann:

- Wie lautet ihr Arbeitsauftrag?
- Wie (auf welche Weise) bekommen sie den Arbeitsauftrag?
- Welche Arbeitsanweisungen (Aufgaben) bekommen sie?
- Welche Qualität (Status, Aktualität, Vollständigkeit, Klarheit etc.) haben die Arbeitsanweisungen?
- Welche Eingangsdaten (Input) nutzen sie zur Bearbeitung der Aufgaben ihres Arbeitsauftrags?
- Wie (auf welche Weise) bekommen sie die Eingangsdaten?
- Welche Qualität (Status, Aktualität, Vollständigkeit, Klarheit etc.) haben die Eingangsdaten?
- Welche Hilfsmittel und Werkzeuge (z.B. IT-Systeme) nutzen sie zur Bearbeitung der Aufgaben ihres Arbeitsauftrags?
- Sind sie mit den Hilfsmitteln und Werkzeugen zufrieden? Wenn nein, was sind ihre Kritikpunkte oder Anforderungen?
- Welche Methoden (z.B. Varianten-/Baukastenkonstruktion) nutzen sie zur Bearbeitung der Aufgaben ihres Arbeitsauftrags?
- Sind sie mit den Methoden zufrieden? Wenn nein, was sind ihre Kritikpunkte oder Verbesserungsvorschläge?

- Benötigen sie zur Bearbeitung der Aufgaben ihres Arbeitsauftrags Fachliteratur, Technische Schriften etc.? Wenn ja, wie und in welcher Qualität (Aktualität, Vollständigkeit etc.) stehen diese zur Verfügung?

- Gibt es Dinge, die die Bearbeitung der Aufgaben ihres Arbeitsauftrags beeinträchtigen bzw. erschweren? Wenn ja, welche?

- Welche Ausgangsdaten (Output) erstellen sie bei der Bearbeitung der Aufgaben ihres Arbeitsauftrags mit welchen Werkzeugen und in welcher Form?

- Übernehmen sie die Verlagerung bzw. Weiterleitung des Arbeitsergebnisses (Ausgangsdaten) nach der Bearbeitung der Aufgaben ihres Arbeitsauftrags? Wenn ja, wie?

- Wie und wem teilen sie mit, dass sie die Aufgaben ihres Arbeitsauftrags vollständig bearbeitet (abgeschlossen) haben?

- Kommunizieren sie während der Bearbeitung der Aufgaben ihres Arbeitsauftrags mit internen oder externen Stellen? Wenn ja, mit welchen wie und warum?

Die Einzelbefragung der Prozessakteure soll Aufschluss geben über die einzelnen Prozessaufgaben. Von der Beauftragung, der Kommunikation, der Bereitstellung, dem Zugriff, dem Transfer und der Verteilung von Daten, den Methoden, Werkzeugen und Hilfsmitteln über die Verantwortlichkeiten, Probleme und Erschwernisse bis hin zu den Arbeitsergebnissen soll jeweils ein umfassendes Bild entstehen. Im zweiten Schritt ist die Zielsetzung, die genaue Ablaufstruktur für den untersuchten Prozess im Detail zutage zu fördern. Im Rahmen einer Gruppenbefragung sollen die Ergebnisse der Einzelbefragungen zu einem Gesamtbild des Prozesses zusammengefügt werden. Erst wenn mit der Ist-Analyse zu jedem der wertschöpfenden Geschäftsvorgänge eine genaue Darstellung der gegenwärtigen Situation vorliegt, ist es möglich, die „Funktionsweise" des Unternehmens in seiner Gesamtheit zu erkennen und Schwachstellen sowie Unzulänglichkeiten in der notwendigen Weise zu eliminieren. Die Analyse des „Prozessinnenlebens" und die Kenntnis über den Zweck sowie die Ein- und Ausgangsgrößen liefern zusammen die Informationen für ein umfassendes Prozess-Redesign.

Bedeutsame Punkte für Veränderungen ergeben sich aus den Messgrößen für Prozesserfolg. Schwachstellen zeigen sich dort, wo diese Messgrößen unbefriedigende Werte aufweisen. Alles, was die Prozesskenngrößen Laufzeit, Mittelverbrauch und Ergebnisqualität beeinflusst, muss auf den Prüfstand. Die Laufzeit bzw. Durchlaufzeit ist die Prozessgröße, die die Wirtschaftlichkeit von Produktionsunternehmen in erheblichem Ausmaß bestimmt. Der Wettbewerbsfaktor Time to Market (Produkteinführungsdauer) steht dafür als Synonym. In der gängigen Betriebspraxis zeigen sich viele „bremsende" Effekte, die der Produktivität zuwiderlaufen. Der Aufbau eines modernen Ziel-Konzepts muss diese Erscheinungen konsequent abstellen. Damit dies gelingen kann, muss ein unternehmensstrategisches Reformprojekt aufgesetzt werden. Abteilungsprivilegien und Systemzwänge oder irgendwelche Tabus darf es nicht geben, alles ist der bestmöglichen Prozessleistung unterzuordnen. Gewiss ist ein Vorhaben mit dieser Zielsetzung und diesem Anspruch nicht mit den üblichen Ansätzen wie etwa bei IT-Projekten zu realisieren. Es genügt nicht, die Aufgabe an die IT- oder QS-Abteilung zu delegieren, hier ist die Geschäftsleitung gefordert. Nicht die Sicht der Abteilungen ist von Belang, sondern die Sicht auf das Unternehmen. Um fertigungsvorgelagerte Prozesse – insbesondere in den Bereichen Produktentwicklung und Arbeitsplanung – zu beschleunigen, sind u. a. folgende Voraussetzungen zu schaffen bzw. Maßnahmen zu treffen:

- Standardisierte QM-basierte Arbeitsabläufe,

- klare Zuständigkeiten bzw. Verantwortlichkeiten,

- eindeutig formulierte Arbeitsaufträge und -anweisungen,

- schneller Zugriff auf vorhandenes Firmen-Know-how,

- einfache und bedarfsgerechte Informationsbeschaffung,

- multimediale Kommunikation (E-Mail, Videokonferenz etc.),

- standardisierte Arbeitsmethoden (z. B. DMU-Simulation),

- standardisierte Arbeitsunterlagen (z. B. Projektstrukturplan),

- schneller und sicherer Informationsaustausch/-transfer,

- koordinierte Einführung von IT-Werkzeugen

- und gezielte Qualifizierung der Mitarbeiter.

Beschleunigte Prozesse sind nicht nur die Vorbedingung etwa für die Einhaltung von zugesagten Lieferzeiten, sie verursachen des Weiteren proportional auch weniger Kosten.

Die Reduzierung des Mittelverbrauchs als zweite Kenngröße für Prozessleistung bezieht sich bei Vorgängen im Technischen Büro vorwiegend auf Personal und IT-Systeme und weniger auf Material. Eine Einsparung an Personal erhöht nicht nur die Leistung des jeweiligen Prozesses, sie ermöglicht überdies, zeitgleich weitere Prozesse parallel zu bearbeiten. Voraussetzung für diesen Effekt ist zunächst ein hoher Automatisierungsgrad bei Routine- und Nebentätigkeiten. Häufig wiederkehrende „Handgriffe" wie Ablegen, Recherchieren, Informieren etc. brauchen wirkungsvolle Werkzeuge. Generell ist eine hohe Arbeitsproduktivität nur mit einer hohen Konformität zwischen Anwendungsprofilen und IT-Ausrüstung zu erreichen. Mit anderen Worten, für die spezifischen Aufgaben müssen die passenden Werkzeuge zur Verfügung stehen. Darüber hinaus gehört zu wirtschaftlichem Arbeiten die konsequente Verwendung bzw. Wiederverwendung von standardisierten Dokument-Vorlagen und Baukomponenten. Zu guter Letzt sollten Aufgaben – wo immer möglich – in eine Workflow-Definition eingebunden und mittels „Process Engine" koordiniert ausgeführt werden. Systemgesteuerte Prozesse greifen, sofern sie gut strukturiert sind, nur so viel Personal (Human-Ressourcen) ab wie unbedingt notwendig.

Die Ergebnisqualität als dritte Kenngröße für Prozessleistung ist im Spannungsfeld von Durchlaufzeit und Mittelverbrauch. Das Redesign eines Prozesses darf bei allen Bestrebungen in Bezug auf Wirtschaftlichkeit nicht die Bedeutung der Qualität der Arbeitsergebnisse außer Acht lassen. Zwischen der Ergebnisqualität der Wertschöpfungsprozesse und der Marktposition eines Unternehmens besteht ein kausaler Zusammenhang. Nachlässigkeiten von Mitarbeitern ebenso wie unausgereifte Verfahren, fehlende Richtlinien oder unzureichende Kontrollen führen direkt zu kostspieligen Qualitätsproblemen. Überall dort,

wo Fehler auftreten können, müssen von Anfang an geeignete Gegen-
maßnahmen ergriffen werden. Daten-Mehrfacherfassung etwa, Folge
versäumter Systemintegration, ist eine der typischen Fehlerquellen.
Stücklisten manuell aus Konstruktionsunterlagen anzulegen, ist dafür
ein klassisches Beispiel. Ein Zahlendreher oder Tippfehler kann gravierende Folgen in der Logistik zeigen. Weitere Probleme lassen sich durch
IT-gestützte Standardverfahren (z. B. Zeichnungsfreigabe) abstellen.
Die Aufnahme von QS-Methoden in das Prozess-Design ist ein wesentlicher Bestandteil der Zielkonzeption. Kundenorientierte Produktentwicklung (QFD), FMEA, FTA etc. und ggf. weitere QS-Verfahren können
helfen, die geforderte Qualität von Prozessergebnissen zu gewährleisten. Auch die Datenqualität ist ein bedeutender Aspekt. Vollständige,
aktuelle und widerspruchsfreie Stamm-, Struktur- und Nutzdaten sind
die Vorbedingung, um die Forderungen des Konfigurationsmanagements der ISO 10007 zu erfüllen. Diese Norm ist zudem die methodische Grundlage für Product Lifecycle Management (PLM). Zu all diesen
Maßnahmen für hohe Ergebnisqualität muss noch ein Element zwingend hinzukommen, das Qualitätsbewusstsein der Mitarbeiter. Erst
wenn eine gute Arbeits- und Datenorganisation und ausgeprägtes Qualitätsbewusstsein zusammentreffen, lassen sich beste Prozessergebnisse mit einem Minimum an zeitlichem Aufwand und Ressourcen erreichen.

Prozessorientierte Organisation

Die Ausführung von Prozessen erfordert meistens Akteure verschiedener Fachrichtungen. In der Produktentwicklung beispielsweise können
das je nach Komplexität eines Produkts Mitarbeiter der Bereiche Mechanik-Konstruktion, Elektro-Konstruktion, Software-Entwicklung, Analyse/
Simulation, Technische Dokumentation, Arbeitsplanung und Qualitätssicherung sein. Organisatorisch sind diese Mitarbeiter in der Regel jeweils einer Abteilung zugeordnet. Hierin liegt ein tiefgreifendes Problem der fertigungsvorgelagerten Wertschöpfung. Die „Herstellung"
des virtuellen Produkts bzw. der digitalen Produktdokumentation ist
ein überaus komplexer Geschäftsprozess. Mit hoher Arbeitsdynamik

müssen Ideen oder Anforderungen vom Konzept bis zur Serien- oder Produktionsreife gebracht werden. Andererseits beeinträchtigt das Umfeld, in dem diese Arbeiten zu leisten sind, die Zielsetzung in Bezug auf die Wirtschaftlichkeit. Die abteilungsbasierte Organisationsstruktur zeigt eine Reihe ungünstiger Begleiterscheinungen. Obwohl dieser Prozess eine enge interdisziplinäre Zusammenarbeit erfordert, sind die Beteiligten räumlich getrennt voneinander. Als abgeschlossene Einheiten sind Abteilungen zumeist in verschiedenen Gebäudeteilen oder Gebäuden untergebracht. Schon aus diesem Grund ist die Kommunikation zwischen „zusammenarbeitenden" Kollegen aus verschiedenen Abteilungen nicht besonders stark ausgeprägt. Viele Arbeiten, die gut parallel ausgeführt werden könnten, laufen so lediglich in sequenzieller Form ab. Als Beispiel seien die Felder Mechanik-Konstruktion und Arbeitsplanung genannt. Bereits in einer frühen Konstruktionsphase (z. B. Entwurf) kann der Arbeitsplaner auf der Basis eines freigegebenen Modells mit diesem Reifegrad und entsprechendem Freigabegrad sein Fertigungskonzept festlegen oder den Konstrukteur auf Fertigungsprobleme bei seinem Entwurf hinweisen. Im Sinne von Concurrent Engineering mit dem Plan, Prozessaufgaben so weit wie möglich zu parallelisieren, ist frühzeitiges Interagieren zwischen allen Prozessbeteiligten eine unverzichtbare Notwendigkeit. Aus genannten Gründen wird es jedoch nur ungenügend praktiziert. Erschwerend kommt hinzu, dass es gewöhnlich am Verständnis für die Arbeit und Probleme der Kollegen aus den anderen Fachabteilungen fehlt.

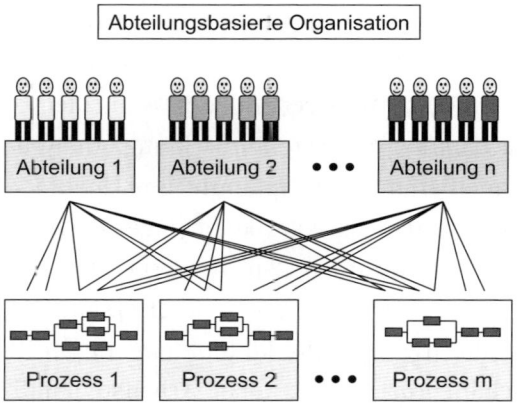

Die wirtschaftliche Ausführung eines Geschäftsprozesses ist nur mit einem eingespielten Team zu schaffen. Solange sich Prozessakteure primär der Abteilung zugehörig und verpflichtet fühlen, kann sich keine wirkliche Team-Empfindung entwickeln. Mitzuwirken in einem Prozess, der im formellen Rahmen eines Projekts ausgeführt wird, nur mit dem Fokus auf die eigene Arbeit, ohne Engagement und Ambition für das Ganze, lässt kaum eine herausragende Prozessleistung zu. Der Projektleiter ist für die Projektmitarbeiter nicht der Leader wie etwa der Trainer einer Fußballmannschaft. Für das Projekt wird auf Anweisung des Abteilungsleiters gearbeitet. Er ist direkter Vorgesetzter und Bezugsperson und er bestimmt zu jeder Zeit das Handeln seiner Mitarbeiter. So ist es nur natürlich, dass dieses weitgehend von Abteilungsdenken geprägt ist. Meist verfolgen Abteilungen ihre eigenen Interessen, Abteilungsziele werden über Unternehmensziele gestellt. Abteilungen wollen ihr Optimum erreichen, ohne Sicht auf das Ganze. Hinzu kommen Zwänge und Kompetenzgerangel bei der Verteilung von Ressourcen zur Abwicklung „konkurrierender" Projekte. Nicht eben der „Nährboden" zur Förderung und Stärkung der Unternehmensleistung.

Diese Situation führt unumgänglich zu „Reibungsverlusten" und dadurch zu einer Beeinträchtigung der Arbeitsproduktivität. Angesichts fortwährenden Kostendrucks in der Fertigungsindustrie ist ein Umdenken nicht länger aufzuschieben. Geschäftsvorgänge wie Produktentwicklung, Produktpflege, Auftragsabwicklung etc. erfordern jeweils eine intelligente Strukturierung ihrer Aufgaben. Konsequent zu Ende gedacht, bedeutet dies eine starke Ausrichtung auf Prozesse. Die Neugestaltung der Geschäftsabläufe mit dem Wissen aus einer umfänglichen Ist-Analyse ist der erste Schritt hierzu. Da ein Prozess zur Ausführung seiner Aufgaben ein enges und konzertiertes Zusammenwirken der Akteure braucht, ist das Aufstellen von Prozess-Teams nur eine logische Folge. Der zweite Schritt zur Effizienzsteigerung ist daher eine grundlegende Reform der Organisationsstruktur. Die Mitarbeiter fachbezogen in Abteilungen zu „verwalten", ist ein historisch gewachsenes Hindernis auf dem Weg zu besseren Prozessleistungen im Sinne des Unternehmenserfolgs.

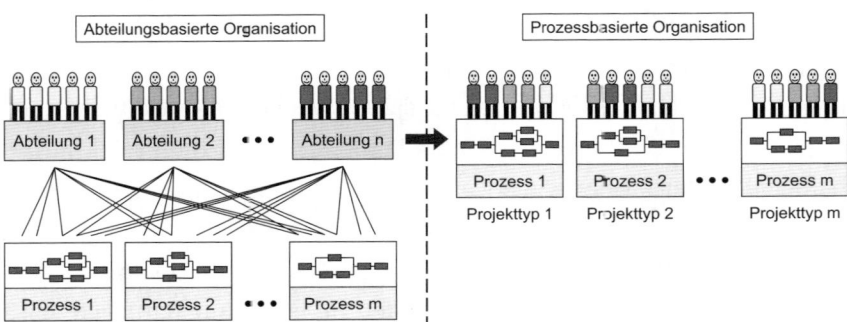

Zwischen einer abteilungsbasierten Organisationsstruktur und den prozessbasierten Arbeitsstrukturen besteht ein natürlicher Widerspruch. Die Abteilung ist ein überholtes Instrument zur Organisationsentwicklung eines Unternehmens. Sie fördert die personelle und informationelle Isolation. Dadurch kann die Zusammenarbeit über Abteilungsgrenzen nicht im Sinne des Unternehmens betrieben werden. Die abteilungsbasierte Organisationsform verhindert eine optimale Produkt- und Kundenausrichtung. Ein Ausweg aus diesem Dilemma ist nur mit der Einführung einer prozessbasierten Organisation möglich. Im Mittelpunkt stehen die Geschäftsprozesse. Ihre Ausführung erfolgt auf Projektebene. Die Aufgaben eines Prozesses sind die Aufgaben eines Projekts. Der Prozess gibt vor, welches Ergebnis mit welchen Mitteln zu realisieren ist, und das Projekt bildet den Rahmen, in dem das geschieht. Die Prozessakteure sind sowohl operativ als auch organisatorisch dem Projekt zugeordnet. Entsprechend den existierenden wertschöpfenden Geschäftsprozessen werden typisierte Projekte (z. B. Kunden-, Entwicklungs-, Änderungs-, Technologie- und Service-Projekt) etabliert. Da jeder Prozess (z. B. Auftragsabwicklung) gleichzeitig mehrfach ausgeführt werden kann, müssen mehrere Teams für einen Projekttyp (z. B. Kundenprojekt) zur Verfügung stehen. So liegt es nahe, dass die Teams eines Projekttyps jeweils eine Organisationseinheit – quasi eine „Abteilung" – bilden. Der Verantwortliche für einen Geschäftsprozess mit eindeutig definierten Kompetenzen ist auch personell für seine Projekt-Teams verantwortlich. Für die Prozessergebnisse in jedem Projekt des betreffenden Typs ist der Projektleiter zuständig. Er verantwortet ebenso Termine sowie die Ergebnisqualität.

Fachabteilungen, die in das operative Geschäft eingebunden sind, aufzulösen und ihre Mitarbeiter in Bezug auf die neu eingerichteten bzw.
reformierten Kernprozesse zu verteilen, ist nur mit und durch die Geschäftsleitung machbar. Ohne energisches Engagement der Chef-Etage
kann ein Vorhaben dieser Tragweite nicht realisiert werden. Einerseits
ist bei einer Änderung der Organisationsstruktur grundsätzlich mit
Widerstand aus der Führungsriege der Abteilungen zu rechnen und
andererseits müssen die organisatorischen Veränderungen für die betroffenen Mitarbeiter verständlich gemacht werden. Dies ist besonders
wichtig, wenn mit der Reform der Organisation eine Reform der Prozesse einhergeht. Neuerungen dieser Art lassen sich nicht einfach ver-
ordnen, sie müssen auch in den Köpfen der Mitarbeiter stattfinden,
müssen „gelebt" werden. Es ist notwendig, den Veränderungsprozess
aktiv zu begleiten. Informations- und Schulungsmaßnahmen können
Bedeutung und Dringlichkeit der Innovationen unterstreichen. Für jeden Mitarbeiter muss nachvollziehbar sein, dass die Veränderungen
nicht nur den Zielen des Unternehmens dienen, sondern auch in seinem eigenen Interesse liegen. Ein sicherer Arbeitsplatz ist Motivation
für die nötige mentale „Beweglichkeit" in Sachen Bereitschaft, Veränderungen konstruktiv mitzugestalten, statt diese zu blockieren. An dieser
Stelle schließt sich der Kreis bezüglich der Prozessleistung. Neu gestaltete Geschäftsprozesse in Verbindung mit prozessbasierter Organisation und engagierten Projekt-Teams schaffen die Grundlage für einen
guten Prozesswirkungsgrad. Im zeitlichen Aufwand und den Ressourcen zur Lieferung des Prozessergebnisses spiegelt sich letzten Endes
das Betriebsergebnis wieder. So ist es vorrangige Managementaufgabe,
alle Hindernisse aus dem Weg zu räumen, die dieser strategischen Ausrichtung entgegenstehen. Auch für die Geschäftsleitung kein einfaches
Vorhaben.

Teile- und Artikelmanagement

Teile sind die Elemente/Komponenten des virtuellen Produkts. Ihre
Geometrie wird mittels 3D-CAD-Systemen modelliert. Falls im Technischen Büro keine PDM-Lösung im Einsatz ist oder mit angeblicher

PLM-Software eines originären ERP-Anbieters gearbeitet wird, fehlt der Teilebezug. Teile- und Baugruppenmodelle werden lediglich als Dateien oder Dokumente geführt. Die Baugruppen- bzw. Assembly-Struktur liegt demzufolge als Datei- oder Dokumentstruktur vor. Dies ist der Grund dafür, dass Konstrukteure in diesem Arbeitsumfeld das CAD-Geometriemodell als Teil bzw. Baugruppe betrachten. Das Teil als Stammdatensatz ist daher in Entwicklung und Konstruktion nicht verfügbar. Ohne Teil und damit ohne Teilestammsatz (TSS) gibt es keine Produktstruktur bzw. Stückliste. Die Beschreibung des virtuellen Produkts beruht in diesem Fall auf den CAD-Modellen und deren Dateistruktur. Das Fehlen der Stückliste als zentraler Informationsträger in den Wertschöpfungsprozessen hat entsprechend negative Auswirkungen. Teile beschreibende CAx-Dateien (3D-Geometriemodell, FEM-Analyse, Zeichnung, Prüfplan etc.) haben keine Verknüpfung zu dem Objekt, das sie abbilden oder qualifizieren. Das digitale Produkt als integraler Informationskomplex zur virtuellen Darstellung einer Maschine oder Anlage mit vollständiger – nicht nur geometrischer – Charakteristik kann nicht aufgebaut werden.

Selbst wenn mit einem PDM-System gearbeitet wird, liefert die CAD-Modellstruktur nur die Objekte Part und Assembly. Auf der Teileebene werden daraus Teil bzw. Einzelteil und Baugruppe. Mit der PDM-CAD-Integration entstehen im Regelfall nur TSS-basierte Produktstrukturen mit den beiden Teiletypen Einzelteil und Baugruppe. Bei rein geometrischer Sicht auf ein Erzeugnis mag das ausreichend sein. Um ein Produkt konstruktiv und funktional komplett mit allen geometrischen und nicht geometrischen sowie materiellen und immateriellen Elementen/Komponenten aufbauen zu können, wird eine umfangreichere Teiletypisierung gebraucht. Zu den Basistypen Einzelteil und Baugruppe kommen u. a. Hilfsstoff, Betriebsstoff, Software, Dokumentation und Set – im Sinne von Zusammenstellung – hinzu. Der Hilfsstoff (Kleber, Dichtmasse etc.) dient zur Handhabung von Substanzen, die etwa zur Montage gebraucht werden. Auch wenn der Anteil eines Hilfsstoffs mengen- und wertmäßig meist gering ist, so gehört er doch in die Produktstruktur. Ein Klebstoff beispielsweise erfüllt eine definierte Funktion im Produktaufbau und wird dementsprechend von einem Konstrukteur nach technischen Vorgaben festgelegt. Der Hilfsstoff ist so mit seinem Teilestammsatz Bestandteil des virtuellen Produkts. Ein weiterer materieller, nicht geometrischer Teiletyp ist der Betriebsstoff (Hydrauliköl, Schmierfett, Kühlmittel etc.). Er wird zur Beschreibung von Substanzen für den sicheren Betrieb eines Produkts verwendet. Für den Betriebsstoff gilt im Wesentlichen das Gleiche wie für den Hilfsstoff. Hydrauliköl zum Beispiel wird entsprechend den Anforderungen von der Technik bestimmt und zudem mengenmäßig festgelegt. Selbstverständlich kommt auch der Betriebsstoff im Zuge von Produktentwicklung oder Auftragskonstruktion in die Teilestruktur des virtuellen Produkts.

In immer mehr Erzeugnissen sind Elektronik und Software enthalten. Während die Mechanik-Konstruktion ihre Stücklisten zumindest zu einem größeren Teil systemgestützt erstellt – sofern ein PDM-System verfügbar ist –, werden in der Elektro-Konstruktion oder Elektronik-Entwicklung Stücklisten noch größtenteils manuell unter Verwendung der ECAD/EDA-Schaltpläne aufgebaut. Die Zusammenführung aller mechanischen, elektrischen, elektronischen und mechatronischen Teile im virtuellen Produkt ist in vielen Unternehmen noch ein fernes Ziel. Auf eine wirtschaftliche Generierung der Produktstruktur in Form der Konstruktionsstückliste wird damit verzichtet. Völlig außen vor ist in diesem Prozess die Software-Entwicklung. Ob SPS-Software oder Software für eine Steuerungsplatine, in jedem Fall ist sie ein Element des Produkts. Dessen ungeachtet gibt es keine Verknüpfung ins virtuelle Produkt. Dies liegt am fehlenden Stammsatz für das immaterielle Teil Software. Ohne direkten Bezug zum Produkt gibt es auch keine Position für die Software in der Stückliste. Dieses Manko macht es schwierig und zeitraubend, festzustellen, welche Software mit welchem Freigabestand bzw. Reifegrad (Version/Release) in die Hardware der Steuerung eingespielt wurde. Kaum minder problematisch ist die Verwaltung von Dokumentationen, die zum Lieferumfang eines Erzeugnisses gehören. Handbücher für Inbetriebnahme, Anwendung/Nutzung und Wartung werden von der Manual-Redaktion erarbeitet und systemtechnisch als Dokument geführt. Auch hier gibt es meist keine Verbindung zum virtuellen Produkt auf Teileebene. Ein Teilestammsatz des Typs Dokumentation ist jedoch Voraussetzung für die Zuweisung der Dokumentation zur Produktstruktur des Erzeugnisses. Nur dann ist sie mit einem materiellen Trägermedium (Papier, CD-ROM, Speicherstick etc.) Bestandteil der Produktstückliste. Ein weiterer Teiletyp für den prozessabhängigen Aufbau des virtuellen Produkts ist die Garnitur, auch Set genannt. Hierbei handelt es sich um eine lose Zusammenstellung von Teilen und/oder Baugruppen – auch Erzeugnisse – zu einer Liefereinheit. Die Elemente einer Garnitur stehen in keinem physikalischen Zusammenhang, d. h. sie werden nicht zu einer Einheit montiert. Gleichwohl bilden die Elemente einer Garnitur eine funktionale Einheit. Aus diesem Grund darf es nicht erst in den Logistikprozessen mittels ERP-System möglich sein, die entsprechende Stückliste zu erzeugen. Um effizient arbeiten zu können, muss die Garnitur bereits im Entwicklungsprozess als Produktstruktur aufgebaut werden. Als Beispiel sei das Schließsystem eines Automobils erwähnt. Bei einer 4-türigen Limousine befindet sich je eine Schließeinheit in den Türen und eine in der Heckklappe bzw. im Kofferraumdeckel. Die Elemente der Liefereinheit/Garnitur Schließsystem des Zulieferers werden erst beim Kunden (Automobilhersteller) am Fahrzeug montiert und bilden dort in der Anwendung (Zentralverriegelung, Kindersicherung etc.) eine funktionale Einheit.

Eine immer wichtiger werdende Marktanforderung ist die Ersatzteilversorgung. Ihre Bedeutung ist außerordentlich hoch bei Investitionsgütern (Maschinen und Anlagen), aber auch für Konsumartikel (Haushaltsgeräte, Fahrzeuge etc.) wird eine hohe Verfügbarkeit verlangt. After-Sales-Betreuung ist Grundlage für langfristige Kundenbindung, ein wesentlicher Wettbewerbsfaktor vor allem bei kürzeren Produktlebenszyklen. Speziell für Verschleißteile mit definierter Standzeit haben kurze Reaktionszeiten sowie hohe Liefertreue besonderes Gewicht. Damit die Service-Logistik diese Kundenerwartungen erfüllen kann, müssen schon in der Produktentwicklung Ersatzteile festgelegt werden. Nur die Technik weiß aufgrund von Funktion und Belastung der

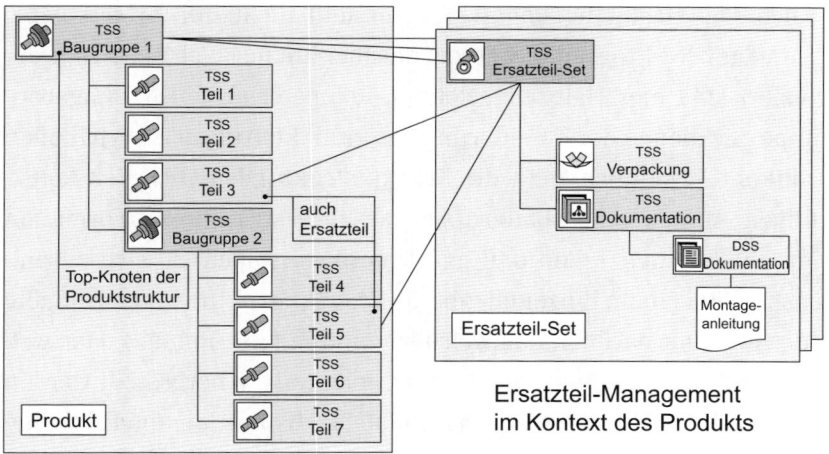

Ersatzteil-Management
im Kontext des Produkts

Bauteile, mit welchen Ausfallwahrscheinlichkeiten zu rechnen bzw. nach welcher Nutzungsdauer ein Austausch notwendig ist. Die erforderlichen Austauschteile für einen bestimmten Wartungs- oder Reparaturfall lassen sich als Komponenten eines Ersatzteil-Sets zusammenstellen. Ein Ersatzteil-Set kann ein oder mehrere Ersatzteile umfassen. Neben Teilen (evtl. auch zugeschnittene Halbzeuge) und/oder Baugruppen kann der Teiletyp Ersatzteil-Set auch die TSS-Typen Verpackung und Dokumentation umfassen, letzteren nur sofern erforderlich. Dem Teilestammsatz Dokumentation ist der Stammsatz (DSS) des Dokuments Montageanleitung zugeordnet. Für ein Produkt können beliebig viele Ersatzteil-Sets angelegt werden. Jedes Ersatzteil-Set ist mit dem Produkt (Top-Knoten der Produktstruktur) verknüpft. Durch die Relationen zwischen dem Produkt und den Ersatzteil-Sets sowie zwischen den Ersatzteilen und dem jeweiligen Ersatzteil-Set lassen sich Änderungen am Produkt schnell und zuverlässig nachvollziehen. Mit dem Übergang vom virtuellen Ersatzteil-Set der Technik zum realen Ersatzteil-Set der Logistik kann dieses als standardisierte Service-Komponente auf Lager gelegt werden. Das Teilemanagement schafft mit diesem Ansatz die Voraussetzung für eine leistungsfähige Ersatzteilwirtschaft.

Arbeitsplanung, der fertigungstechnische Teil der Arbeitsvorbereitung, erfordert eine enge Zusammenarbeit mit dem Konstruktionsbüro. Der

Bereich Manufacturing Engineering erstellt nicht nur Arbeitspläne, NC- und ggf. RC-Programme, er legt darüber hinaus auch neue Teile an. Typisiert sind dies Halbzeug, Rohteil, Rohmaterial und Montagebaugruppe. Sie dienen der Erweiterung der Produktstruktur des virtuellen Produkts. Gewöhnlich stellt die Produktstruktur lediglich den konstruktiven Aufbau einer Baugruppe dar. Ihre strukturelle Formation zeigt, aus welchen Teilen und ggf. Unterbaugruppen sie sich zusammensetzt. Bei einem Einzelteil gibt die Produktstruktur standardmäßig keine Auskunft darüber, aus welcher Vorstufe (z. B. Rohteil) oder welchen Vorstufen (z. B. Halbzeug und Rohmaterial) es hergestellt werden soll. Diese Information ist jedoch für Materialdisposition und Fertigung unverzichtbar. Mit den Teiletypen Halbzeug, Rohteil und Rohmaterial kann die Arbeitsplanung Fertigungsvorstufen in die Produktstruktur einbringen. Überdies erlaubt der Teiletyp Montagebaugruppe dem Planer, Funktionsbaugruppen entsprechend dem Produktionsablauf umzustrukturieren. Oftmals werden die Vorstufen Halbzeug, Rohteil und Rohmaterial zu einem Typ bzw. einer Art zusammengefasst. Diese vermeintliche Vereinfachung vermindert die Datentransparenz in den nachgelagerten Prozessen und verursacht in der Folge Produktivitätseinbußen. Fertigungsvorstufen als Komponenten in der Produktstruktur sollten eindeutig unterschieden werden. Das Halbzeug repräsentiert handelsübliche oder spezifische Ausführungen von Stangen-, Band-, Platten- und Rollenmaterialien (Profile, Kabel, Bleche, Coils etc.). Es kann die Vorstufe zu einem Roh- oder Fertigteil sein. Die Zuschnittmaße (Halbzeuglänge und ggf. Halbzeugbreite) werden in der Relation des Halbzeugs zum übergeordneten Roh- oder Fertigteil geführt. Das Rohteil (Ronde, Gussteil, Gesenkschmiedeteil etc.) bildet fertigungstechnisch die Vorstufe eines Teils bzw. Fertigteils. Es kann auch ein zugeschnittenes und ggf. bearbeitetes Halbzeug (z. B. abgelängter und vorgedrehter Rechteckstab) sein. Ein weiterer Vorstufentyp ist das Rohmaterial (Kunststoffgranulat, Lack etc.). Es ist Ausgangsmaterial in handelsüblichen Gebinden. Mittels formgebender Fertigungsprozesse (z. B. Spritzgießen) lassen sich daraus Teile der Typen Halbzeug, Rohteil oder Fertigteil herstellen. Durch auftragende Verfahren (z. B. Pul-

verbeschichten) können damit Oberflächen geschützt und/oder ver-
edelt werden. Die Menge wird je nach Art des Rohmaterials als
Gewichts- oder Volumenangabe in der Relation zwischen Rohmaterial
und dem übergeordneten Halbzeug, Roh- oder Fertigteil geführt. Zusammen mit der Montagebaugruppe ist es mit den oben beschriebenen
TSS-Typen möglich, das virtuelle Produkt mit allen Fertigungsvorstufen entsprechend der Planung zu strukturieren.

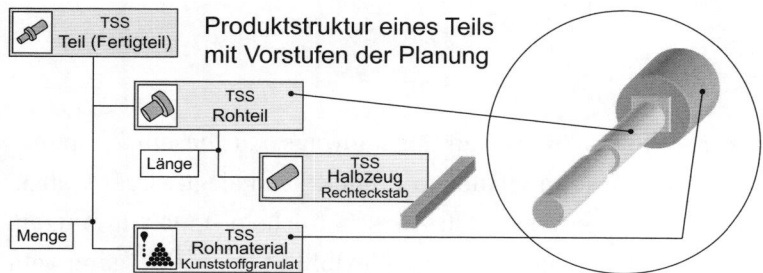

Es kommt in der Praxis immer wieder vor, dass während der Produktentwicklung oder der Auftragskonstruktion nicht verbindlich geklärt werden kann, welche Komponente (Teil, Hilfsstoff, Rohteil etc.) an
einer bestimmten Stelle der Produktstruktur eingesetzt werden soll.
Die Gründe hierfür sind vielfältig. Sie reichen von verbindlichen Kun-
denvorgaben über Beschaffungsprobleme bis hin zu technischen und/
oder wirtschaftlichen Zwängen bei der Produktionsplanung. Eine Problematik, die sich mit einer speziellen Alternativteile-Relation wirkungsvoll lösen lässt. Mit diesem Ansatz können beliebig viele Teile eines
Typs als Alternativen an einer definierten Position in das virtuelle Produkt eingebettet werden. Alternativteile müssen in ihren wesentlichen
Eigenschaften (Funktion, Leistung, Raumbedarf etc.) identisch, d. h.
austauschbar sein. Die Nutzung des Konzepts der Alternativteile ist für
die Arbeitsplanung ebenso von Bedeutung wie für Entwicklung und
Konstruktion. Der Anwender soll in der Lage sein, für Alternativteile
Prioritäten bezüglich der Rangfolge für die Verwendung/Auswahl vergeben zu können. Die endgültige Entscheidung, welches der Alternativteile in das reale Produkt einfließt, fällt im Zuge der Erstellung des je-

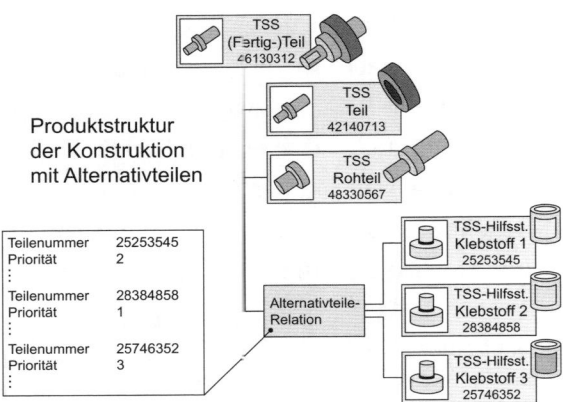

weiligen Fertigungs- bzw. Produktionsauftrags. Zu diesem Zeitpunkt kann die Priorität, wie im virtuellen Produkt festgelegt, situativ abgeändert werden, um die momentan wirtschaftlichste Option zu nutzen. Diese Methode ermöglicht eine hohe Flexibilität beim Übergang vom virtuellen Produkt der Entwicklung zum realen Produkt der Logistik. Zur produktiven Nutzung dieses Konzepts muss die PDM-ERP-Integration imstande sein, die Informationen prozesssicher zu verarbeiten.

Entlang des Produktentstehungsprozesses haben die handelnden Personen im Hinblick auf den Informationsträger Produktstruktur bzw. Stückliste unterschiedliche Bedarfe. Die von Entwicklung und Konstruktion aufgebaute Produktstruktur weist gemeinhin eine funktionsbezogene Gliederung auf. In der nachgeschalteten Arbeits- und Produktionsplanung wird jedoch eine fertigungs- bzw. montageorientierte Produktstruktur gebraucht. Neben den Strukturen Konstruktions- und Fertigungsstückliste gibt es weitere prozessabhängige Formen der Produktgliederung. Sie alle zu jeder Zeit widerspruchsfrei zu führen, erfordert beträchtlichen Arbeitsaufwand; hinzu kommt das hohe Fehlerrisiko. Die Verwaltung vorgangsbezogener Stücklisten zu einem Produkt ist in dieser Form alles andere als ökonomisch. Die Alternative dazu heißt integrale Produktstruktur. Bei diesem Ansatz bilden sämtliche Objekte – Teile aller Typen und ihre Beziehungen – eines Produkts eine Einheit. Alle Objekte der integralen Einheit, die zu einer spezifischen Produktgliederung (z. B. Konstruktionsstückliste) gehören, wer-

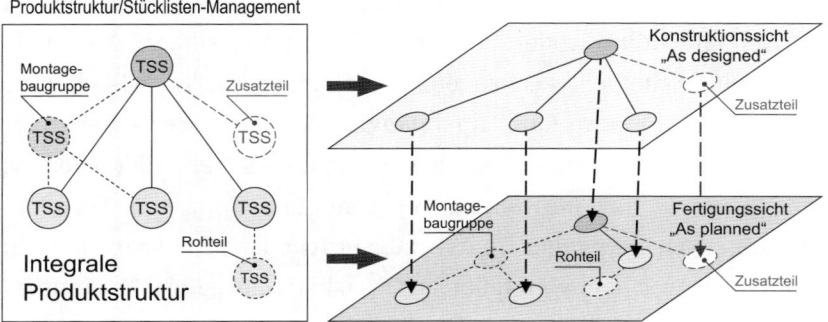

Produktstruktur/Stücklisten-Management

den einer Sicht (View) zugeordnet. Von jeder Sicht kann eine weitere Sicht oder mehrere abgeleitet werden. Eine abgeleitete Sicht ist von der Ausgangssicht abhängig, d. h. Änderungen in der Ausgangssicht schlagen mithilfe von Vererbungslogik auf jede abgeleitete Sicht durch. Hingegen haben Änderungen in einer abgeleiteten Sicht keine Auswirkungen auf die Ausgangssicht. Obige Abbildung zeigt eine integrale Produktstruktur und zwei Sichten. Der unabhängigen Konstruktionssicht ist zunächst eine Produktstruktur, bestehend aus einer Baugruppe mit drei Teilen, zugeordnet. In der abgeleiteten Fertigungssicht sind zwei der drei Teile virtuell zu einer Montagebaugruppe zusammengesetzt. Zudem ist einem der drei Teile die Fertigungsvorstufe Rohteil zugeordnet. Montagebaugruppe und Rohteil sowie deren Relationen wurden in die Produktstruktur der abhängigen Fertigungssicht eingebracht. Auf die Produktstruktur der Konstruktionssicht wirken sich diese Planungsarbeiten nicht aus. Im Anschluss daran erfolgt eine Änderung der Produktstruktur in der Konstruktionssicht, die Baugruppe erhält ein Zusatzteil. Die Vererbungslogik der Sichtensteuerung sorgt dafür, dass dieses neue Teil automatisch auch in der Produktstruktur der Fertigungssicht enthalten ist. Produktstruktur- bzw. Stücklisten-Management in dieser Art liefert einen wichtigen Beitrag zur Kosteneinsparung.

Aus Gründen der Produkthaftung muss die Herkunft sowohl von Norm- und Katalogteilen als auch von Entwicklungsteilen jederzeit rückverfolgbar sein. Bei Schadensfällen ist der Nachweis über den Hersteller zu führen. Ein Artikel in der Logistik muss deshalb zu jeder Zeit mit dem Hersteller direkt oder indirekt in Beziehung stehen. Normteile (Schrauben, Scheiben, Federn etc.) sind i.d.R. Massenartikel. Eine Zylinderschraube etwa kann unabhängig von einem Hersteller unter einer Teile-/Artikelnummer geführt werden. Ihre herstellerbezogene Nummerung wäre zu aufwendig. Hier genügt es, wenn eine Normteil-Lieferung einer Hersteller-Charge zugeordnet ist. Um feststellen zu können, von welchem Hersteller aus welcher Charge ein bestimmtes Normteil kommt, das in einem bestimmten Kundenprodukt enthalten ist, müssen Hersteller- und Chargennummer eine Relation zur Position des betreffenden Artikels in der jeweiligen Kunden-/Auftragsstückliste aufweisen. Bei herstellerspezifischen Katalogteilen (z.B. Hydraulik-zylinder) liegt eine 1:1-Beziehung zwischen Teile- und Herstellernum-mer vor. Darüber hinaus ist dem Teil eine Seriennummer zugewiesen. Die Rückverfolgbarkeit ist dadurch immer gewährleistet. Zu Unstim-migkeiten bei Norm- und Katalogteilen kommt es nur dann, wenn der Lieferant mit dem Hersteller gleichgesetzt wird. Leider ist das des Öfte-ren der Fall. Entwicklungsteile, die extern von einem Zulieferer gefer-tigt werden, haben eine 1:1-Relation zum Lieferanten, der in diesem Fall auch Hersteller ist, sowie zur jeweiligen Bestellung. Auf dieser Grundlage lässt sich die Herkunft aller Teile in einem Erzeugnis zuver-lässig ermitteln. Dies ist auch eine wichtige Voraussetzung für Product Lifecycle Management gemäß den KM-Anforderungen der ISO 10007.

Die Aufgabe von Teile- und Artikelmanagement ist vorrangig die Ver-waltung von vollständigen, aktuellen und widerspruchsfreien Stamm-daten für virtuelle Teile und reale Artikel. Nicht minderbedeutend ist die Schaffung einer transparenten Sicht auf den gesamten Teile- und Artikelbestand. Der Kostendruck in der Produktentwicklung wie auch in der Fertigung zwingt verstärkt zur Teilewiederverwendung bzw. zu wirtschaftlichen Stückzahlen. In Entwicklung und Konstruktion vor al-lem ist daher eine Steigerung der Wiederholteile-Rate dringend gebo-ten. Voraussetzung hierfür ist neben einem standardisierten Teilevor-rat die Möglichkeit, Teile gezielt nach der jeweiligen Anforderung zu suchen und schnell zu finden. Der Teilestammsatz als Objekt mit hauptsächlich organisatorischen Daten (Teile- und Revisionsnummer, Teile-typ, Benennung, Freigabestand etc.) ist dafür nur bedingt geeignet. Als Kriterien für die effektive Teilerecherche werden geometrische, physi-kalische und technologische Kennzeichen gebraucht, denn nur über seine Eigenschaften lässt sich ein Bauteil zielsicher finden. Gleichzeitig sind die Eigenschaften bzw. Merkmale der Teile das Kriterium zur Klassenbildung. Alle Bauteile, die die gleichen Merkmale (Form, Funk-tion, Leistung, Abmessungen etc.) aufweisen, bilden eine natürliche Teileklasse (z. B. Sechskantschrauben). Die Merkmale einer Klasse müssen deren Teile eindeutig, aber nicht notwendigerweise vollstän-dig, kennzeichnen. In Anlehnung an die DIN 4000 empfiehlt es sich, ähnliche Teileklassen jeweils zu einer Teilefamilie (z. B. Kopfschrau-ben) und wiederum ähnliche Teilefamilien jeweils zu einer Teilegruppe (z. B. Schrauben und Muttern) zusammenzufassen. Auf diese Weise entsteht ein hierarchischer Klassenbaum zur transparenten Navigation durch den gesamten Teilebestand. Werden zudem Merkmal-Vererbung und Mehrfach-Klassifikation unterstützt, steht eine wirklich leistungs-fähige Teilesuchmaschine zur Verfügung. In Ergänzung zur merkmal-basierten Klassifikation kann ein rein semantischer Überbau aufge-setzt werden. Zum Beispiel können sich unter dem Einstiegspunkt in

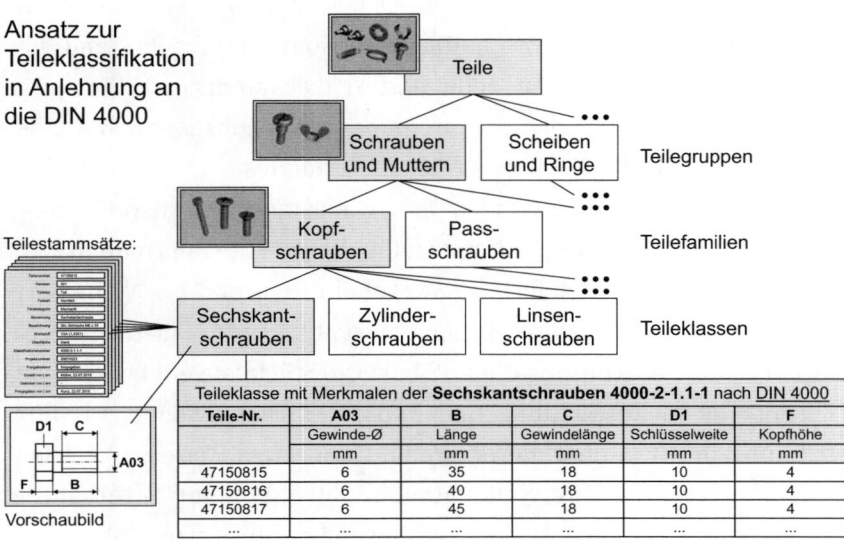

Ansatz zur Teileklassifikation in Anlehnung an die DIN 4000

Teileklasse mit Merkmalen der **Sechskantschrauben 4000-2-1.1-1** nach DIN 4000					
Teile-Nr.	A03	B	C	D1	F
	Gewinde-Ø	Länge	Gewindelänge	Schlüsselweite	Kopfhöhe
	mm	mm	mm	mm	mm
47150815	6	35	18	10	4
47150816	6	40	18	10	4
47150817	6	45	18	10	4
...	...	...	...	...	...

die Semantik-Klassifikation die Klassen Mechanik, Elektrotechnik, Elektronik und Mechatronik befinden. Unter der Klasse Mechanik können die Klassen Geometriebezogen, Funktionsbezogen, Fertigungsbezogen usw. platziert sein. Unter der Klasse Funktionsbezogen sind die Klassen Verbindungselemente, Lager/Führungen, An-/Abtriebselemente usw. denkbar. Die Klassen der beiden Strukturen (Klassenbäume) lassen sich sachlogisch verknüpfen. So ist es möglich, für die Bedürfnisse der verschiedenen Nutzergruppen (Vertrieb, Technik, Produktion etc.) sehr einfach und flexibel spezifische Rechercheoptionen zu realisieren.

Teile- und Artikelmanagement bilden die Basis der Wertschöpfung in einem Fertigungsunternehmen. Die Produktentwicklung baut das virtuelle Produkt mittels Teilestammsatz und Produktstruktur auf mit Bezug zu seiner Funktion. Auf dieser Grundlage ergänzt die Arbeitsplanung das virtuelle Produkt um Fertigungsvorstufen (Halbzeug, Rohteil und Rohmaterial) und schafft ggf. neue montagegerechte Strukturen. Das virtuelle Produkt in dieser Ausprägung ist die direkte Vorlage für die Prozesse der Logistik (Produktionsplanung, Beschaffung, Fertigung etc.). Mit den Daten der Teilestammsätze und Produktstrukturen aus PDM werden mit der ERP-Software die entsprechenden Artikelstammsätze und Stücklisten angelegt. Da der Artikelstammsatz (ASS) das reale Produkt mit seinen Komponenten beschreiben soll, müssen die ASS-Daten um betriebswirtschaftliche Attribute (Preise, Bestand, Lieferzeit etc.) ergänzt werden. Teile- und Artikelstammsatz in Kombination leisten die lückenlose Beschreibung der Lebensgeschichte eines Produkts. Durch die Revisionen des Teilestammsatzes werden sämtliche Änderungen dokumentiert. Der Artikelstammsatz in Verbindung u.a. mit Hersteller- und Auftragsdaten liefert die Information, wer wann welchen Artikel gefertigt bzw. geliefert hat und in welches Produkt oder welche Produkte dieser eingebaut wurde. Für die TSS-basierte Produktstruktur und die ASS-basierte Stückliste gilt generell das Gleiche. Die in Entwicklung und Konstruktion aufgebaute Produktstruktur liefert für die weiteren produktbezogenen Prozesse Vertrieb/ Verkauf, Arbeitsplanung, Kalkulation, AV/PPS, Einkauf, Lagerhaltung und Service automatisiert die grundlegenden Stücklisten-Informationen. Durch enge methodische und informationstechnische Verzahnung von virtuellem und realem Produkt auf Teileebene sind hohe Datenkonsistenz und Datentransparenz gegeben. Daraus resultiert letztlich eine hohe Prozesssicherheit sowie gleichermaßen eine hohe Arbeitsproduktivität, fundamentale Voraussetzung für ein hohes Maß an Wirtschaftlichkeit. Integrales Teile- und Artikelmanagement in den Entwicklungs- und Logistikprozessen über Systemgrenzen hinweg ist entscheidend.

Dokumentenmanagement

Dokumente sind neben den Teilen und der Produktstruktur die dritte Komponente des virtuellen Produkts. Dokumente in diesem Kontext sind Teile und Prozess beschreibend. Sie enthalten entweder Informationen zu Eigenschaften oder Gegebenheiten eines Teils oder geben Auskunft darüber, wie es hergestellt, geprüft, montiert, genutzt, gewartet und entsorgt wird. Datentechnisch ist das Dokument eine Informationseinheit, bestehend aus Datei und Metadaten. Umgangssprachlich werden Nutzdaten in Dateiform meist schon allein als Dokumente bezeichnet. Die Begriffe Datei und Dokument werden als Synonyme gesehen. Dies ist vermutlich darin begründet, dass die Verwaltung von Arbeitsunterlagen auch in diesen Tagen noch oftmals auf der Ebene des Betriebssystems stattfindet. Mit CAx-Autorensystemen erstellte Dateien werden ohne prozessbezogene Stammdaten (Revision bzw. Änderungsstand, Benennung, Dokumenttyp etc.) in Verzeichnisstrukturen abgelegt und dennoch ganz selbstverständlich als Dokumente betrachtet.

Teile und Prozess beschreibende Informationen in Form von Datendateien sind in der Summe das Know-how bzw. Kapital eines Unternehmens. Würde diesem Umstand angemessen Rechnung getragen, gäbe es in jedem Betrieb der Fertigungsindustrie gewiss eine exzellente Dokumentenverwaltung. Umso verwunderlicher ist der tatsächliche Umgang mit diesem wertvollen Wirtschaftsgut. Ohne strategische Sicht auf das Thema liegen zwangsläufig diverse Lösungen der organisatorischen Einheiten (Abteilungen, Geschäftsbereiche etc.) vor. Unabhängig davon, wie dort jeweils Nutzdaten bzw. Dateien verwaltet werden, ob mit oder ohne DB-gestützte Anwendungen, existieren lediglich zusammenhanglose „Datentöpfe". Nutzdaten von Entwicklung, Arbeitsplanung und Qualitätssicherung wie Zeichnung, NC-Programm und Design-FMEA sind ohne Bezug zueinander. Die Verknüpfung zu dem Teil, für dessen Definition, Funktionssicherheit, Herstellung etc. sie erstellt wurden, fehlt und damit die Transparenz im Datenbestand. Nutzdaten können zwar schnell erzeugt und geändert, aber in der riesigen Datenmenge nicht wirtschaftlich wiedergefunden werden. In einem Fünfzig-Mann-Betrieb mag diese Art von Datenorganisation noch halbwegs funktionieren, in einem größeren Industrieunternehmen ist sie unhaltbar.

Der Datenbestand in einem industriellen Fertigungsunternehmen ist naturgemäß extrem umfangreich. Unter abertausenden von Daten zielsicher das erforderliche Objekt zu finden, ist unter den alltäglichen Gegebenheiten kaum möglich. Informationsbeschaffung nimmt so relativ viel Zeit in Anspruch und ist demzufolge teuer. Wenn berücksichtigt wird, dass ein Mitarbeiter im Technischen Büro ein Drittel seiner Arbeitszeit und mehr für Datenrecherche aufwendet, ist eine rasche Verbesserung der Situation dringend geboten. Ein kleines Zahlenbeispiel soll die herausragende Bedeutung wirkungsvoller Datenorganisation unterstreichen. Einhundert Mitarbeiter suchen pro Tag im Durchschnitt fünf Dateien. Jeder Mitarbeiter arbeitet 200 Tage im Jahr. Der interne Verrechnungssatz beträgt 40 Euro/Stunde. Bei der Verkürzung eines Suchablaufs um durchschnittlich nur drei Minuten ergibt sich eine jährliche Einsparung von 200 000 Euro. Je nach Unternehmensgröße kann dieser Betrag eine beachtliche Größenordnung annehmen. Unabhängig davon, wie hoch diese Kosten letztendlich sind, sollte alles Notwendige unternommen werden, sie zu vermeiden. Schließlich ist bei einer EBIT-Marge von angenommenen 5 % ein Betrag von 4 000 000 Euro umzusetzen, um die Summe von 200 000 Euro zu erwirtschaften.

Die Verwaltung von Produkt- und Prozessdaten stellt an Dokumentenmanagement besonders hohe Anforderungen. Alle Änderungsstände von CAx-Dateien müssen lückenlos geführt werden. Mehrere Dateien, die logisch eine Einheit darstellen, müssen ein einziges Dokument bilden können. Jede Datei eines solchen Dokuments muss unabhängig versionierbar sein. Das notwendige Datenmodell hierfür braucht zwei Metadatenobjekte. Jede Datei wird mit einem sogenannten Dokumentdatensatz (DDS) verwaltet. Darin enthalten sind alle beschreibenden Attribute einer Datei (Versionsnummer, Freigabestand, Name, Format, Ablageort etc.) sowie Name und Release-Stand des Erzeugersystems. Das zweite Metadatenobjekt eines Dokuments ist der Dokumentstammsatz (DSS). Er ist Kopf eines Dokuments und enthält alle beschreibenden Attribute in Bezug auf dieses Dokument (Nummer, Revision(snummer), Typ, Benennung, Freigabestand etc.). Zwischen den beiden Objekten Dokumentstamm- und Dokumentdatensatz besteht eine 1:k-Beziehung. Ein Dokumentstammsatz kann eine Relation zu beliebig vielen Dokumentdatensätzen haben, ein Dokumentdatensatz jedoch nur in Beziehung zu einem Dokumentstammsatz stehen. In der Beziehung von Dokument und Teil muss gelten: Dokument- und Teilestammsatz weisen eine n:m-Relation auf und sind unabhängig voneinander revisionierbar. Diese Eigenschaften des Datenmodells sind grundlegende Voraussetzung zur Verwaltung des virtuellen Produkts. Dabei spielt es keine Rolle, ob es sich etwa um ein Fahrrad, eine Waschmaschine oder ein Automobil handelt. Mit diesem Datenmodell kann jedes Produkt beliebiger Komplexität prozesssicher verwaltet werden.

Dokumentenmanagement in der Praxis sieht häufig ganz anders aus. Nicht wenige Systeme der Klassen PDM, ERP, DMS etc. bieten lediglich die Möglichkeit, eine einzige Datei als Dokument zu verwalten. Die Datei wird mit einer Dokumentnummer, einem Änderungsindex (oder einer Versionsnummer), einer Benennung und weiteren Attributen geführt. Bei Bedarf können einer Datei (z.B. CAD-Format) zusätzliche Dateien in abgeleiteten Formaten (DXF, PDF, XML etc.) zugeordnet werden. Eine Beschreibung dieser Dateien jeweils mit eigenen Metadaten ist nicht möglich, d.h. mehrere Dateien werden mit nur einem Datensatz geführt. Dies ist eine gravierende Beeinträchtigung bei der Verwaltung von logisch zusammengehörenden Dateien gleichen Formats. Bei einer Reihe von Prozessen entstehen mehrere Dateien, die logisch eine Einheit bilden, etwa mehrere Blätter einer Zeichnung in jeweils einer eigenen Datei, mehrere Modelldateien einer Baugruppe (z. B. Volumen- und Oberflächenmodell) oder mehrere Textdateien eines Handbuchs (z. B. Anlagendokumentation). Mit dem Dilemma, jede Datei als ein Dokument anlegen zu müssen, zeigen sich sowohl zeitlicher Mehraufwand für die Anwender als auch eine Verschlechterung der Datenqualität. Für beispielsweise zwei Dateien eines Teilemodells (z. B. Voll- und Symboldarstellung) sind zwei Modelldokumente mit eigener Identifikations- und Revisionsnummer anzulegen. Um überhaupt noch einen Zusammenhang zwischen den beiden Dokumenten erkennen zu können, werden diese zu sogenannten Teildokumenten erklärt. Allerdings ist es nur schwer nachvollziehbar, wenn ein Teilemodell aus mehreren Teildokumenten besteht, die unterschiedliche Modell- und Revisionsnummern aufweisen. Nicht minder problematisch ist das bei Zeichnungen und anderen Produktdokumenten. Dieses Datenmodell kann in der Büroanwendung zur Verwaltung von Dokumenten wie Bestellung, Lieferschein, Rechnung etc. noch einigermaßen akzeptabel sein, für wirtschaftliches Produktdatenmanagement ist es nicht geeignet.

Es ist von Vorteil, Teile und Prozess beschreibende Dokumente in die Kategorien Modell, Zeichnung und Unterlage einzuteilen. Zum einen kann die Vielzahl an Modellen, Zeichnungen und Unterlagen spezifisch typisiert werden (z. B. Modelltyp Funktionsraummodell, Zeichnungstyp Angebotszeichnung, Unterlagentyp Erstmusterprüfbericht) und zum anderen lassen sich auf diese Weise die Besonderheiten der drei Dokumentkategorien in ihren jeweiligen Stamm- und Datensatz-Objektklassen abbilden. Vor allem bei der Entwicklung und Erstellung von Modellen und Zeichnungen gibt es prozessbedingt eine relativ große Zahl an Darstellungsformen. Wirtschaftliches Arbeiten erfordert, dass diese auf Dokumentebene eindeutig unterscheidbar sind. Nachstehende Abbildung zeigt dies am Beispiel der Dokumentkategorie Zeichnung. Die Zeichnung vom Typ Baugruppe umfasst zwei CAD- und zwei PDF-Dateien. Jede Datei wird durch einen Zeichnungsdatensatz repräsentiert. Die erste CAD-Datei enthält die Baugruppe als Standardzeichnung, die

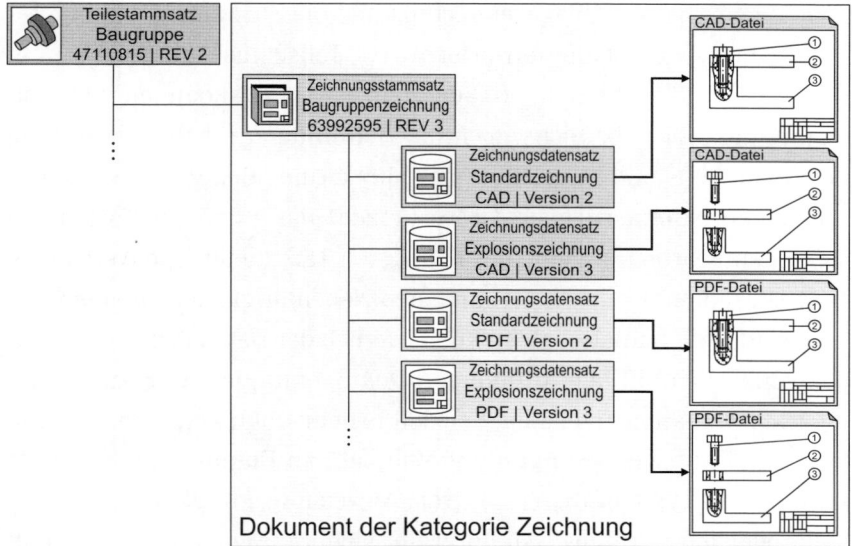

Dokument der Kategorie Zeichnung

zweite als Explosionszeichnung. Die Unterscheidung der beiden CAD-Zeichnungen erfolgt im Zeichnungsdatensatz mit dem Attribut Zeichnungsart. Ebenfalls im Zeichnungsdatensatz enthalten ist die Dateiversion. Die beiden PDF-Dateien sind die jeweiligen Ableitungen aus den nativen CAD-Dateien. Alle vier Zeichnungsdatensätze sind einem Zeichnungsstammsatz – dem Kopf des Zeichnungsdokuments – zugeordnet. In diesem wird u. a. der Änderungsindex (Revision) der Zeichnung geführt. Mit diesem Ansatz lässt sich jede Datei eines Dokuments selektiv in einen Änderungsvorgang einbeziehen.

Die Nutzdaten-Ablage in Verzeichnissen auf Betriebssystemebene mit kryptischen Dateinamen ist ein regelrechter Produktivitäts-Killer. Der Zugriff auf eine benötigte Arbeitsdatei wird zur Herausforderung. Selbst wenn das Verzeichnis bekannt ist, lässt sich die gewünschte Datei nur schwer identifizieren. Der zeitliche Aufwand für einen Suchvorgang ist unabwendbar hoch. Bei täglich hunderten oder gar tausenden Suchaktionen entwickelt sich diese Unzulänglichkeit zu einem belastenden Kostenfaktor. Doch nicht allein die Datensuche zeigt sich als Problem, auch die Datenablage selbst erfordert mehr Zeit als wirtschaftlich zulässig. In der Summe sind zwei Dinge dafür verantwortlich, die Suche nach dem richtigen Ablageverzeichnis und die Zusammenstellung des Dateinamens aus Schlüsselwörtern bzw. Teilschlüsseln. Bei Verwendung einer DB-gestützten Dokumentenverwaltung kommen zur Festlegung des Ablagebereichs noch die Definitionen für die Benennung des Dokuments und seiner Nummer hinzu. Ohne Benennungskataloge und einen Nummerngenerator verursacht das unnötige Kosten. Da Dokumentbearbeitung eine der häufigsten Tätigkeiten der Wertschöpfung ist, sollten die damit verbundenen Nebentätigkeiten zu einem hohen Anteil automatisiert ablaufen. Bezüglich der Datenablage lässt sich das verlässlich mit den Mitteln von Dokumenttypisierung und Dokumentklassifikation erreichen. Speziell bei der Dokumentkategorie Unterlage fällt prozessbedingt die größte Zahl an Dokumenttypen an. Je nach Art der Typdefinition (z. B. grob: Anweisung, mittel: Arbeitsanweisung oder fein: Prüfanweisung) ergibt sich die Menge an Dokumenttypen. Die Palette an Typen reicht etwa von Anfrage, Bedienungsanleitung, Datenblatt etc. über Lastenheft, Montageanleitung, Normschrift etc. bis Qualitätsmängelbericht, Richtlinie und Wartungsanleitung. Wenn nun für jeden Dokumenttyp eine Klasse in der Dokumentklassifikationsstruktur angelegt wird, kann ein Dokument über seine Typdefinition automatisch der richtigen Klasse zugeordnet werden. Datenablage erfolgt damit nicht mehr nutzerspezifisch mit persönlicher Sichtweise, sondern nach einheitlicher Systematik.

In Ergänzung zur automatisierten Dateiab- und Dokumentanlage lässt sich mit der Nutzung von Dokument-Vorlagen ein weiterer Schritt zur Rationalisierung der Unterlagenerstellung vollziehen. Für viele Dokumente der Kategorie Unterlage (z. B. Lieferantenanfrage) kann eine typisierte Vorlage (Template) verwendet werden. In dieser ist bereits die inhaltliche Grundstruktur des jeweiligen Dokumenttyps enthalten. Unproduktive Nebentätigkeiten bei der Dokumentbearbeitung fallen damit weg. Die Suche nach einer Vorlage lässt sich durch ihre Klassifikation genauso einfach gestalten wie die Suche nach einem Arbeitsdokument. Durch die Verwendung von Templates und der Systematik zur Ablage einer Datei und Anlage des typisierten und klassifizierten Dokuments sind wertvolle Kosteneinsparungen erzielbar. Mit einem kleinen Rechenbeispiel lässt sich die Bedeutung geordneter Datenablage veranschaulichen. Einhundert Mitarbeiter legen jeden Tag im Schnitt drei Dateien ab. Jeder Mitarbeiter arbeitet 200 Tage im Jahr. Der interne Verrechnungssatz beträgt 40 Euro/Stunde. Bei Verkürzung des Vorgangs um durchschnittlich nur zwei Minuten ergibt sich eine jährliche Einsparung von 80 000 Euro. Auch hier sind die konkreten Kosten von den spezifischen Verhältnissen in einem Unternehmen abhängig. Der obige Betrag, dem relativ konservative Annahmen zugrunde liegen, kann weit größer sein.

Auch bei der Zeichnungsbearbeitung sind sehr lohnende Einsparungspotenziale zu finden. Erstellung und Änderung von Zeichnungen nehmen trotz CAD-Software viel Zeit in Anspruch. Obwohl die mechanische Zeichnung die geometrische Beschreibung eines Bauteils ist, enthält sie gewöhnlich auch nichtgeometrische Informationen wie Werkstoff und ggf. Oberfläche und/oder Farbe. Dies hat zur Folge, dass für geometrisch identische Teile, die sich lediglich durch Werkstoff und/oder Oberfläche/Farbe unterscheiden, jeweils eine eigene Zeichnung angelegt wird. Ein äußerst arbeitsintensives und darüber hinaus unwirtschaftliches Vorgehen. Zeichnungen nach dieser Methode unterscheiden sich nur marginal, es handelt sich quasi um Doubletten. Dennoch muss im Falle einer – die Gestalt betreffende – Teileänderung jede Zeichnung „angefasst" werden. Zur unnötigen Arbeit für die Zeichnungserstellung und -änderung kommt noch der höhere Aufwand für die Zeichnungsverwaltung hinzu. Dieses Dilemma lässt sich recht einfach abstellen. Nichtgeometrische Teiledaten (z. B. Oberflächenwerkstoff) werden von der Zeichnung bzw. aus dem Schriftfeld entfernt. Damit beschreibt eine Zeichnung n geometrisch gleiche Bauteile. Die teilespezifischen Daten (Teilenummer, Werkstoff etc.) werden durch das Verwaltungssystem getriggert auf ein Beiblatt in Neutralformat (z. B. PDF) ausgeleitet. Kommt ein weiteres Bauteil hinzu, ist nur das Beiblatt neu zu generieren, die Zeichnung bleibt davon unberührt. Dieser Ansatz vereinfacht sowohl die Zeichnungserstellung und -änderung als auch das Management für diese Dokumentkategorie.

Mit dem Einsatz von 3D-CAD-Software ist das Teilemodell die Basis für die Zeichnungserstellung. Faktisch ist die 3D-Geometrie die einzige natürliche Information des Teilemodells. Gleichwohl führen 3D-CAD-Systeme Werkstoffparameter zur Berechnung diverser Größen (Gewicht, Massenträgheitsmoment etc.). Selbstverständlich ist es wichtig, derartige Berechnungen durchführen zu können; ein Teilemodell sollte aber nicht mit einem Werkstoff als Attribut/Property gespeichert werden. Werkstoff- bzw. Materialeigenschaften sind eine Domäne von Verwaltungssystemen wie PDM. Über die PDM-CAD-Schnittstelle bekommt das neutrale Teilemodell temporär eine Werkstoffzuweisung für den rechnerischen Nachweis von Eigenschaften eines konkreten Bauteils. Damit lassen sich wie bei der Zeichnungsverwaltung n Teile mit gleicher Geometrie mit nur einem einzigen Teilemodell beschreiben. Sofern mehrere CAD-Systeme in Verwendung sind, reduziert die zentrale Materialverwaltung mittels Werkstoffstammsatz in PDM darüber hinaus den CAD-seitigen Pflegeaufwand für die Material-Bibliotheken.

An das Datenmanagement der Dokumentkategorie Modell werden besonders hohe Anforderungen gestellt. Teile beschreibende 3D-Geometriemodelle sind für viele Prozesse die Arbeitsgrundlage. Neben dem eigentlichen Teilemodell kommt eine Fülle von spezifischen Modellen zur Anwendung. Um sie alle als Dokumente eindeutig unterscheiden zu können, ist eine begrifflich gut aufgebaute Modelltypisierung erforderlich. Die Liste der gängigen Modelltypen ist lang und reicht u. a. von Teilemodell, Bauraum, Funktionsraum, Analysemodell, Design-Vorgabe und Korrekturmodell bis hin zu Variantenmodell. Der Typ des Modells wird im Modellstammsatz geführt. Das Modelldokument muss ebenso wie das Unterlagen- und Zeichnungsdokument in der Lage sein, beliebig viele Dateien gleichen und/oder unterschiedlichen Formats zu verwalten. Die inhaltlichen Sonderheiten der Geometriemodelle werden durch Attribute im Modelldatensatz gekennzeichnet. Namentlich sind dies Geometrieklasse, Darstellungsgrad, Ansicht, Ansichtsvariante und Einbauzustandsvariante. In nachstehender Abbildung ist die Nutzung besagter Attribute am Beispiel eines Federtellers zu sehen. Der Federteller als Geometriemodell des entsprechenden Bauteils wird

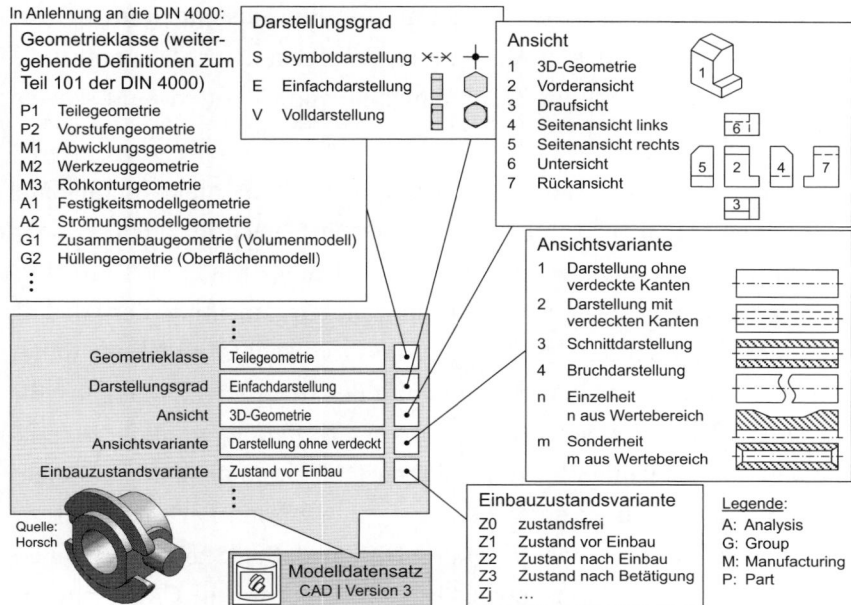

Beschreibungsmöglichkeiten für ein CAD-Geometriemodell

als Dokument des Typs Teilemodell angelegt. Die Geometrieklasse besagt, dass das Modell die Teilegeometrie des Federtellers beschreibt. Der Darstellungsgrad Einfachdarstellung gibt an, dass die Modellgeometrie keine oder nicht alle Details des Federtellers enthält. Mit dem Attribut Ansicht ist das Modell des Federtellers als 3D-Geometrie gekennzeichnet. Die Zuweisung zum Attribut Ansichtsvariante informiert darüber, dass der Federteller ohne Darstellung verdeckter Kanten abgelegt ist. Als letztes ist der Einbauzustand des Federtellers durch das Attribut Einbauzustandsvariante mit *vor dem Einbau* angegeben. Jeder Einbauzustand kann bei Bedarf indiziert werden. So lassen sich etwa verschiedene Darstellungen eines Flexteils (z.B. Versorgungsschlauch) im Zustand *in Betrieb* als eigene Modelle verwalten. Damit sind die Geometrien des Flexteils im Kontext eines Bewegungsvorgangs für die Nutzung in weiteren Aufgaben dauerhaft verfügbar. Indizierte Einbauzustände sind nicht nur bei kinematischen Untersuchungen interessant, sondern auch bei Bauteilanalysen. Etwa für ein thermisch hoch belastetes Teil (z.B. Abgaskrümmer) im Zustand *in*

Betrieb können Geometrien bei definierten Betriebstemperaturen und folglich unterschiedlichen Ausdehnungsabmessungen als charakteristische Analysemodelle im Zusammenspiel von CAD und FEM einzeln geführt werden.

Die Möglichkeit der Charakterisierung des Inhalts einer Modelldatei ist bei der Modellverwaltung außerordentlich wichtig. Für die meist enorme Zahl an Geometriemodellen ist ein transparentes Dokumentenmanagement von größter Bedeutung. Die Organisation der Modelldokumente hat starken Einfluss auf die Produktivität nicht nur in der Produktentwicklung. In Verbindung mit der vorrangigen Maßgabe, die Durchlaufzeit im Konstruktionsbüro kurz zu halten, werden die funktionalen Möglichkeiten leistungsfähiger CAD-Systeme mehr und mehr ausgeschöpft. Dadurch entstehen zusätzlich zu den Part- und Assembly-Geometrien noch viele weitere Hilfsmodelle (Skelett-Geometrie, Set-Geometrie, Adaptionsgeometrie etc.). Die Zahl an CAD-Modellen erhöht sich darüber hinaus, wenn Ansätze der Konstruktionsmethodik wie Variantentechnik und Feature-basierte Teilekonfiguration genutzt werden. Einerseits lassen sich mit intelligenter CAD-Anwendung einzelne Konstruktionsaufgaben deutlich schneller erledigen, andererseits geht damit eine gewaltige Datenflut einher. Sollen die Vorteile nicht konterkariert werden, ist ein hervorragendes Dokumentenmanagement für die verschiedenartigen CAD-Modelldateien unverzichtbar. Hohe Arbeitsproduktivität und demzufolge Wirtschaftlichkeit stellen sich nur ein, wenn Produktdaten schnell erstellt, transparent verwaltet und rasch gefunden werden. Vornehmlich die Verwaltung der CAD-Daten Modell und Zeichnung verlangt nach einem flexiblen Datenmodell, das es den Anwendern erlaubt, CAD-Dokumente prozessabhängig aufzubauen und zu kennzeichnen.

Variantenmanagement

Die Aspekte zu Varianten im Zusammenhang mit Entwicklung und Konstruktion wurden bereits besprochen. An dieser Stelle steht der Umgang mit Varianten aus organisatorischer Sicht im Fokus. Es ist die

Frage zu beantworten, in welchem IT-Arbeitsumfeld sich die Engineering-Methoden Standardisierung, Modularisierung und Baukastenkonstruktion in idealer Weise umsetzen und nutzen lassen. In Verbindung
mit Varianten wird fast immer über den Aufbau eines Produktkonfigurators gesprochen. Dabei ist im Umgang mit Varianten zunächst die
entscheidende Frage zu klären: Geht es um konkrete oder mögliche
Varianten? Konkrete Varianten sind Teile, Baugruppen oder Erzeugnisse, die in ihrer Ausprägung (Form, Funktion, Beschaffenheit etc.) so
entwickelt und gebaut werden. Die Anzahl dieser Art von Varianten ist
in der Regel überschaubar, da sie vom Hersteller nach bestimmten Kriterien bewusst festgelegt wird. Es sind eher wenige Produktvarianten
einer Baureihe (z. B. Elektromotor in mehreren Leistungsstufen). Für
die Verwaltung dieser konkreten Varianten ist eine merkmalbasierte
Teileklassifikation das richtige Mittel. Die Eigenschaften bzw. Merkmale
(z. B. Leistung), in denen sich die Teile-, Baugruppen- oder Produktvarianten unterscheiden, sind gleichzeitig die Kriterien zur eindeutigen
und transparenten Klassenbildung. Diese Form von Variantenmanagement ist der bestmögliche Ansatz zur effizienten Organisation von
standardisierten und normierten Teilen auf allen Ebenen der Produktstruktur.

Variantenmanagement für mögliche Varianten erfordert in Ergänzung
zur Teileklassifikation einen weiteren Ansatz. Mögliche Varianten im
Gegensatz zu konkreten Varianten sind Variantenbaugruppen oder
-produkte. Ein Variantenprodukt kann je nach Komplexität eine beträchtliche Anzahl an Produktvarianten enthalten. Für die Verwaltung
eines Variantenprodukts braucht es dementsprechend ein mächtiges
Werkzeug. In den meisten Betrieben wird auf die Funktionalität des
ERP-Systems zurückgegriffen. Software der Klasse ERP bildet ein Variantenprodukt auf eine sogenannte Varianten-, Maximal- bzw. 150 %-Stück-
liste ab. Die Begriffe werden in der Praxis wie Synonyme verwendet.
Mit der Nutzung der ERP-Maximalstückliste ist der Komplex Variantenprodukt und somit die Aufgabe Variantenkonfiguration de facto dem
Bereich Logistik zugeordnet. Triebfeder für das Variantenmanagement
aus dieser Warte ist primär wirtschaftliche Produktion. Mit den Kon-

figurationen aus der Maximalstückliste sollen Informationen für Bedarfsplanung, Vorfertigung, Montageplanung etc. abgeleitet werden. Ein weiteres Argument für dieses Vorgehen ist die Nähe des Vertriebs/Verkaufs zur ERP-Lösung. Die Verkaufsprozesse werden häufig mit einem ERP-Modul oder einer CRM-Software, die Bestandteil der ERP-Installation ist, abgewickelt. Darin eingeschlossen ist der Zugriff auf die Variantenkonfiguration in Form der Maximalstückliste. Für den Vertrieb ist diese mithilfe eines Produktkonfigurators nutzbar. Der Vertriebsmitarbeiter kann die in der Maximalstückliste enthaltenen Lösungen entsprechend des jeweiligen Kundenwunsches dynamisch aufzeigen. Neben der Klärung technischer Fragen können auch Aussagen zu Preis und Lieferzeit gemacht werden. Eine weitere Ausbaustufe ist die eCommerce-Lösung (Internet Sales System), mit der die Kunden eigenständig ihr Wunschprodukt „zusammenbauen" (konfigurieren) und im Idealfall gleich online bestellen können.

Auf den ersten Blick scheint das eine hervorragende Variantenmanagement-Lösung zu sein. Dem Vertrieb steht ein Werkzeug zur Verfügung, um flexibel auf die Anforderungen der Kunden eingehen zu können, und die Logistik ist in der Lage, den Produktionsprozess wirtschaftlich zu gestalten. Eigentlich alles prima – oder doch nicht? Die Sache hat einen Haken: Eine Variantenkonfiguration entsteht weder im Vertrieb noch in der Logistik. Der Aufbau von Variantenkonfigurationen ist naturgemäß eine Engineering-Aufgabe. Selbst wenn von der Produktplanung in vertrieblicher Hinsicht mutmaßlich notwendige Produktvarianten gewünscht werden, sind diese nur möglich, wenn die Produktentwicklung sie für baulich sinnvoll und technisch zulässig erachtet. Die möglichen Produktkonfigurationen müssen hinsichtlich Machbarkeit, Wirtschaftlichkeit, Funktionalität, Gebrauch, Sicherheit, Qualität, Wartung, Recycling-Fähigkeit, Ländervorschriften und dergleichen mehr „durchgespielt" werden, bevor sie als Varianten die Freigabe zur Aufnahme in die geplante Variantenkonfiguration erhalten können. Jede Produktvariante, die am Markt angeboten werden soll, muss im Technischen Büro entwickelt werden. Produkt- und Prozessdaten (Zeichnungen, Arbeitspläne etc.) sind zumindest für alle festgelegten Teile- und

Baugruppenvarianten anzufertigen – das ist zweifellos eine Ingenieur-aufgabe. Die IT-Arbeitsplattform, auf der das geschieht, ist nicht der „Elektronische Organisator" ERP, sondern die „Elektronische Werk-bank" PDM. In dieser Umgebung entstehen alle Produktvarianten und ihre Teile virtuell. Dies ist besonders wichtig, da meist schon bei weni-gen Produktmerkmalen und Teilevarianten eine große Zahl an Pro-duktvarianten möglich ist. Reale Teile- und Baugruppenvarianten ent-stehen mit der Konfiguration von konkreten Produkten nach Kunden-wunsch. Erst zu diesem Zeitpunkt zeigt sich, welche Produktvarianten gefragt sind und welche Teile- und Baugruppenvarianten folglich tat-sächlich beschafft, gefertigt und montiert werden müssen. Somit ist bei einer guten Prozessgestaltung die Variantenkonfiguration kein Thema und schon gar keine Aufgabe der Logistik und deren ERP-Installation.

Die Variantenkonfiguration als die virtuelle Vorlage für die Definition und Fertigung realer Produktvarianten ist neben der Teileklassifika-tion die Datenquelle für flexibles und wirtschaftliches Variantenmana-gement. Um diesen Anspruch zu erfüllen, muss die Variantenkonfigu-ration zu jedem Zeitpunkt vollständig, aktuell und widerspruchsfrei sein. Dies ist nur zu gewährleisten mit den Elementen von Product Life-cycle Management: lückenlose Dokumentation aller Änderungen mit administrativem Ablauf einer Änderung und Kennzeichnung der darin geänderten Objekte (z. B. Regel X in Revision Y, freigegeben für Ver-trieb). Eine Variantenkonfiguration sollte objektorientiert aufgebaut sein und den Teilestammsatz für Grund-, Alternativ- und Ergänzungs-bausteine (= Standardkomponenten), den Variantenstammsatz (VSS) und die Regel enthalten. Der VSS steht in der Variantenkonfiguration für eine Baugruppe, die erst nach Festlegung der Produktmerkmale im Zuge einer Konfiguration ausgeprägt bzw. bestimmt wird. Die Regel ist ein einfacher oder zusammengesetzter WENN-DANN-Ausdruck. Damit kann die Logik der Bedingungen für die möglichen Bauteil-Kombinatio-nen definiert werden. Da eine Variantenkonfiguration aus Varianten-produkt und Konfigurationsdialog besteht, werden die Regeltypen Struktur-, Auswahl-, Definitions- und Ausschlussregel gebraucht. Mit der Strukturregel lassen sich alternative Pfade bzw. Äste in der Produktstruktur eines Variantenprodukts (= Variantenproduktstruktur) auswählen. Zur Selektion einer konkreten Teilevariante an einer bestimmten Position der Variantenproduktstruktur dient die Auswahlregel. In den Fällen, in denen während des Konfigurationsdurchlaufs ein Merkmal bzw. eine Variable dynamisch aus anderen Merkmalen zu berechnen oder abhängig von anderen Merkmalen zu definieren ist, kommt die Definitionsregel ins Spiel. Die Ausschlussregel ist ein Element zur Gestaltung des Konfigurationsdialogs. Mit ihr werden die richtigen Auswahlmenüs bei Berücksichtigung der zulässigen Kombinationen und der aktuellen Dialogführung dynamisch aufgebaut.

Zur Verdeutlichung der Zusammenhänge und der Möglichkeiten soll das Beispiel Dreh-/Bürostuhl aus dem Abschnitt „Varianten und Mass Customization" ab S. 68 nochmals aufgegriffen werden. Die Produktmerkmale und ihre zulässigen Optionen sind weiterhin:

- Bezugsfarbe: rot | blau | schwarz,
- Lordosenstütze: ja | nein,
- Federung: Standard | Komfort (gewichtsabhängig),
- Armlehnen: ja | nein, wenn ja, dann dreieckig | trapezförmig.

Zwischen den Produktmerkmalen Federung und Armlehnen soll in Erweiterung des Beispiels eine Zwangsbedingung eingebaut werden. Wird für den Bürostuhl eine Komfort-Federung gewählt, ist er nicht ohne Armlehnen lieferbar. In der Ausführung Standard-Federung ist der Bürostuhl sowohl mit als auch ohne Armlehnen erhältlich. Dieser Zusammenhang wird im Konfigurationsdialog mithilfe von zwei Ausschlussregeln dynamisch abgebildet. Die Ausschlussregel Federung erzeugt in Abhängigkeit des ggf. bereits durchlaufenen Armlehnen-Menüs das Auswahlmenü für die Federung. Das Auswahlmenü für die Armlehnen wird entsprechend in Abhängigkeit des eventuell bereits durchlaufenen Menüs zur Festlegung der Federung generiert. Die Menüs zur Selektion von Bezugsfarbe und Lordosenstütze werden unabhängig von den anderen Produktmerkmalen jeweils statisch aufgebaut. Für die Auswahl der Produktmerkmale gibt es im Allgemeinen keine

zwingend vorgeschriebene Reihenfolge, die Abfolge im Konfigurationsdialog bleibt dem Nutzer überlassen.

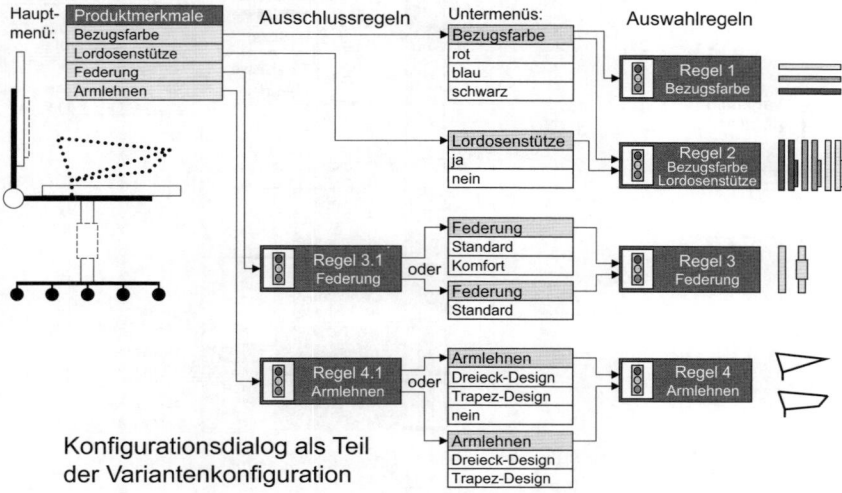

Konfigurationsdialog als Teil
der Variantenkonfiguration

Nach Abschluss des Konfigurationsdialogs werden die gewählten Produktmerkmale an die Auswahlregeln übergeben. Diese befinden sich,
wie bereits erwähnt, an den Positionen in der Variantenproduktstruktur, an denen alternative oder ergänzende Teilevarianten in die
konfigurierbare Produktstruktur einfließen sollen. Für jede mögliche
Teilevariante muss die Regel eine festgelegte Bedingung prüfen. Die
zulässigen Teilevarianten können einer Auswahlregel entweder direkt
oder über ihre jeweilige Teileklasse zugeordnet werden. Eine Zuordnung via Teileklasse bietet u. a. den Vorteil des geringeren Aufwands
bei der Pflege einer Variantenkonfiguration. Da es sich bei Teilevarianten um standardisierte und normierte Teile handelt, sollten diese ohnehin in einem Klassen- bzw. Ordnungssystem organisiert sein. In der
Auswahlregel werden die relevanten Merkmale der Klassenteile mit
den korrespondierenden Produktmerkmalen verglichen. Bei Überein-
stimmung der Merkmalwerte (z. B. Bezugsfarbe „rot" und Lordosenstütze „ja") ist die richtige Teilevariante (z. B. Rückenlehne rot mit Lordosenstütze) gefunden.

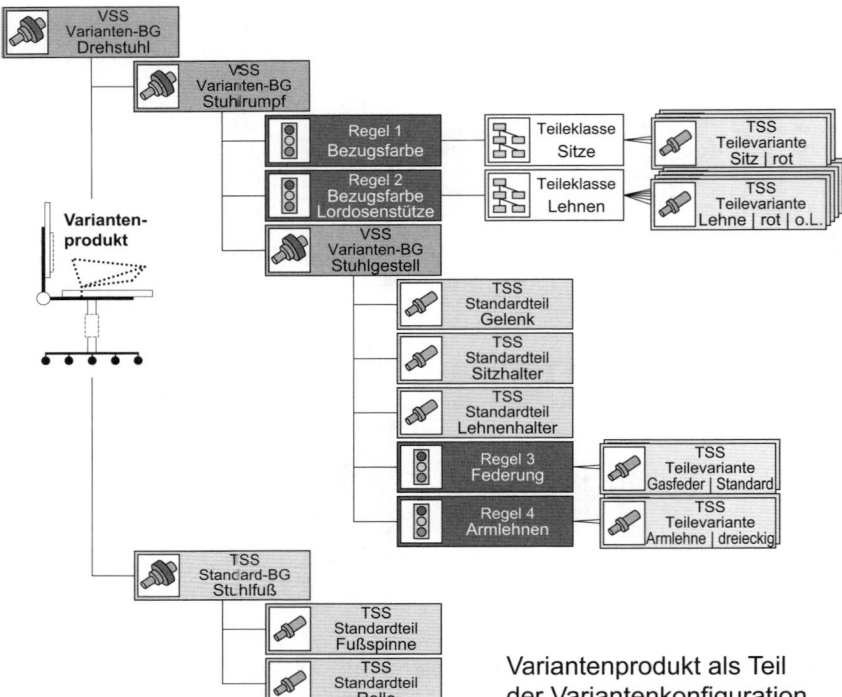

Variantenprodukt als Teil
der Variantenkonfiguration

Das Variantenprodukt – hier der variante Drehstuhl –, die zweite Komponente der Variantenkonfiguration, ist Informationsträger des gesamten Produktwissens. Die Struktur entspricht dem Produktaufbau wie von der Produktentwicklung oder Arbeitsplanung festgelegt. Jede der Variantenbaugruppen wird von einem Variantenstammsatz repräsentiert. Standardteile und -baugruppen stehen für die jeweiligen Grundbausteine. Die Auswahlregel ist nebenbei auch Platzhalter für eine zulässige Teilevariante (Alternativ- oder Ergänzungsbaustein). Sie beinhaltet alle zulässigen Bedingungen und sorgt damit für die Selektion der richtigen Teilevariante unter allen möglichen Optionen. Die Logik einer Auswahlregel kann beispielsweise mittels Entscheidungstabelle abgebildet werden. Da jede Auswahlregel grundsätzlich jeweils nur eine Teilevariante mit Anzahl ≥ 1 in das Variantenprodukt einbringt, bleiben die Entscheidungstabellen klein und gut überschaubar. Alle Regeln zusammen beschreiben das Beziehungswissen des Variantenprodukts.

Wesentlich ist, dass bei gutem Variantenmanagement jede Regel und somit das Regelwerk interaktiv – ohne jeden Programm-Code – definiert und ebenso modifiziert werden kann. Beim Aufbau einer Variantenkonfiguration im Technischen Büro ist es selbstverständlich möglich, dass die Arbeitsplanung Referenzen auf Arbeitsgänge in das Regelwerk einbezieht. Damit kann im Zuge des Konfigurationsprozesses auch ein Montagearbeitsplan generiert werden. Darüber hinaus lassen sich noch weitere Informationen mit dem Vorgang Produktkonfiguration wie eine „sprechende" Konfigurationsnummer, die sich aus Teilschlüsseln der enthaltenen Hauptkomponenten zusammensetzt, ableiten. Und mit dem Zugriff auf Preise in ERP-Artikeln über PDM-Teilenummern kann der Preis für eine konfigurierte Produktvariante bestimmt werden.

Mit den Produktmerkmalen aus dem Konfigurationsdialog entsteht aus dem Variantenprodukt die gewünschte Produktvariante. Anstelle der Regeln und Variantenstammsätze treten dort Teile- und Baugruppenvarianten mit ihren Teilestammsätzen. Der Informationsträger der Konfiguration ist die Produktstruktur mit den enthaltenen Baukomponenten. Bei Produktionsfreigabe kann die Produktstruktur inklusive der Teilestammsätze per Workflow als Stückliste an das ERP-System übergeben werden. Damit schließt sich der Kreis von der Entwicklung des virtuellen Variantenprodukts bis zur Fertigung der physischen Produktvariante. Der geschilderte Weg berücksichtigt nicht nur das Ziel im Sinne von „Was ist das Ergebnis?", sondern auch den Weg zum Ziel mit der Frage „Wie soll das Ergebnis erreicht werden?". Voraussetzung für diesen Weg ist eine umfassende PLM-Integrationslösung mit einer exzellenten PDM-Software.

Die Variantenkonfiguration im Logistikprozess mit den Mitteln eines ERP-Systems aufzubauen, steht immer dann auf dem Plan, wenn es keine PDM-Lösung für den Produktentwicklungsprozess gibt und das ist auch heute noch des Öfteren der Fall. Mit ERP-Software – vormals PPS-Software – ist meist die Möglichkeit gegeben, eine Varianten-/Maximalstückliste zu führen. So liegt es aus Mangel an anderen Optionen

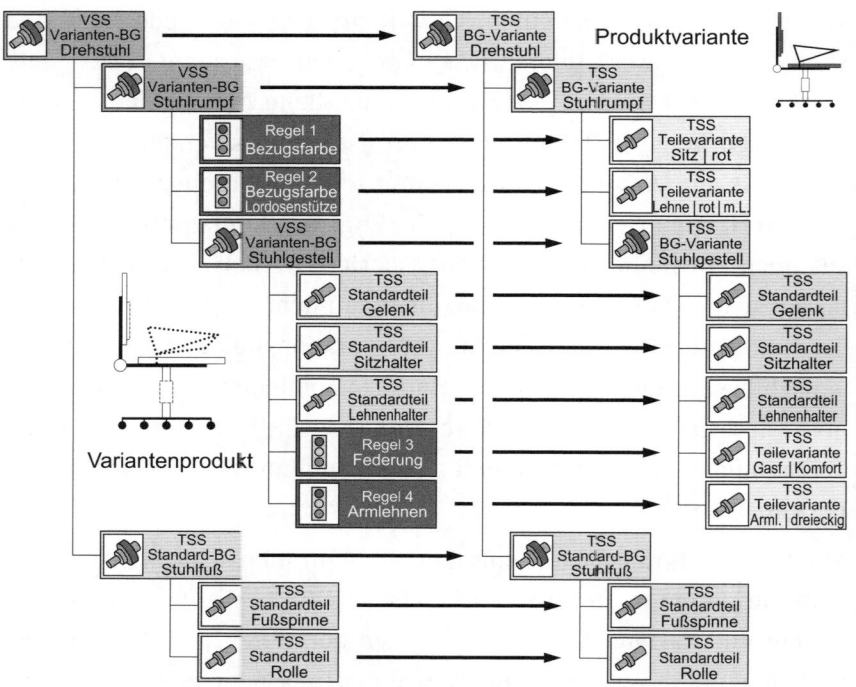

Ableitung einer Produktvariante aus einem Variantenprodukt

nahe, diese Funktionalität des ERP-Systems zu nutzen. Natürlich kann ERP-Software mit Produktdaten arbeiten. Schließlich ist der Umgang mit Artikeln und Stücklisten die Hauptaufgabe des ERP-Moduls Warenwirtschaft. Dennoch fehlen im ERP-Datenmodell oftmals Elemente wie Revisionierung, Lifecycle-Kennzeichnung sowie Historienverwaltung. Da in den Logistikprozessen vom TB freigegebene Produktdaten überwiegend lesend genutzt (konsumiert) werden, ist dieses Manko nicht bedrohlich, wenn auch hinderlich. Anders sieht die Sache aus, wenn mit diesem Manko Produktdaten mit hoher Dynamik bearbeitet (produziert) werden sollen, wie das in den Entwicklungsprozessen der Fall ist. Einer dieser Prozesse ist die Entwicklung der Variantenkonfiguration. Soll diese überaus anspruchsvolle Aufgabe wirtschaftlich implementiert werden und zu einem prozesssicheren Ergebnis führen, muss jedes Objekt der Variantenkonfiguration einschließlich der Regeln revisionierbar sein und einem mehrstufigen Freigabeprozess unterliegen.

ERP-Software ist bei Beachtung all dieser Aspekte keine gute Wahl für die Entwicklung einer Variantenkonfiguration. Hinzu kommt, dass das Regelwerk bzw. das Beziehungswissen bei vielen ERP-Systemen mittels Prozeduren programmiert bzw. codiert werden muss. Damit ist ein hoher zeitlicher Aufwand verbunden, außerdem ist oftmals die Unterstützung der Fachabteilung durch die IT notwendig. So kann die Entwicklung oder Änderung einer Variantenkonfiguration mehrere Wochen statt weniger Tage in Anspruch nehmen. In Anbetracht des allgegenwärtigen Kostendrucks ist speziell aus betriebswirtschaftlicher Sicht eine Variantenmanagement-Lösung dieser Prägung keine Option für verantwortliches Handeln.

Prozessmanagement

Mit den Ergebnissen einer Prozessanalyse und dem Redesign der Abläufe ist erst der Grundstein gelegt. Die nächste Aufgabe und zugleich große Herausforderung ist, die Neuerungen organisatorisch umzusetzen. Veränderungen, wie sie von neu gestalteten Prozessen ausgehen, verlangen von den Mitarbeitern ein hohes Maß an Flexibilität. Menschen lassen sich nicht einfach „umprogrammieren". Selbst bei einer positiven Grundeinstellung ist keineswegs jeder in der Lage, die neuen Anforderungen ohne Hilfestellung zu erfüllen. Es ist daher notwendig, begleitende Maßnahmen im Sinne von Veränderungsmanagement durchzuführen und einen Weg einzuschlagen, der es den Beteiligten bzw. Betroffenen ermöglicht, den organisatorischen Wandel zu verstehen, zu akzeptieren und mitzugestalten (s. a. Abschnitt „Prozessorientierte Organisation" ab S. 87). Damit die neuen Verfahren produktiv ablaufen können, dürfen sie nicht nur Allgemeingut im Unternehmen sein, sondern müssen des Weiteren auch informationstechnisch implementiert werden. Wenngleich Geschäftsanwendungen wie DMS, PDM oder ERP in aller Regel eine Workflow-Komponente aufweisen, werden Geschäftsabläufe/-prozesse kaum mittels Workflow-Definition abgebildet und lauffähig gemacht. Allenfalls bei Freigabeprozessen mit Statusübergängen und anderen kleineren Ablaufketten kommt systemgestütztes Prozessmanagement zur Anwendung. Vorgangsbearbeitung wie etwa Angebotserstellung, Beschaffung, Produktionsplanung, Warenannahme, Service etc. erfolgt überwiegend ohne Ablaufkontrolle. Die Prozessakteure sind gezwungen, ihr Zusammenwirken per E-Mail, Telefon oder persönlichem Gespräch selbst zu koordinieren. Informationen werden aus vielerlei Gründen nicht immer zeitnah weitergeleitet. Es kommt zu längeren Liegezeiten von Vorgangsdokumenten und zwangsläufig zu längeren Prozess-Durchlaufzeiten. Über alle Geschäftsvorgänge hinweg summieren sich so erhebliche Mehrkosten.

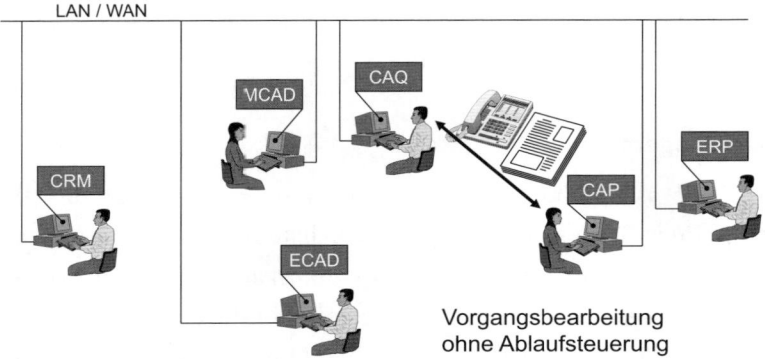

Vorgangsbearbeitung
ohne Ablaufsteuerung

Personalintensive Prozesse lassen sich nur dann ökonomisch ausführen, wenn die Zusammenarbeit der Mitarbeiter nicht von subjektivem Verhalten bestimmt wird, sondern von einem emotionsfreien System. Ausführbare Workflows sind das geeignete Mittel, um Aufgaben in kürzester Zeit zu bearbeiten. Vorausgesetzt, die Prozesse sind derart gestaltet, dass die Ressourcen – Personal und Sachmittel – bestmöglich eingesetzt werden. Dass diese Möglichkeit nicht angemessen zum Einsatz kommt, hat hauptsächlich zwei Ursachen: Zum einen sind Prozesse nicht in der erforderlichen Weise systematisch erfasst, bewertet und optimiert (s. a. Abschnitt „Unternehmensprozesse" ab S. 79) und zum anderen ist die Workflow-Funktionalität der genutzten Geschäftsanwendungen (PDM, ERP etc.) nur systembezogen verfügbar. Zum ersten Punkt wurden in o. g. Kap. bereits alle wesentlichen Aspekte genannt. Der zweite Punkt verweist auf eine Sachlage, die ablaufgesteuerte systemübergreifende Vorgangsbearbeitung verhindert. Unternehmensprozesse wie etwa Auftragsabwicklung erfordern den Einsatz mehrerer spezialisierter IT-Lösungen wie PDM, CRM, ERP, MES und ggf. weitere. In jedem dieser Systeme werden Daten aufgabenbezogen angelegt, geändert und/oder abgerufen. Innerhalb einer einzelnen IT-Anwendung kann das immanente Workflow-Management den Ablauf steuern. Wird beim Übergang von einer Prozessaufgabe zur nächsten ein anderes System gebraucht bzw. genutzt, endet dort die Workflow-Steuerung abrupt. Die Geschäftsanwendungen haben i. d. R. ein integriertes WfM-Modul. Damit lassen sich Aufgaben in einem System (z. B. PDM) steuern, jedoch keine Aufgaben, die mit einem anderen System (z. B. ERP) ausgeführt werden sollen. Ein inakzeptabler Zustand, wenn es um das große Ziel wirtschaftliche Geschäftsabwicklung geht. Prozesse machen an Systemgrenzen nicht halt. Eine IT-Arbeitsplattform muss Unternehmensprozesse in Gänze unterstützen. Die einzelnen Software-Lösungen sind allemal wichtige Werkzeuge zur Ausführung von speziellen Teilaufgaben, sie dürfen aber dennoch nicht Hemmschuh in Bezug auf die Produktivität der Gesamtaufgabe sein.

Der allenthalben beklagte Kostendruck in der Fertigungsindustrie kann nur mit merklich kürzeren Durchlaufzeiten in den arbeitsintensiven Geschäftsprozessen verringert werden. Primäre Bedingung für Einsparungen ist die Ausführung aller Aufgaben ohne vermeidbare Verzögerungen. Darüber hinaus notwendig ist systemübergreifende Vorgangsbearbeitung mit Workflow gestützter Ablaufsteuerung. Prozessmanagement, das dieser Anforderung gerecht werden kann, muss eine eigenständige IT-Komponente sein, entkoppelt von den gängigen Systemlösungen der Anwendungsebene (z. B. PDM). Zu erreichen ist dies mit professioneller Software der Klasse Business Process Management (BPM). Design bzw. Modellierung, Simulation und Dokumentation von Geschäftsprozessen sind die eine Domäne von BPM-Software, die andere ist Prozessautomatisierung mithilfe von Workflow-Management. Die Modellierung der Prozessketten kann meist mit dem Standard BPMN der Object Management Group erfolgen. Eine Notation, mit der betriebliche Gegebenheiten sehr realistisch abgebildet werden können. Der eigentliche Wert von BPM-Software liegt in der Möglichkeit, jede Prozessaufgabe mit der oder den Systemlösungen zu verknüpfen, mit der oder denen die betreffende Aufgabe bearbeitet werden soll.

Auf der Grundlage von service-orientierter Architektur (SOA) lässt sich ein BPM-basierter Workflow mit den Anwendungssystemen koppeln, die zu seiner Ausführung notwendig sind. Für jede Prozessaufgabe kann ein spezifisches Formular bzw. Menü zur Benutzerführung erstellt werden. Der Aufbau der Menüs ist unabhängig von den Anwendungssystemen. Kommunikation und Datenaustausch zwischen Menü (Client) und Anwendungssystem (Server) erfolgen mithilfe des Protokolls SOAP. Voraussetzung ist, dass die Anwendungssysteme ihre Funktionalität in Form von Web Services (WS) zur Verfügung stellen. Damit ist es möglich, aus dem aufgabenbezogenen Menü einer Prozessaufgabe Funktionen (Services) verschiedener Anwendungssysteme (PDM, ERP, MES etc.) aufzurufen bzw. zu nutzen. Beispielsweise können mit ERP-Services Produktionsaufträge für einen Kundenauftrag erstellt und an MES übergeben werden. Umgekehrt lassen sich zu Produktionsaufträgen mittels MES-Service die betreffenden Auftragsrückmeldungen abrufen. Noch weitergehende Möglichkeiten sind um-

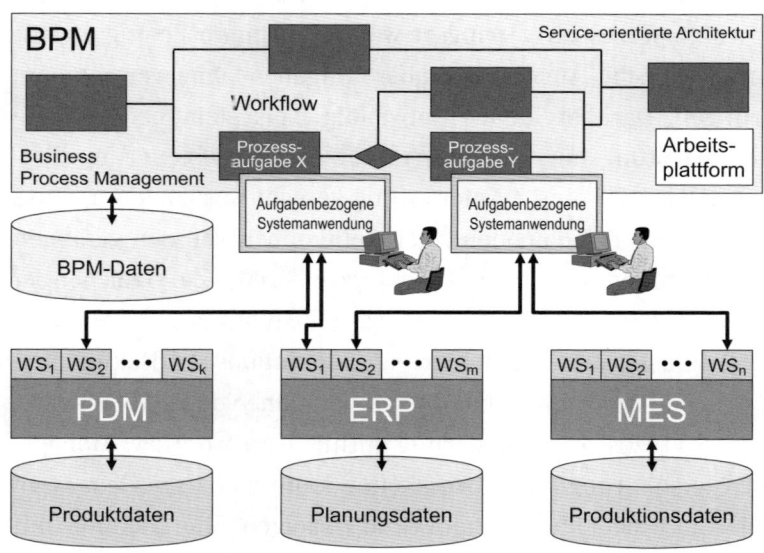

Systemübergreifendes Geschäftsprozessmanagement

setzbar, wenn Anwendungssysteme jeweils in Ergänzung zu ihrem Standard-GUI auch eine webfähige Benutzeroberfläche bieten. Aufgabenbezogene Formulare können so durch ebensolche Anwendungsportale ersetzt werden. Ein Anwendungsportal kann Links auf alle benötigten Systemfunktionen oder Systeme beinhalten. Außerdem sind die Funktionen der Geschäftsanwendungen in einem Webbrowser ausführbar.

Mit dem SOA-Konzept erreicht Prozessmanagement eine neue Leistungsstufe, nicht weniger stark profitiert das Informationsmanagement von diesem Ansatz. Die Funktionen von Geschäftsanwendungen wie PDM und ERP verschmelzen in einem Webportal zu einem einzigen virtuellen Anwendungssystem. Informationen (z.B. Fertigungszeichnung, Arbeitsplan und Produktionsauftrag) werden von den Mitarbeitern nicht mehr in Bezug auf ihr IT-System gesehen, sondern im Kontext ihrer Prozessarbeit. Das Phänomen der Systemfraktionen, das infolge der starren Zuordnung eines Nutzerkreises zu einer spezifischen Geschäftsanwendung (z.B. ERP) entsteht und für den wirtschaftlichen Gebrauch von Informationen überaus hinderlich ist, verschwindet nach und nach. Die Systemsicht verliert zugunsten einer stärkeren Fokussierung auf die Prozesse an Bedeutung. Mit diesem Wandel hin zu einer produktiven Arbeitsplattform ohne Systemgrenzen lässt sich zudem die Integration der Geschäftsanwendungen vereinfachen. Die Prozessbearbeitung erfordert weniger Datenaustausch, ein Effekt, der nebenher noch den Rückgang redundanter Daten mit sich bringt. So kann etwa auf den Transfer von Zeichnungsdaten von PDM nach ERP verzichtet werden. Gewöhnlich erfolgt ERP-seitig mit Metadaten aus PDM die Anlage eines Daten- oder Stammsatzes Zeichnung mit Referenz auf die Zeichnungsdatei. In der Regel ein PDF-File, der verlinkt oder kopiert wird. Dieser Aufwand ist mit einer SOA-Plattform nicht mehr nötig. Steht zum Beispiel die Aufgabe an, einen Lieferanten (Teilefertiger) zu beauftragen, liefert die ERP-Artikelnummer den Zugriff auf den entsprechenden PDM-Teilestammsatz und die damit verknüpfte Fertigungszeichnung. Mit Nutzung von ERP- und PDM-Funktionalität via prozessbezogenem Webportal sind alle Informationen für die Bearbeitung der Bestellung verfügbar.

Dieses kleine Szenario zeigt die herausragende Bedeutung des Zusammenspiels von Prozess- und Daten-/Informationsmanagement in der Fertigungsindustrie. Es ist unabdingbare Notwendigkeit, dass Prozesse entsprechend dem Stand der Technik mit bestmöglicher Produktivität ausgeführt werden. Daten spielen in diesem Punkt die entscheidende Rolle. Sie bestimmen, was geschieht und ebenso wie es geschieht. Die Art und Weise wie mit Daten gearbeitet wird, ist für das Prozessergebnis und auch für den zeitlichen Durchlauf, also die Prozessleistung, verantwortlich. Aufgrund der spezialisierten IT-Systeme, die zur Bearbeitung eines Geschäftsvorgangs zur Anwendung kommen, verteilen sich die Prozessdaten – hier alle Daten, die prozessbedingt gebraucht werden und anfallen – auf mehrere physisch abgegrenzte Datenbanken. Um Prozesswissen generieren zu können, ist eine Integration dieser Informationsquellen notwendig. Konventionell wird die Kopplung zur Kommunikation von zwei Systemen als Punkt-zu-Punkt-Integration realisiert. Bei dieser Form von Systemintegration liegen feste Anwendungsfälle mit definiertem Datenaustausch zugrunde. In den Datenbanken der beiden Systeme kommt es zwangsläufig zu Datenredundanzen, die bei allen Transaktionen strikt kontrolliert werden müssen, um dauerhaft konsistente Daten verfügbar zu haben. Schließlich ist die Qualität des Prozessergebnisses von der Qualität der Prozessdaten abhängig. Die Integration von Geschäftsanwendungen mit dem Fokus auf ihre Nutzung als „Prozesswerkzeug" erfordert einen anderen, offeneren Weg. SOA-basierte Systemintegration ist der bessere Ansatz. Mit den vorhandenen Anwendungssystemen lassen sich für jede Prozessaufgabe „maßgeschneiderte" Anwendungsfunktionen „zusammenbauen". Ferner kann mit deutlich weniger Redundanzen in den System-Datenbanken agiert werden. In Anbetracht der elementaren Bedeutung wirtschaftlicher Prozessbearbeitung ist die Implementierung einer flexiblen BPM-Arbeitsplattform dieser Prägung unverzichtbar.

Projektmanagement

In Unternehmen der Fertigungsindustrie ist die Abwicklung von internen und externen Aufträgen fortwährendes Tagesgeschäft. Produktentwicklung, Produktpflege, Auftragskonstruktion sowie Anlagenprojektierung und -bau sind u. a. stetig wiederkehrende Aufgaben. Je nach Art und Umfang werden diese im Rahmen von spezifisch definierten Projekten ausgeführt. Darin ist festgelegt, in welchem Zeitfenster mit welchem Personal- und Sachmitteleinsatz welche Ziele bzw. Ergebnisse realisiert werden sollen. Grundsätzlich besteht zwar immer das Bestreben, ein Vorhaben anforderungs-, termin- und kostengerecht umzusetzen, jedoch nur selten sind Planung und Realität in Einklang. Obwohl der Begriff Projektmanagement (PM) in aller Munde ist und das Thema allseits für wichtig erachtet wird, scheint die praktische Anwendung ihre Tücken zu haben. Die Ergebnisse sind nicht immer so wie gewünscht. Dieser Umstand wirft die Frage auf: Woran liegt das eigentlich? Projektmanagement ist schließlich ein in Normen, Büchern, Fachartikeln und wissenschaftlichen Arbeiten tausendfach beschriebener Ansatz. Die DIN 69901-5 (Begriffe) definiert Projektmanagement so: „Gesamtheit von Führungsaufgaben, -organisation, -techniken und -mitteln für die Initiierung, Definition, Planung, Steuerung und den Abschluss von Projekten." Obwohl alle Werkzeuge, Methoden und Regeln des Projektmanagements in der Theorie bekannt sind, verläuft die Abwicklung von Projekten in der Praxis häufig sehr unbefriedigend. Dabei gilt das nicht nur für sogenannte Großprojekte, die mit negativen Schlagzeilen in die Öffentlichkeit gelangen, wie beispielhaft die Entwicklung und der Bau eines europäischen Großraumflugzeugs. Unzulänglichkeiten wirken sich in Projekten jeglicher Größe negativ aus.

Nahezu alle Vorhaben im Geräte-, Maschinen-, Anlagen-, Fahrzeug- und Flugzeugbau werden heute im organisatorischen und administrativen Rahmen eines Projekts realisiert. Trotz jahrelanger Erfahrung in den Unternehmen mit Projektmanagement wird kaum ein Vorhaben so wie geplant abgeschlossen. Die Negativliste sieht meist so aus: Ziele nur bedingt erreicht, Qualitätsvorgaben verfehlt, Zeitplan nicht eingehalten und/oder Budget überschritten. Die Ursachen sind im Grunde immer die gleichen. Die Regeln des Projektmanagements werden nicht befolgt. Dies beginnt schon bei der Definition der Projektaufgabe. Selbst wenn die Vorgaben im Lastenheft hinreichend beschrieben sind, erfolgt die Ausarbeitung des Pflichtenhefts nicht immer mit der nötigen Präzision. Es bleibt viel Spielraum für Interpretationen. Wenig verwunderlich, wenn am Ende das Projektergebnis nicht den Erwartungen des Auftraggebers entspricht. Die Planung als nächster Schritt ist eine besondere Aufgabenstellung. Mit der Bearbeitung dieser Projektphase ist ein erheblicher Einfluss auf Ablauf und Ausgang des Vorhabens verbunden. Der Projektauftrag muss auf ausführbare Aufgaben abgebildet werden. Hier kommt es auf das richtige Maß an Granularität an. Eine gute Aufgabenstrukturierung zur realistischen Termin- und Ressourcen-Planung ist aufwendig und erfordert viel Zeit. Insbesondere komplexe Projekte wie im Anlagenbau verlangen eine hohe Planungsqualität, vor allem zur Kalkulation der Kosten für den „Bau" der virtuellen Anlage im TB. Der Wettbewerbsdruck ist groß, ein günstiger Preis und schnelle Realisierung sind zwingend. Eigentlich die Situation, in der mit einem guten Planungsprozess ein verlässliches Planungsergebnis erzielt werden muss. Offenkundig ist das erstaunlicherweise nicht allgemeine Auffassung. Nach dem Motto „Wir haben keine Zeit den Zaun zu reparieren, weil wir die Hühner einfangen müssen." muss alles schnell gehen, nur keine Zeit verlieren. Ein Zitat von Seneca bringt es auf den Punkt: „Es ist nicht wenig Zeit, die wir haben, sondern es ist viel Zeit, die wir nicht nutzen." Die Nachlässigkeiten bei der Planungsarbeit führen in der Ausführungsphase fast immer zu einer Reihe ärgerlicher und teurer Probleme. Sei es eine nicht eingeplante, aber erforderliche externe Dienstleistung, der Austausch von Komponenten (Motoren, Getriebe, Pumpen etc.), die wegen einer kostenbedingten Konstruktionsänderung nicht mehr verwendet werden können oder die Notwendigkeit, einen Personalengpass kompensieren zu müssen, der bereits abzusehen war. Alle Erscheinungen diese Art schmälern den Gewinn. Bei hohem Preisdruck und niedrigen Margen wird kaum noch etwas verdient. Umso wichtiger ist die Steuerung des Projekts während seiner Ausführung. Gleichwohl ist wirkungsvolles Monitoring meist nur bedingt möglich, da reale zeitnahe Rückmeldungen von den Akteuren fehlen. Rechtzeitig korrigierend einzugreifen, falls nötig, ist somit schwer zu realisieren.

Viele Probleme, die sich bei der Projektabwicklung im Anlagenbau zeigen, sind ebenso im Maschinen- und Fahrzeugbau anzutreffen. Dass Regeln nicht eingehalten werden und die Abwicklung von Projekten oftmals nicht so funktioniert wie angestrebt, ist offensichtlich auch mit professioneller PM-Software nicht zu verhindern. Das Angebot an Systemen zur zeitlichen Planung der Tätigkeiten eines Vorhabens ist groß. Diese Werkzeuge sind eine wertvolle Hilfe zur Definition der Vorgänge, zur Festlegung ihrer Abfolge und zur Terminierung ihrer Ausführung. Es lassen sich sequenzielle und parallele Abläufe definieren, Zeitpuffer aufzeigen sowie kritische Pfade erkennen. Und der Projektplan kann in Form eines Gantt-Diagramms oder Netzplans visualisiert werden. Auch Ressourcen-Management wird unterstützt, so etwa die Zuordnung von Mitarbeitern zu definierten Aufgaben. Die besseren PM-Systeme bieten zudem eine zentrale Kapazitätsplanung unter Berücksichtigung von Mitarbeiterqualifikationen und Auftragsprioritäten. Der Projektleiter ist dadurch in der Lage, eine mehr oder weniger vollständige Projektplanung durchzuführen. Natürlich ist Software dieser Art lediglich ein „dummes" Hilfsmittel. Die Qualität der Projektplanung hängt einzig ab von der Arbeitsqualität des Projektleiters. Zu den weiteren Aufgaben eines PM-Tools gehört es, relevante Informationen zur Kontrolle des Projekts während seiner Ausführung zu liefern. Durch Eingabe verbrauchter Zeiten der Akteure und Fertigstellungsgrade sind Soll-Ist-Vergleiche abrufbar. Der Projektfortschritt lässt sich anhand diverser Kennzahlen (z. B. Zeiteffizienz) und Diagramme (z. B. Burndown-Chart) ablesen. Ein Problem aber bleibt die Erfassung geleisteter Arbeit. Woher kommen die Eingaben und wie kommen sie ins System? Von der Antwort auf diese Frage hängt es ab, ob die Software die tatsächliche Situation des Projekts zeigt oder nicht.

Ein Entwicklungs- oder Änderungsprojekt ist zum größten Teil geprägt von kreativer „Kleinarbeit" im Technischen Büro. Die typischen Vorgänge (Entwickeln, Analysieren, Bewerten etc.) laufen idealerweise in einer PDM-Arbeitsumgebung ab. Dort wo CAD-Zeichnungen und weitere CAx-Produktdaten entstehen, also konkrete Projektarbeit geleistet wird, sollte sich auch die Projektarbeitsplattform befinden. Die Arbeits- und Management-Plattformen eines Projekts sollten eine Einheit bilden. PM-Software als Stand-alone-System hat keinen Bezug zur operativen Ebene des Projekts. Akteure können allenfalls ihre erbrachten Arbeitszeiten eingeben. Wirtschaftliche Projektabwicklung ist nur mit wirksamen Prozessen zu leisten. Die Aufgaben im Projektstrukturplan (PSP) dienen allein der Planung des Vorhabens, zur ihrer geordneten bzw. planungsgerechten Ausführung sind Workflows notwendig. Daraus leitet sich die Forderung ab, dass die Aufgaben des Projektstrukturplans gleichzeitig auch Workflow-Aufgaben sind. Für die einzelnen Projekttypen (z. B. Auftragskonstruktion) müssen daher Standard-Prozesse definiert werden. Jeder Projektphase ist ein eigener Prozess zugeordnet. Nach dessen erfolgreichem Abschluss ist der jeweils festgelegte Meilenstein (z. B. M3, Design-freeze) erreicht. Der Prozess jeder Projektphase wird explizit vom Projektleiter in Abhängigkeit des Projektfortschritts gestartet.

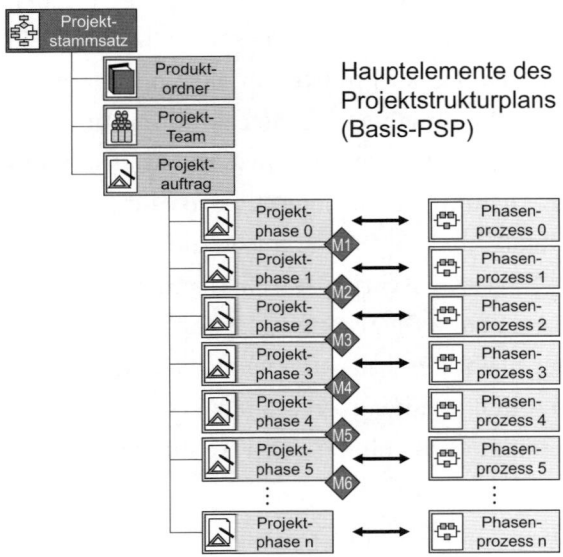

Zwischen einer Projektphase und ihrem Prozess bzw. Workflow muss eine bidirektionale Beziehung bestehen. Der Workflow einer Phase des Projektauftrags muss aus dem Projektstrukturplan heraus gestartet werden können. Nach dem Aufbau des Basis-Projektstrukturplans erfolgt die Modellierung der Phasenprozesse. Jede Aufgabe, die zur Erledigung einer Projekt(auftrags)phase auszuführen ist, muss Element des betreffenden Prozesses sein. Die Prozessstruktur (Ablauflogik) legt fest, in welcher Abfolge die Phasenaufgaben zu bearbeiten sind. Ein Phasenprozess wird per Relation der entsprechenden Projektphase zugeordnet. Derart kann die erste Ebene von integralem Projekt- und Prozessmanagement aussehen. In der zweiten Stufe dieses Ansatzes werden die Aufgaben eines Phasenprozesses der betreffenden Projektphase als hierarchische Struktur zugewiesen. Idealerweise erfolgt die Zuordnung der Aufgaben nicht per Kopie, sondern durch Verknüpfung. Dadurch enthält der Projektstrukturplan nun alle auszuführenden Aufgaben. In der Form eines Gantt-Diagramms oder Netzplans ist jetzt die Aufwands- und Terminplanung möglich. Die Zuordnung von Personal-

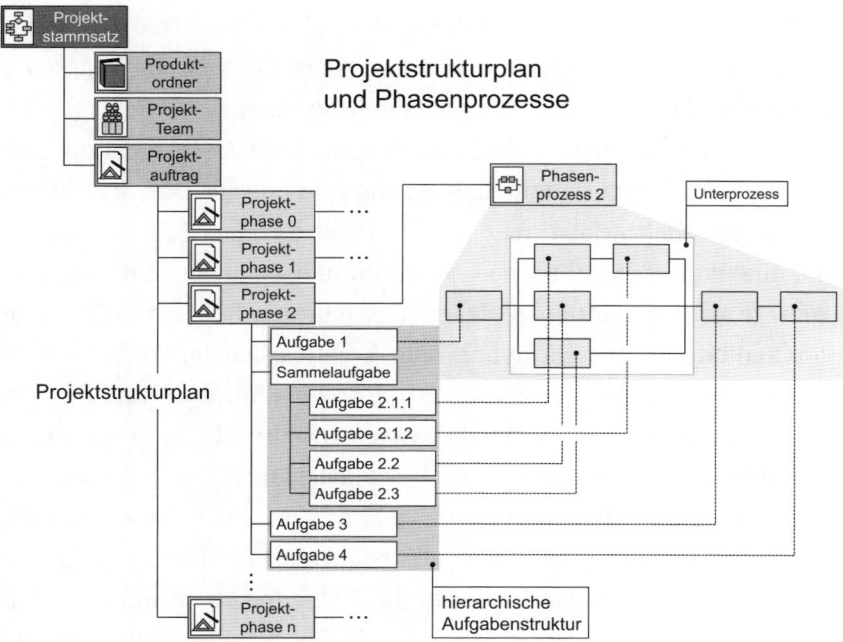

Ressourcen zu den ausführbaren Aufgaben erfolgt indirekt über Rollendefinitionen. Projektstrukturplan und Phasenprozesse können als Vorlage für den betreffenden Projekttyp (z. B. Auftragskonstruktion) aufgebaut werden. In der gleichen Weise lassen sich für alle Projekttypen (Entwicklungsprojekt, Umbauprojekt, Technologieprojekt, Änderungsprojekt etc.) standardisierte Vorlagen entwickeln. Bei Beginn eines neuen Vorhabens kann so vom Projektleiter schnell die Planungs- und Arbeitsumgebung eingerichtet werden. Sollte eine Phasenprozess-Vorlage einmal nicht genau der erforderlichen Aufgabenstruktur entsprechen, lässt sich die abgeleitete Instanz der Vorlage einfach mittels Prozess-Tailoring projektspezifisch anpassen. Um zwischen Projektstrukturplan und Phasenprozess(en) stets Konsistenz zu gewährleisten, muss die Aktualisierung des Projektstrukturplans mit den Aufgaben des jeweils geänderten Phasenprozesses systemgestützt geschehen.

Wertschöpfende Aufgaben (z. B. Auftragsabwicklung) sind konzertierte Aktionen mit hohem Planungs- und Koordinierungsbedarf. Nur folgerichtig, dass derlei Vorhaben mit den Mitteln des Projektmanagements realisiert werden. Jedoch beginnen mit der praktischen Umsetzung – wie bereits dargelegt – die Probleme. Wie soll der konkrete Ansatz für Projektmanagement aussehen und mit welchem Tool soll gearbeitet werden? Bei konservativer Sicht auf die Dinge ist die ERP-Software das Zentrum der Informationstechnik. Sofern die ERP-Installation PM-Funktionalität bietet, kommt diese häufig zum Einsatz. Die Ausführung der Projektarbeit erfolgt aber nur zum Teil mit dem ERP-System. Es sind die typischen statischen Reproduktionsaufgaben der Logistikprozesse wie Produktionsplanung, Beschaffung, Fertigung, Montage und Qualitätsprüfung. Die dynamische Kreativarbeit der Entwicklungsprozesse findet auf der integralen PDM-Arbeitsplattform statt. Das virtuelle Produkt oder die virtuelle Anlage zu entwickeln, bringt einen erheblichen Planungs- und Koordinierungsbedarf mit sich. Projektmanagement sollte daher in enger Beziehung zum PDM-System stehen. Wenn die PDM-Software ein leistungsfähiges PM-Modul enthält, ist das der Idealfall. Dagegen müssen die Phasenprozesse mittels BPM-Software ausgeführt werden. In dieser Konstellation eröffnet sich die

Möglichkeit, über eine SOA-basierte Systemintegration (s. a. Abschnitt „Prozessmanagement" ab S. 121) ERP-bezogene Aufgaben aus einem Phasenprozess heraus zu bearbeiten und Rückmeldungen über den jeweiligen Bearbeitungsstand in das PM-Modul einzutragen. Mit diesem Ansatz bilden die Arbeits- und Management-Plattformen eines Projekts eine integrale Einheit. Das Projekt ist weder ERP- noch PDM-bezogen, sondern ein Vorhaben des ganzen Unternehmens. Nur so ist Prozessmanagement in der Lage, die Wirtschaftlichkeit der Geschäftsprozesse und damit der Wertschöpfung dauerhaft zu verbessern.

Die Domäne von PM-Software ist die Definition, Planung (Termine, Zeiten, Ressourcen) und Steuerung bzw. Kontrolle eines Projekts, nicht aber die Verwaltung seiner Arbeitsergebnisse. Dabei ist gerade die koordinierte Zusammenführung der mechanischen, elektrischen/elektronischen und mechatronischen Komponenten sowie Software zum virtuellen Produkt oder zur virtuellen Anlage in Abhängigkeit des Projektfortschritts eine fundamentale Voraussetzung zur Verkürzung der

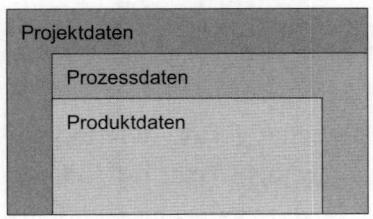

Durchlaufzeit. Projektdaten auf der einen Seite und Produktdaten auf der anderen dürfen nicht isoliert voneinander zu liegen kommen. Der Projektstrukturplan, seine Phasenprozesse und die daraus resultierenden Arbeitsergebnisse müssen in Beziehung stehen. Beispielsweise sollte am Ende eines Entwicklungsprojekts nachvollziehbar sein, welche Produktdaten mit welchen Prozessen und Ressourcen sowie Zeit- und Sachmittelaufwand neu entstanden sind und welche gegebenenfalls wiederverwendet wurden. Um dieses Ziel zu erreichen, muss ein integrales Projekt-, Prozess- und Produktdatenmodell unter Einbeziehung der Systeme PDM einschließlich PM-Modul und BPM aufgesetzt werden. Auf diese Weise sind sämtliche Projekt-, Prozess- und Produktdaten verknüpft und über den Einstiegspunkt Projektstammsatz erreichbar. Außerdem lässt sich bei einer integralen Arbeits- und Management-Plattform ein Projekt-Login für die Mitglieder des Projekt-Teams einrichten. Die Erfassung geleisteter Arbeitszeiten kann so systemgestützt erfolgen und Projekt-Monitoring beruht weitgehend auf aktuellen Zahlen. Alles in allem bietet dieser Ansatz die Möglichkeit, ein Vorhaben flexibel zu planen, prozessgestützt auszuführen, zeitnah zu steuern und die Arbeitsergebnisse vollständig, aktuell und widerspruchsfrei zu verwalten. Zwingende Vorbedingung zur anforderungs-, termin- und kostengerechten Realisierung eines Projekts.

Änderungsmanagement

Die Produktänderung ist eine der häufigsten Aufgaben in einem Fertigungsunternehmen. Auslöser einer Produktänderung ist entweder die regelmäßige Produktpflege, der von einem Kunden reklamierte Produktfehler, ein kritisches Problem während der Serienreifmachung nach Design-freeze oder die Abkündigung eines Katalogteils durch den Hersteller. In allen Fällen ist ein adäquater Änderungsprozess zu durchlaufen, der gewährleistet, dass die Aufgabe anforderungsgemäß bezüglich Qualität, Produkthaftung und Wirtschaftlichkeit ausgeführt wird. Häufig existiert der Änderungsprozess lediglich auf Papier. Im Rahmen der ISO-Qualitätszertifizierung wird zwar formal der Nachweis eines Änderungsmanagements geführt, in der betrieblichen Praxis kommt dieses aber nur selten zur Anwendung. Die Änderung erfolgt meist ohne Prozess- und Projektmanagement. Wie bei anderen Geschäftsvorgängen muss auch bei einer Produktänderung alles ganz schnell gehen, für einen geordneten Ablauf bleibt mutmaßlich keine Zeit. Der Verzicht auf eine systematische Analyse des Problems, auf eine technische und dispositive Prüfung der Problemlösung und auf eine Erfassung der Auswirkungen spart nur vordergründig Zeit. Unterm Strich ist damit nichts gewonnen, die erste Lösung ist selten die beste, ohne genaue Kenntnis der Auswirkungen ist keine brauchbare Kostenabschätzung möglich und ähnlich gelagerte Fälle werden nicht erkannt. Ferner ist eine Rückverfolgung von Produktänderungen nur schwer – wenn überhaupt – durchführbar. Das Risiko, bei einer Änderung ohne standardisiertes Verfahren unwirtschaftlich zu arbeiten, ist latent vorhanden. Bei umfangreichen Änderungen ist diese Gefahr zweifellos größer als bei kleineren Korrekturen an einem Teil oder einer Baugruppe. Da Produktänderungen gewissermaßen zum Tagesgeschäft zählen, ist es besonders wichtig, diese mit hoher Produktivität auszuführen. Dies gilt umso mehr, wenn bei Produktänderungen ein großer Arbeitsanteil auf das Technischen Büro entfällt. Die Arbeiten in diesem Bereich sind personal- und daher kostenintensiv. Ohne firmenspezifisch aufgebautes Änderungsmanagement summieren sich die höheren Aufwände und reduzieren die Rendite. Als weitere Belastung kommt hinzu, dass die Kosten für eine Produktänderung häufig selbst getragen werden müssen, etwa bei Gewährleistungsfällen oder während der Serienreifmachung.

Ein geordnetes Verfahren zur Durchführung einer Produktänderung beginnt üblicherweise mit der Nachricht zu einem vorliegenden Problem. Diese kann intern von einem Mitarbeiter oder extern von einem Kunden oder Lieferanten kommen. Intern sollte jeder Mitarbeiter eine Nachricht absetzen können. Mit jeder internen oder externen Nachricht sollte von einer zentralen Stelle eine standardisierte Problemmeldung angelegt werden. Standardisierte Problemmeldung bedeutet, dass diese zum Beispiel u. a. den Auslöser (Konstruktion, Produktion, Service, Verkauf, Kunde etc.), eine Problembeschreibung, eine Auswirkung und eine Änderungsklasse enthält. Die Inhalte von Problembeschreibung, Auswirkung und Änderungsklasse sind als standardisierte Texte in Auswahllisten hinterlegt. Bei diesen Angaben ist jeweils eine Mehrfachzuweisung möglich. Beispielsweise kann eine Problemmeldung nachstehende Charakterisierungen aufweisen: „Ermüdungsbruch" für Problembeschreibung, „Fertigungsstillstand" und „Unfallgefahr/Personengefährdung" für Auswirkung und schließlich „Funktionsrelevanz" und „Sicherheitsrelevanz" für die Änderungsklasse. Wenn jede dieser Angaben eine Wertigkeitszahl besitzt, ergibt sich für das gemeldete Problem eine rechnerisch normierte Gesamtwertigkeit. Hieraus lässt sich systemgestützt eine Prioritätsklasse (z. B. niedrig, mittel, hoch) ableiten. Die Problemmeldung bekommt eine Vorgangsnummer und wird von einem fachlichen Gremium der zentralen Änderungsstelle in weiteren Schritten bewertet. Das Ergebnis kann lauten: Ablehnung, Produktpflegefall oder Änderungsantrag. Bei einer Ablehnung des Änderungsansinnens wird der Auslöser benachrichtigt und der Vorgang abgeschlossen. Wenn das adressierte Problem kein sofortiges Handeln erfordert, wird es einem neuen oder bereits bestehenden Produktpflegefall zugeordnet. Ein Produktpflegefall kann mehrere gleiche, ähnliche und/oder unterschiedliche – aber in Zusammenhang stehende – Problemmeldungen umfassen. Die gesammelten Problemfälle erhalten einen Status und eine Angabe zu ihrer Häufigkeit in einem definierten Zeitraum. Führt die Bewertung einer Problemmeldung zu der Schlussfolgerung, dass kurzfristig eine Lösung für das Problem herbeigeführt werden muss, beginnt der Änderungsprozess mit dem Änderungsantrag.

Ein Meldungswesen dieser Art ist der geordnete Vorlauf zu einem konsolidierten Änderungsmanagement. Der Produktpflegefall ist die unmittelbare Vorstufe zu einem Änderungsantrag. Für den Übergang von einem Produktpflegefall zum Änderungsantrag müssen eindeutige Ereignisse festgelegt werden. So etwa die Wiederverwendung der betroffenen Teile/Baugruppen in der Konstruktion, die Fertigung der betroffenen Teile/Baugruppen für einen Kundenauftrag oder für das Lager oder die turnusmäßige Bearbeitung nach festgelegten Kriterien (z. B. jährliche Verbesserung/Pflege eines Serienprodukts). Der Änderungsantrag – häufig auch ECR genannt – ist der Auftakt zur vorbereitenden Phase einer Produktänderung. Im Anschluss daran erfolgt die Entwicklung eines dem Problem angemessenen Lösungskonzepts. Mit einer Auswirkungsanalyse, die eine technische und dispositive Prüfung sowie eine Kostenabschätzung einschließt, wird entschieden, ob dieser Ansatz für die betreffende Situation geeignet ist oder nicht. Für die Auswirkungsanalyse werden die Datenbasen von PDM und ERP herangezogen. PDM liefert die Informationen zu den betroffenen Teilen, Dokumenten, Projekten, Betriebs- und Prüfmitteln etc.; und aus ERP sind u. a. die Daten zu betroffenen Lagerbeständen, laufenden Kundenaufträgen, Bestellungen, Produktionsaufträgen sowie Auslieferungen zu gewinnen. In Ergänzung dazu werden die technischen Aspekte Machbarkeit, Funktions- und Anwendungssicherheit, Schnittstellenkompatibilität, Normenkonformität, Performance/Leistungsfähigkeit,

Produktionsfähigkeit sowie Service- und Reparaturfreundlichkeit bewertet. Fällt die Beurteilung des Lösungskonzepts positiv aus, kann die nächste Phase des Änderungsprozesses beginnen. Andernfalls muss die Antragsprüfung mit einem neuen Lösungskonzept wiederholt werden. Es kann auch sein, dass nach mehreren Durchläufen eine Ablehnung des Änderungsantrags steht. Zum Beispiel bei einem Kunden-Änderungswunsch, der unter den gegebenen Bedingungen (Machbarkeit, Kosten, gesetzliche Vorgaben etc.) nicht umsetzbar ist. Hingegen wird in besonderen Fällen von vornherein beschlossen, mehr als ein Lösungskonzept zu entwickeln, zu bewerten und ggf. auch zu realisieren.

Nach erfolgreichem Abschluss des Änderungsantrags kann der Änderungsprozess mit dem Änderungsauftrag – auch ECO genannt – fortgesetzt werden. Die Beauftragung veranlasst zunächst das Technische Büro, die Änderungen am virtuellen Produkt auszuführen. Darin eingeschlossen sind ggf. Mechanik, Pneumatik/Hydraulik, Elektrik/Elektronik und Software. Im weiteren Verlauf kommen die Änderungen der Arbeitsplanung hinzu. Für gewöhnlich müssen für modifizierte Teile Arbeitspläne angepasst oder für neue Teile neu aufgebaut werden. Unter Umständen sind auch QS-Daten und weitere Produktdaten anzupassen oder neu zu erstellen. Selbstverständlich muss professionelles Änderungsmanagement dafür sorgen, dass Teile, die der Änderung unterliegen, in der Konstruktion nicht länger Verwendung finden. Dies sollte nicht nur mit einer Mitteilung geschehen, sondern darüber hinaus mittels Kennzeichnung der Teile in ihren Stammdaten. Mit der Freigabe der Änderungen im TB beginnt deren Umsetzung in der Logistik. Je nach vorliegender Änderungssituation sind neue Teile zu fertigen, Lagerbestände teils nachzuarbeiten und andere zu verschrotten. Die betreffenden realen Artikel im Lagerbestand müssen hierzu in ihren Stammdaten prozessgestützt gekennzeichnet werden. Dies gilt auch dann, wenn die alte Revision eines geänderten Teils noch so lange verwendet werden darf, bis der aktuelle Lagerbestand aufgebraucht ist. Beim Übergang von den virtuellen Teilen nach den Änderungen im Technischen Büro zu den realen Artikeln in der Logistik sind für die alten und neuen Revisionen eindeutige korrespondierende Lifecycle-Kenner wie Freigabestände und Gebrauchsphasen (Auslauf, gesperrt etc.) notwendig.

Wegen der Häufigkeit von technischen Änderungen in Industriebetrieben ist eine hohe Arbeitsproduktivität entscheidend. Mehrere Untersuchungen zeigen, dass 20 % und darüber hinaus vom Budget eines Entwicklungsprojekts für Änderungen verschlungen werden. Insbesondere Änderungen zu einem späten Zeitpunkt sind im Allgemeinen nicht nur aufwendig und demzufolge kostenintensiv, sie verzögern außerdem die Produkteinführung. Bei immer kürzeren Produktlebenszyklen führt dies zu spürbaren Umsatzeinbußen. Eigenverursachte Änderungskosten sind ein erheblicher Rentabilitätsfaktor mit negativem Vorzeichen. So ist es ungemein wichtig, Änderungen, wo immer möglich, zu vermeiden. Zu viele Änderungsschleifen sind fast immer die Folge schlechter Planungsqualität. Analyse, Definition und Strukturierung der Aufgaben eines Entwicklungsprojekts sind oftmals nicht präzise genug. Der Aufwand für eine detaillierte Projektplanung wird gescheut, die „Rechnung" dafür kommt später. Eine weitere Ursache für hohe Änderungszahlen zeigt sich bei fehlender Verzahnung der Entwicklungsbereiche. Konstruktion, Automatisierung, Software-Entwicklung, Arbeitsplanung, Qualitätssicherung etc. sind nur mit der eigenen Aufgabe befasst, niemand hat den Blick auf das Ganze. Eine Parallelisierung der Arbeit (Simultaneous/Concurrent Engineering) ist nicht auf dem Plan und nicht im Bewusstsein der Akteure verankert. Nahezu unvermeidlich treten Fehler auf, nicht nur bei komplexeren Produkten. Andererseits werden sich Fehler auch mit einer noch so guten Planungsarbeit nie völlig vermeiden lassen. Es kommt darauf an, unvermeidbare Änderungen mit einer hohen Flexibilität und Effizienz auszuführen. Dies funktioniert jedoch nicht mit Arbeit auf Zuruf. Auch unterschiedliche Änderungsprozedere in den Fachbereichen sind kontraproduktiv. Um die Aufwände für Änderungen zählbar zu verringern, sind fachlich ein harmonisierter Änderungsablauf und organisatorisch eine zentrale Änderungsstelle (Änderungsausschuss) notwendig. Der Änderungsablauf sollte auf standardisierten Prozessen und dem standardisier-

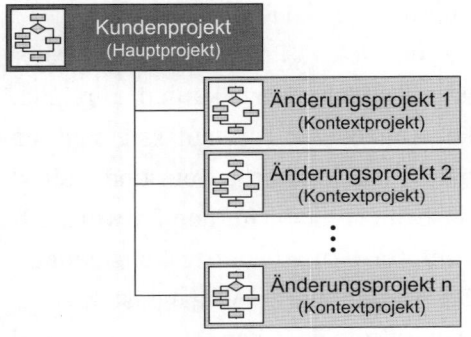

ten Projekttyp „Änderungsprojekt" basieren. Mittels
Tailoring können die Stan-
dardprozesse dem jeweiligen
Änderungsfall angepasst und
ihre Aufgaben mit dem Projektstrukturplan gekoppelt
werden. Ein Änderungspro-
jekt lässt sich zudem als so-
genanntes Kontextprojekt mit dem Hauptprojekt (z. B. Kundenprojekt)
verbinden. Dadurch steht jede Änderung in Beziehung zu dem Produkt,
an dem sie ausgeführt wurde. Des Weiteren lassen sich aus den Struk-
turplänen der Änderungsprojekte wertvolle Reports – Zahlen und Fakten zu den Änderungsfällen – durch systemgestütztes Ausleiten gewinnen. Das Änderungswesen als notwendiges Übel und zugleich Chance
zur kontinuierlichen Steigerung der Produktqualität wird auf diese
Weise transparent und ermöglicht eine nachhaltige Verbesserung der
wirtschaftlichen Situation.

Freigabemanagement

Produktqualität ist heute mehr denn je eine wichtige Voraussetzung
für wirtschaftlichen Erfolg im globalen Wettbewerb. Um eine hohe Qualität des physischen Produkts zu erreichen, ist es notwendig, das virtuelle Produkt in hoher Qualität zu entwickeln. Eine Herausforderung,
vor allem bei komplexen Produkten. Eine enorme Anzahl an Bauunterlagen (Fertigungs- und Montagezeichnungen, Pneumatik- und/oder
Hydraulik-Systempläne, E-Schaltpläne etc.) muss im Zusammenwirken
vieler Akteure fachübergreifend bis zur Produktionsreife bearbeitet
werden. Am Beginn des Entwicklungsprozesses steht die Konzeption
mit der Festlegung der Produktfunktionen, der Funktionsstruktur, der
Lösungs-/Wirkprinzipen und des Produkt-Layouts. Bereits in dieser
Phase entstehen viele Produktdaten, nicht nur Nutzdaten, auch Stammdaten. Die Qualität dieser Daten ergibt sich durch die Zielsetzung der
Konzeptphase. Produktdaten, die nach Abschluss dieses Abschnitts

freigegeben sind, haben per Definition den Reifegrad „Konzept". Nun stellt sich noch die Frage, wozu – für welche Prozesse – diese Daten verwendet werden dürfen. Bei einer Kundenanfrage kann die Freigabe des Produkt-Layouts etwa für den Angebotsprozess zulässig sein. Erteilt der Kunde den Auftrag, erhalten das Produkt-Layout und weitere Produktdaten aus der Konzeptphase die Freigabe für den Entwurf, d. h. der Entwicklungsprozess kann auf der Grundlage der Konzeptdaten mit der Entwurfsphase fortgeführt werden. Deren Aufgabe ist die Festlegung der modularen Produktstruktur und der Geometrien von Hauptbaugruppen und Hauptbauteilen. Ist für ein Bauteil ein Nachweisverfahren (z. B. FEM-Analyse) erforderlich, bedingt das die Freigabe des betreffenden Geometriemodells. In der Entwurfsphase hat dieses per se den Reifegrad „Entwurf". Da die Freigabe nur für die Durchführung der FEM-Analyse gelten soll, muss diese hierfür explizit gesetzt werden. Im weiteren Verlauf der Entwurfsphase kann der Bedarf zum Bau eines Musters aufkommen. Für das Bauteil-Geometriemodell im Reifegrad „Entwurf" wird eine Verwendungsfreigabe „für Musterbau" gebraucht. Ein anderer Fall in der Entwurfsphase ist das Langläuferproblem. Zum Beispiel ist ein bestimmtes Katalogteil mit langer Lieferzeit frühzeitig zu bestellen. Da die Bestellung mittels ERP erfolgen muss, wird der Transfer des Bauteils von PDM an das ERP-System notwendig. Das Katalogteil liegt schon in der Entwurfsphase im Reifegrad „Detaillierung" vor. Die Freigabe sollte in diesem Fall folgende Informationen enthalten: Detaillierung, freigegeben für Disposition. Wenn die Aufgaben in der Entwurfsphase erfolgreich abgeschlossen sind, sollten alle Produktdaten die Freigabe für die Ausarbeitung (Detaillierung) erhalten haben. In dieser Entwicklungsphase werden der Gesamtentwurf mit Werkstoffen, Oberflächen und Toleranzen festgelegt sowie sämtliche konstruktiven Fertigungs- und Zusammenbauzeichnungen erstellt. Ab dieser Phase haben alle Produktdaten den Reifegrad „Detaillierung". Für die nachfolgenden Prozesse Arbeitsplanung, Prototypenbau, Vorserie, Nullserie und Serie müssen je nach Fortschritt bei der Serienreifmachung jeweils spezifische Verwendungsfreigaben (z. B. Detaillierung, freigegeben für Vorserie) vergeben werden. In dieser Art ist es möglich, die Qualität von Produktdaten für jeden Prozess einheitlich und eindeutig zu kennzeichnen. Das Risiko, mit falschen oder unfertigen Produktdaten falsche Arbeitsergebnisse zu produzieren, wird auf ein Minimum verringert. Folglich treten weit weniger Probleme auf und es sind weit weniger Produktänderungen – vor allem in späten Entwicklungsphasen – zur Fehlerkorrektur zu bearbeiten.

Produktdaten in jeder Phase der Produktentwicklung oder Auftragskonstruktion so zu kennzeichnen, dass bezüglich ihrer Verwendung keine Missverständnisse auftreten, macht ein umfassendes Freigabemanagement notwendig. Die Freigabe steht immer am Ende eines Arbeitsvorgangs und ist die Bestätigung dafür, dass das Arbeitsergebnis entsprechend der Vorgabe erbracht wurde. Verallgemeinert bedeutet dies, dass Prozesse eindeutig definierte Ergebnisse mit eindeutig definierter Ergebnisqualität liefern müssen. Ist das durchgängig gewährleistet, liegen auch die Eingangsdaten für Prozesse in der geforderten Qualität vor. Die Grundlage dafür sind die Regularien zur Qualitätssicherung, wie standardisierte Geschäftsprozesse und darauf abgestimmte Freigabeprozesse. Je nach Reifegrad der Daten und der zulässigen Verwendung muss ein spezifischer Freigabeprozess die dafür definierte Datenqualität feststellen. Hierzu ist eine Reihe von Prüfkriterien bzw. -positionen festzulegen; einige typische sind nachstehend aufgelistet: Herstellbarkeitsprüfung, Design-Review, technisch-konstruktive Prüfung, kaufmännische Prüfung, Stammdatenprüfung und Zeichnungsprüfung. Je höher die geforderte Datenqualität sein muss, umso mehr Positionen umfasst die Prüfung. Bereits ziemlich umfänglich muss etwa die Prüfung eines Bauteils sein, zu dessen Herstellung ein formgebendes Betriebsmittel (z.B. Spritzguss-Werkzeug) zu entwickeln und zu bauen ist. Für das Bauteil müssen Geometriemodell, Maße, Toleranzen, Aushebeschrägen und Werkstoff sowie Stammdaten in der richtigen Qualität verfügbar sein. Dies wird mit der Freigabe „Detaillierung, freigegeben für Betriebsmittelkonstruktion" bestätigt. Die Entwicklung des Betriebsmittels wird wiederum mit der spezifischen Freigabe „Detaillierung, freigegeben für Betriebsmittelbau" abgeschlossen. In dieser Prozesskette steht nach dem Bau des Betriebsmittels die Erstbemusterung (FAI) an. Zeigt der Erstmusterprüfbericht als Nachweisdokument, dass Soll- und Ist-Maße innerhalb der zulässigen Toleranzen liegen, kann die Freigabe „Detaillierung, freigegeben für Vorserie", „Detaillierung, freigegeben für Nullserie" oder „Detaillierung, freigegeben für Serie" erfolgen, je nach Phasenmodell der Serienreifmachung.

Freigabemanagement in der dargelegten Form kann seine positiven Effekte nur entfalten, wenn das Konzept der Freigabe-Kennzeichnung nicht allein auf die PDM-basierten Prozesse im Technischen Büro beschränkt bleibt. Entscheidend für den Nutzen einer dezidierten Freigabe ist ihre unternehmensweite Verwendung. Produktdaten, die von PDM nach ERP mit einer prozessbezogenen Freigabe transferiert werden, dürfen in der Logistik nur für den vorgesehenen Vorgang zum Einsatz kommen. Dazu ist es notwendig, dass das ERP-System die jeweilige Freigabe-Kennzeichnung der erhaltenen PDM-Daten (z. B. Teilestammsatz) interpretieren kann. Gleiches gilt für den Datenaustausch mit anderen IT-Anwendungen wie CAQ oder CAP. Wenn beispielsweise in einer frühen Entwicklungsphase (z. B. Konzeption) Produktdaten (Stammdaten und Zeichnungen) an CAQ übertragen werden, um dort eine Design-FMEA anzufertigen, ist die Freigabe „Konzept, freigegeben für Design-FMEA" CAQ-seitig in den Daten zu führen. Ebenso sollte die Design-FMEA als QS-Dokument im CAQ-System mit der Freigabe „Konzept, freigegeben für Konstruktion" nach PDM transferiert werden. So ist jederzeit nachvollziehbar, auf welchem Reifegrad der Konstruktionsdaten die Design-FMEA beruht. Soll gegebenenfalls in einer späteren Entwicklungsphase eine detailliertere Design-FMEA erstellt werden, ist jeweils eine eindeutige Zuordnung zu den Prozessen möglich. Neben der primären Aufgabe, Produktdaten in jeder Phase von Entwicklung oder Änderung in ihrer Qualität eindeutig zu kennzeichnen, kann das Freigabemanagement auch einen Beitrag zur Datensicherheit leisten. Wird die hier dargelegte dreigliedrige Freigabe-Kennzeichnung eines Datenobjekts (z. B. Zeichnungsstammsatz) als Gesamtstatus aufgefasst, lassen sich darüber auch eindeutig die Zugriffsrechte für alle involvierten Nutzer bzw. deren Rollen steuern.

Das Freigabemanagement in der täglichen Praxis vieler Betriebe ist wenig geeignet, die Anforderungen des QM-Handbuchs zu erfüllen. Prozesse sind zwar formal beschrieben, jedoch nicht als Workflows modelliert und mittels „Process Engine" lauffähig. Ohne ablauffähige Workflows für die Geschäftsprozesse gibt es meist auch keine entsprechenden Workflows für Freigaben. Wenn doch, sind es oft nur einfache Statusnetze im PDM- und/oder ERP-System. Damit wird als Freigabe-Kennzeichnung für Produktdaten lediglich „in Arbeit/Bearbeitung/Änderung", „in Prüfung" und „freigegeben" geführt. Nur zu wissen, dass für ein Datenobjekt eine Freigabe vorliegt, ist nicht hinreichend. Ohne die Angaben, welcher Reifegrad in welcher Bearbeitungsphase erreicht ist und welcher Folgeprozess oder welche Folgeprozesse damit begonnen werden können, ist die Information „freigegeben" nahezu wertlos. Wegen der fehlenden Eindeutigkeit ist das Risiko groß, dass falsche Nutzdaten (Geometriemodelle, Zeichnungen, QS-Dokumente etc.) in die Wertschöpfungsprozesse gelangen und Fehler mit hohem Änderungsaufwand verursachen. Dagegen lässt sich wirkungsvolles Freigabemanagement mit vergleichsweise geringen Mitteln einrichten. Der Nutzen ist hohe Prozesssicherheit, hohe Produktivität und hohe Wirtschaftlichkeit.

Konfigurationsmanagement

Gemäß der internationalen Norm ISO 10007 für Konfigurationsmanagement (KM) ist eine Konfiguration (Zusammensetzung) gekennzeichnet durch die physischen und funktionalen Merkmale eines Produkts, wie sie in seiner technischen Dokumentation beschrieben und im physischen Produkt verwirklicht sind. Die ISO 10007 gehört zur ISO 9000-Familie und dementsprechend zum Themenkreis Qualitätsmanagement. Hauptziel ist, die Entwicklungs- und Änderungsprozesse durch hohe Datenqualität sicher zu machen. Korrekte Prozess-Eingangsdaten sollen korrekte Prozess-Ausgangsdaten liefern. Mit anderen Worten, das Konfigurationsmanagement soll dafür sorgen, dass sämtliche Einzelheiten einer Produktzusammensetzung und die zugrundeliegenden Prozesse vollständig, aktuell und widerspruchsfrei dokumentiert werden. Um dies in der Praxis erreichen zu können, bietet die ISO 10007 die nachfolgenden Bausteine als Leitfäden:

- Konfigurationsplanung,

- Konfigurationsidentifizierung,

- Konfigurationsüberwachung,

- Konfigurationsbuchführung,

- Konfigurationsaudit.

Konfigurationsplanung ist die Festlegung aller Maßnahmen zur KM-Umsetzung. Der Schwerpunkt liegt auf der Entwicklung eines Konzepts für Informationsmanagement und Informationslogistik. Die transparente Verwaltung von Informationen und ihre bedarfsgerechte Bereitstellung sind die Voraussetzung zur Nutzbarmachung der KM-Strategie. Damit sind benötigte Informationen zur richtigen Zeit am richtigen Ort in der richtigen Qualität und für die richtigen Personen verfügbar. In den Entwicklungs- und Planungsprozessen des Technischen Büros ist folglich durchgängiges Lifecycle Management für das virtuelle Produkt gegeben. Das Gleiche gilt für das reale Produkt in den Prozessen Beschaffung, Produktion, Absatz, Nutzung, Wartung, Stilllegung und Recycling. Die Konfigurationsplanung umfasst somit die Entwicklung des Fachkonzepts zur Implementierung einer spezifischen Product-Lifecycle-Management-Lösung. Der Fokus liegt hierbei auf den Themen Daten- und Prozessmodell. Bei der Definition des Datenmodells geht es

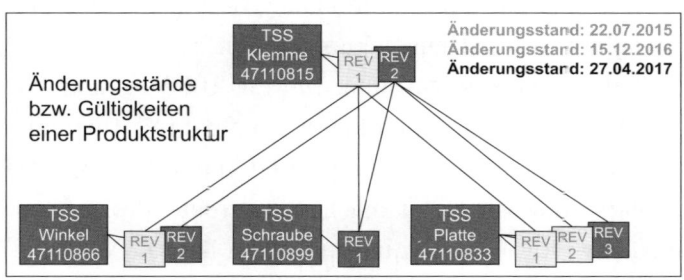

um die Informationseinheiten (Objekte) Stamm- und Struktur- sowie Nutzdaten des virtuellen Produkts. Für das Teil und die Dokumentkategorien Modell, Zeichnung und Unterlage müssen die Stammdaten unter anderem eine Identifikations- und Revisionsnummer sowie eindeutige Freigabekennzeichen enthalten. Die Strukturdaten – prozessbezogene Produktstrukturen – müssen die jeweils gültige Konfiguration (= Änderungsstand ab einem definierten Datum) eindeutig führen. Jede im bisherigen Produktlebenszyklus aufgebaute Konfiguration muss sich zu jeder Zeit als Informationseinheit abrufen lassen. Zur KM-konformen Verwaltung der Nutzdaten (Dateien) müssen ihre Datensätze u. a. eine Versionsnummer und wie die Stammdatensätze eindeutige Freigabekennzeichen aufweisen. Das reale Produkt kann in Ergänzung zum virtuellen Produkt noch eine weitere Identifikationsnummer, die Seriennummer bekommen. Jede einzelne physische Instanz des virtuellen Produkts lässt sich auf diese Weise unverwechselbar kennzeichnen. Mittels Chargennummer kann in gleicher Weise eine Gruppe von physischen Instanzen eines virtuellen Teils identifizierbar gemacht werden. Die aktuell zulässige Nutzung eines entwickelten Teils mit definiertem Reifegrad in der Fertigung lässt sich mit der Gebrauchsphase (Anlauf, aktiv, Auslauf, gesperrt etc.) festlegen. Die Gebrauchsphase und ergänzend der Einsatztermin müssen standortabhängig definierbar sein. Der zweite große Part des Fachkonzepts betrifft das Prozessmodell. Im Kontext von Konfigurationsmanagement sind insbesondere alle Teilprozesse des Änderungswesens einschließlich der Freigabeabläufe festzulegen. Zu guter Letzt ist noch das organisatorische Prozedere für Änderungen zu beschließen. Es sind Personen mit entsprechender Qualifikation einzusetzen, die mit Befugnissen ausgestattet imstande sind, an den relevanten Stellen (z. B. Änderungsgenehmigung) fundierte sachgerechte Entscheidungen zu treffen. All jene Mitarbeiter zusammen bilden den Konfigurationslenkungsausschuss (Configuration Control Board). Dieser ist die autorisierte Instanz und zentrale Änderungsstelle im Änderungswesen.

Die erste Forderung an Konfigurationsmanagement ist die *Konfigurationsidentifizierung*. Ihre Grundlage ist das Lifecycle Management des virtuellen und realen Produkts. Das virtuelle Produkt ist die vollständige und eindeutige alphanumerische und grafische Dokumentation eines Produkts zu einem definierten Zeitpunkt und entspricht genau einer konkreten Konfiguration. Während eines Produktlebens kann es prozessbedingt beliebig viele Konfigurationen geben. Ein in Gänze freigegebenes virtuelles Produkt beschreibt einen eingefrorenen Produktzustand. Damit eine Konfiguration zweifelsfrei als ein festgelegter Produktzustand (z. B. Standardprodukt) identifizierbar ist, muss jedes enthaltene Objekt eine Identifikationsnummer, eine Revisions- oder Versionsnummer – je nachdem, ob Stamm- oder Datensatz – sowie eine Freigabe-Kennzeichnung mit Freigabephase, Freigabestatus bzw. Reifegrad und Freigabegrad besitzen.

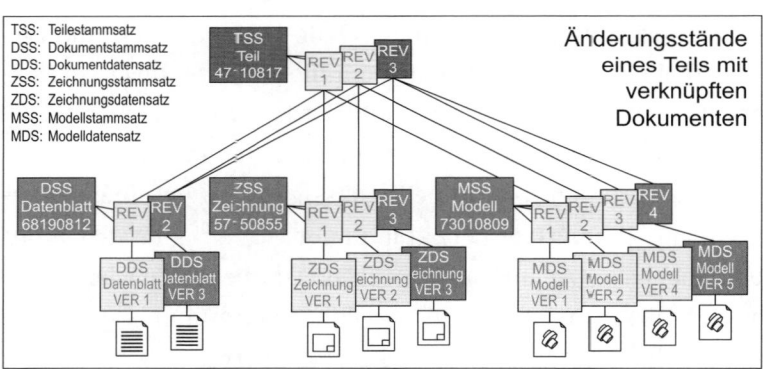

Für den Fall eines Standard- bzw. Serienprodukts können entlang des Entstehungsprozesses u. a. die Konfigurationen „As designed", „As planned" und „As built" aufgebaut werden. Die Konfigurationen „As designed" und/oder „As planned" können austauschbare Alternativteile mit identischen Eigenschaften (z. B. zwei gleichwertige Katalogteile „Planetengetriebe") enthalten. Das virtuelle Produkt in der Konfiguration „As planned" geht an die Produktionsplanung und wird dort zum realen Produkt. Nach der Entscheidung, welches der Alternativteile im aktuellen Produktionsauftrag verwendet werden soll, liegt das reale Produkt in der Konfiguration „As built" vor. In dieser Konfiguration entstehen aus dem realen Produkt die physischen Instanzen bzw.

Produkte, von denen jedes eine eindeutige Seriennummer erhält. Über diese Informationskette ist jeder Zeit die Rückverfolgbarkeit von einem ausgelieferten Produkt bis hin zum virtuellen Produkt mit Serienfreigabe und darüber hinaus möglich.

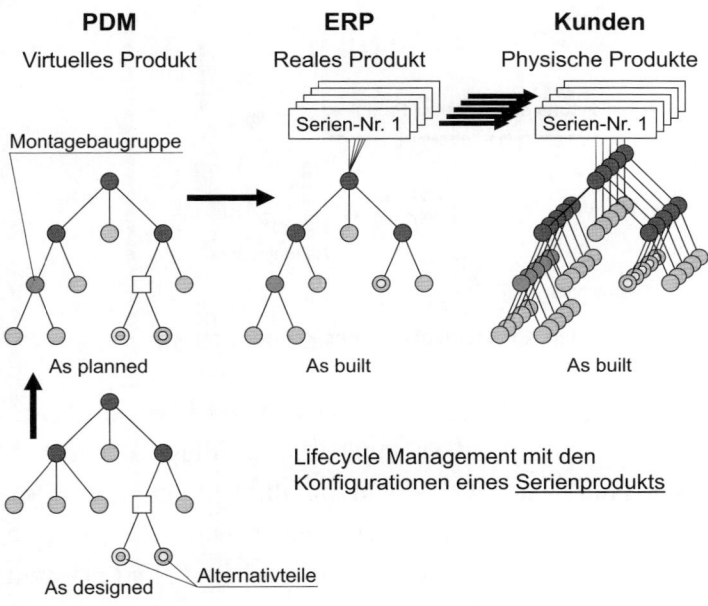

Bei Kundenprodukten mit langer Nutzungsdauer (z. B. Produktionsanlage) kommt zu den prozessbedingten Konfigurationen die Produktstruktur „As maintained" hinzu. Während der Nutzungsphase werden gewöhnlich mehrere Änderungen wegen Wartung oder Instandsetzung vorgenommen. Jede dieser Konfigurationsänderungen muss das Lifecycle Management als eingefrorenen Produktzustand festhalten. Bei Service-Arbeiten mit Veränderung der Konfiguration durch Einbau neuer Teile – kein Eins-zu-eins-Austausch – an einem physischen Produkt muss das virtuelle Produkt in PDM aktualisiert werden. Dies ist Voraussetzung dafür, dass etwa im Falle eines späteren Umbaus die aktuelle Produktkonfiguration im Technischen Büro vorliegt.

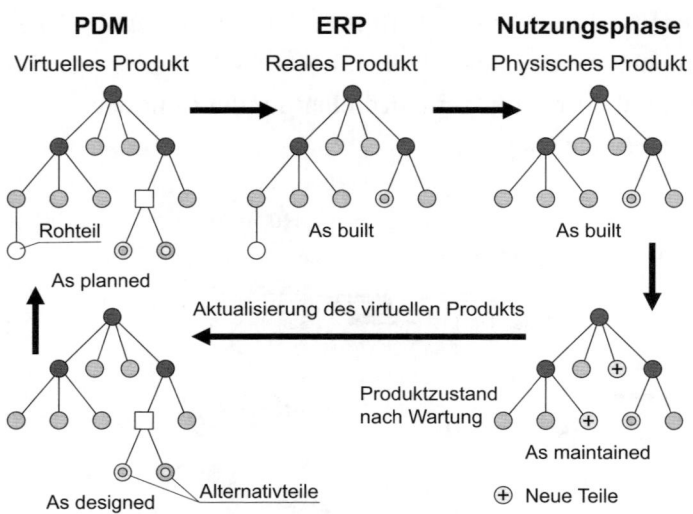

Lifecycle Management mit den Konfigurationen eines <u>Kundenprodukts</u>

Die zweite Forderung an Konfigurationsmanagement heißt *Konfigurationsüberwachung*. Gemäß der ISO 10007 umfasst diese alle technischen und organisatorischen Tätigkeiten, die die Lenkung eines Produkts und die dazugehörigen Konfigurationsangaben in allen Phasen des Produktlebenszyklus einleiten und aufrechterhalten. Im Kern geht es darum, dafür zu sorgen, dass eine Produktkonfiguration mit festgelegter Ausprägung (z. B. Prototyp) die geforderten Merkmale und Eigenschaften vollständig aufweist und das so bleibt, wenn der Produktzustand in einen anderen (z. B. Serienprodukt) überführt wird. Alle Arten von Änderungen kontrolliert auszuführen und die vollständige Steuerung mit Nachweis über den administrativen Ablauf einer Änderung zu dokumentieren, ist die Zielsetzung. Dabei spielt es keine Rolle, ob eine Änderung etwa nach Design-freeze im Rahmen der Produktentstehung, aufgrund eines Produktfehlers, im Zuge einer Produktverbesserung, anlässlich einer neuer Produktanforderung oder aus sonst einem Grund erfolgt. Die Konfigurationsüberwachung muss für alle technischen Änderungen von Produkten und Betriebs- bzw. Produktionsmitteln sowie Produktionsverfahren, die die Modifikation einer eingefrorenen Produktkonfiguration notwendig machen, angewandt

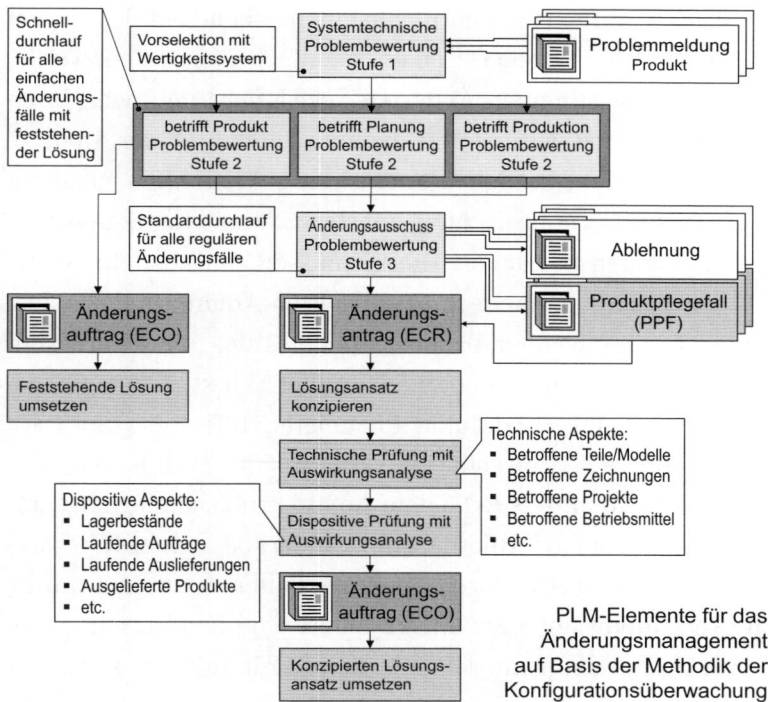

PLM-Elemente für das
Änderungsmanagement
auf Basis der Methodik der
Konfigurationsüberwachung

werden. Jede Änderung muss als offizieller Vorgang gemäß den KM-Anforderungen ablaufen (s. a. Abschnitt „Änderungsmanagement" ab S. 134), keinesfalls dürfen Konstruktionsfehler oder Ähnliches vertuscht werden. Um den Aufwand für Änderungen gering zu halten, sollte für einfache Änderungsfälle ein vereinfachter Ablauf zur Verfügung stehen. Dadurch lässt sich das Problem mit geringeren organisatorischen Änderungskosten lösen.

Die dritte Forderung an Konfigurationsmanagement ist mit *Konfigurationsbuchführung* betitelt. Zu ihren Aufgaben gehören die Dokumentation und Berichterstattung zu den Konfigurationsangaben, zu den Status der laufenden Änderungsanträge und zu den Bearbeitungsständen von genehmigten Änderungen. Die Informationen über die aktuellen Änderungsanträge und Änderungsaufträge liefern jeweils die betreffenden Workflows sowie die Lifecycle-Kenner Revisionsnummer, Versionsnummer und Freigabekennzeichen der betroffenen Produktdaten.

Damit wird die Historie der Änderungen entsprechend der definierten
Prozesse lückenlos protokolliert und es ist einfach zu eruieren, welche
Bauteile bei einer bestimmten Änderung revisioniert und/oder durch
andere Bauteile ersetzt wurden. Das dynamische Führen der Anforderungen an das Produkt bezüglich Entwicklung, Produktion, Qualität,
Zulassungen usw. ist Voraussetzung, um stets aktuelle Konfigurationsangaben bereitstellen zu können. Hierzu müssen zunächst alle Anforderungen von Belang in einem standardisierten Anforderungskatalog
(Pflichtenheft) erfasst werden. Dabei empfiehlt es sich, die Anforderungen an das zu entwickelnde oder zu ändernde Produkt zu kategorisie-
ren (Design, Mechanik, Hydraulik, Pneumatik, E-Technik, Software
etc.). Für jede der Kategorien sollte ein Verantwortlicher (z. B. Gruppen-
leiter) bestimmt und mittels Rolle dem Anforderungskatalog zugeordnet werden. Nachdem eine Anforderung geändert oder einer Kategorie
eine neue Anforderung etwa durch den Projektleiter zugeordnet wurde,
erhält die verknüpfte Rolle ereignisgesteuert eine Benachrichtigung.
Der Mitarbeiter, der aufgrund seiner Rollenzuordnung eine solche erhält, muss mit seiner Zuständigkeit dafür sorgen, dass die Anforde-
rungsänderung an die richtige fachliche Stelle gelangt und dort in der

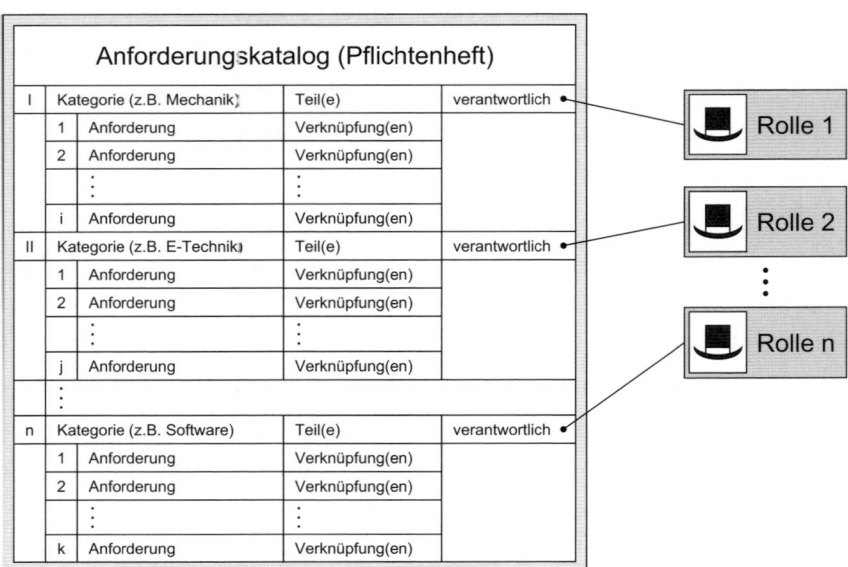

Umsetzung berücksichtigt wird. Mit diesem Ansatz ist es möglich zu gewährleisten, dass alle Anforderungsänderungen während der laufenden Implementierungsphase sofort in die Realisierung einfließen. Zusätzlich zur Rollenverknüpfung lassen sich auch Bauteile, die von einer Anforderung direkt oder indirekt betroffen sind, mittels Teilestammsatz mit dem Anforderungskatalog verknüpfen. Damit sind alle Anforderungsänderungen in kürzester Zeit transparent rückverfolgbar. Dies entspricht den Zielen des Anforderungsmanagements (RTM).

Die vierte Forderung an Konfigurationsmanagement wird unter *Konfigurationsaudit* zusammengefasst. Hierbei handelt es sich um die Überprüfung der Gleichheit von virtuellem bzw. realem und physischem Produkt. Der physische Aufbau und die funktionalen Fähigkeiten eines Produkts müssen genau so sein wie in der Produktdokumentation beschrieben. Das virtuelle Produkt als die umfassende Produktdokumentation schließt neben den Informationen Funktion, Technologie, Geometrie, Werkstoffe, Oberflächengüte, Dimensionierung und Tolerierung auch Fertigungs-, Montage- und Prüfverfahren ein. Da das virtuelle Produkt in allen Änderungsständen vorliegt, ist zugleich der vollständige Nachweis über die Produktlebensgeschichte gegeben. Darüber hinaus sind dadurch die Anforderungen in Bezug auf Produkthaftung erfüllt. Damit die Produktdokumentation in Form des virtuellen Produkts das physische Produkt exakt wiedergibt, muss das Pflichtenheft zur Entwicklung wie auch zu jeder Änderung stets aktuell und vollständig prozessgestützt geführt werden. Erreicht wird dies, wie bereits im vorherigen Abschnitt dargelegt, mit dem Ansatz Requirements Traceability Management (RTM).

Bei der enormen Datenmenge, die durch steigende Produktkomplexität und den ausgedehnten Einsatz von Informationstechnik anfällt, ist Konfigurationsmanagement in Industrieunternehmen unverzichtbar. Dennoch gibt es erstaunlich viele Betriebe, die über keine PDM-Lösung verfügen. Und selbst in Firmen mit einer installierten PDM-Software wird größtenteils nur einfache CAD-Datenverwaltung betrieben. Dabei wäre wie aufgezeigt eine integrale PLM-Lösung mit KM-fokussiertem

Daten- und Prozessmodell notwendig. Stattdessen werden Produktdaten ohne Zusammenhang in diversen Datenbanken und Verzeichnissen gehalten. Anstelle von teilebasierten Produktstrukturen wird mit modellbasierten Dokumentstrukturen gearbeitet. Es fehlen Stammdaten für das Lifecycle Management von Teilen und Dokumenten, es fehlen Relationen zwischen Teilen und Dokumenten, es fehlt das virtuelle Produkt und folglich fehlt eine KM-taugliche Produktdokumentation. Änderungsmanagement heißt vielfach, Fehler oder Probleme situativ zu beheben bzw. zu lösen. Abhängig davon, in welchem Bereich oder in welcher Abteilung sie auftreten, wird mit subjektiven Sichtweisen gehandelt. Ein formales Änderungsverfahren mit reproduzierbaren Prozessen ist nicht etabliert. So verwundert es nicht, dass der Anteil an „Fehlervertuschung" sehr hoch ist; nach Meinung von Experten sollen es bis zu 50 % sein. Bei diesen Gegebenheiten kann Konfigurationsmanagement nicht annähernd das leisten, was es sollte. Die Durchlaufzeiten für Produktentwicklungs- und Änderungsaufträge sind länger als nötig. Durch elektronische Zettelwirtschaft treten mehr Fehler auf und verursachen höhere Änderungskosten und schließlich müssen an nahezu allen Stellen der Produktentstehung oder Auftragsabwicklung verfahrens- und systembedingte Unzulänglichkeiten kompensiert werden. Dieser Mehraufwand kostet Produktivität und verschlechtert die Unternehmensleistung. Konfigurationsmanagement, das über die Jahre unbewusst quasi in einer Art „Evolution" ohne strategische Planung entstanden ist, sorgt mit hoher Wahrscheinlichkeit für anhaltenden Kostendruck. Die Alternative zu diesem Dilemma ist die Einführung einer umfassenden – auf die spezifischen Unternehmensbelange abgestimmten – KM-Systematik.

Qualitätsmanagement

Qualität heißt der allem innewohnende Auftrag in einem Produktionsbetrieb. Hinsichtlich der Produktqualität fordern gesetzliche Verpflichtungen zu Gewährleistung und Produkthaftung, Kunden und nicht zuletzt der Wettbewerb einen immer höheren Standard. Qualität in Form von Zuverlässigkeit, Leistung, Sicherheit, Energieverbrauch etc. ist der zentrale Faktor für Absatz und Marktanteile. Qualitativ hochwertige Produkte entstehen jedoch nicht zufällig, Qualität muss geplant, organisiert und kontrolliert werden. Mittlerweile ist in vielen Unternehmen ein Qualitätsmanagement-System eingeführt. Im Zuge der ISO 900x-Zertifizierung wurde ein QM-Handbuch erstellt, in dem alle Maßnahmen zur Qualitätssicherung festgelegt sind. In etlichen Branchen ist ein QM-System sogar vorgeschrieben. Dazu zählen u. a. die Luft- und Raumfahrt, der Automobilbau und die Medizintechnik. Qualitätsmanagement ist daher eine Kernaufgabe der Unternehmensführung. Es sollte so angelegt sein, dass es das Hauptziel eines Unternehmens, Geld zu verdienen, wirkungsvoll unterstützt.

Im betrieblichen Alltag spielt das QM-Handbuch nach dem Zertifizierungsaudit oftmals keine große Rolle mehr. Es werden weiterhin die „ausgetretenen" Pfade beschritten. Damit werden gerade mal die Mindestanforderungen erfüllt, aber das war auch schon ohne QM-Handbuch der Fall. Qualitätssicherung bezieht sich meist weniger auf Planung und Organisation in Entwicklung, Konstruktion und Arbeitsplanung, als vielmehr auf Kontrolle in Beschaffung und Produktion. Qualitätskontrolle bei Teilefertigung und Montage ist zweifellos ein wichtiges Instrument für den Nachweis der geforderten Produktqualität, jedoch lässt sich so das Prozessergebnis nur bewerten, nicht aber lenken. „Qualität kann nicht erprüft, sie muss erzeugt werden" (Zitat v. William E. Deming). Umfassendes Qualitätsmanagement mit allen seinen organisatorischen Maßnahmen muss Leistung und Qualität der operativen Prozesse mit dem Ziel einer hohen Produktqualität durchgehend verbessern. Der Schlüssel für Produkte mit hohem Qualitätsniveau liegt in den fertigungsvorgelagerten Arbeiten. Die Komplexität der Aufgaben in Entwicklung, Konstruktion und Arbeitsplanung muss durch beherrschbare Prozesse verringert werden. Mehrere Analysen zeigen, dass bereits in Design und Manufacturing Engineering über zwei Drittel aller Produktfehler ihren Anfang nehmen, von Fehlern in der Produktion hingegen ist die Produktqualität nur in geringem Ausmaß betroffen. Fehler und Mängel entstehen hauptsächlich in den Prozessen des Technischen Büros, aber entdeckt bzw. erkannt werden sie häufig

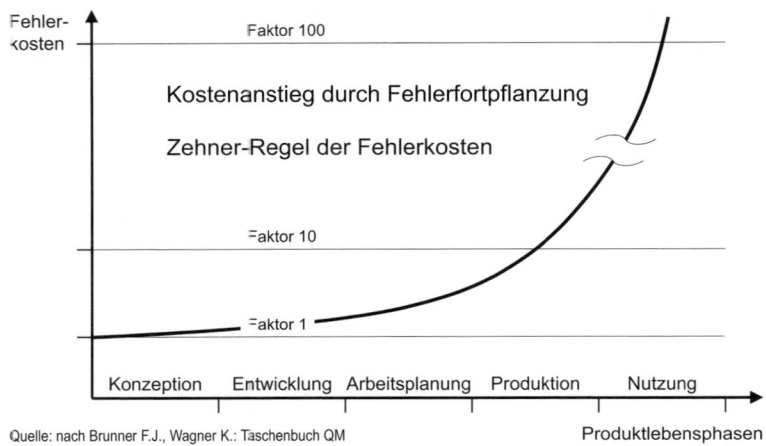

Quelle: nach Brunner F.J., Wagner K.: Taschenbuch QM

erst in den Produktionsprozessen oder während der Nutzung. Die späte Fehlererkennung stellt für Fertigungsunternehmen ein erhebliches Problem dar, qualitätsbezogene Änderungskosten in diesen Phasen sind wesentlich höher als in den fertigungsvorgelagerten Abschnitten. Diesen Sachverhalt beschreibt die sogenannte Zehner-Regel (Rule of Ten) der Fehlerkosten. Sie besagt, dass die Beseitigung entdeckter Fehler während der Herstellung 10-mal und während der Nutzung 100-mal höhere Kosten verursacht als während der Produktentwicklung. Die Faktoren 10 und 100 in der Darstellung sind keine exakten Werte, sie stehen lediglich für die Größenordnung der Kostenzunahme bei später Fehlerkorrektur.

Wenn hohe Produktqualität nur mit hohen Fehler- bzw. Änderungskosten zu bewerkstelligen ist, liegt offensichtlich etwas in der Produktentwicklung im Argen. Die Gründe hierfür sind vielfältig. Komplexe Produkte setzen sich heute aus Mechanik-, Hydraulik-/Pneumatik-, Automatisierungs- und Software-Komponenten zusammen. Um ein funktionierendes „Ganzes" zu bekommen, müssen viele Details in Betracht gezogen werden. Dies erfordert eine eng abgestimmte Zusammenarbeit der Spezialisten aus den Fachbereichen. In vielen Fällen steht dem ein stark ausgeprägtes Abteilungsdenken entgegen. Ohne eine an der Projektarbeit ausgerichtete Team-Organisation fehlt es an der gebotenen Kommunikationsbereitschaft. Die viel beschworene integrierte

Produktentwicklung lässt sich so nur auf dem Papier etablieren. Der Begriff „Integrierte Produktentwicklung" ist in dieser Zielsetzung auch viel zu abstrakt. Treffender wäre wohl der Ausdruck „Konzertierte Produktentwicklung", konzertiert, im Sinne von verantwortungsbewusste Mitarbeiter aus allen produktbezogenen Bereichen zeigen ein gemeinsames Vorgehen, um ein gemeinsames Ziel zu erreichen. Über diese grundlegenden Voraussetzungen hinaus liefert die Anwendung von QS-Methoden (QFD, FMEA, FTA, DoE etc.) einen unverzichtbaren Beitrag zur frühzeitigen Fehlererkennung und -vermeidung. Es ist jedoch immer wieder die Meinung zu hören, die Entwicklung muss schneller werden. Alle unproduktiven Arbeiten sind zu vermeiden, FMEA & Co. bedeuten nur Mehraufwand, bringen aber keinen Ertrag. Diese Auffassung führt zur Einsparung systematischer Qualitätsmethoden. Und wenn doch z. B. eine Design-FMEA erstellt wird, hat diese nicht selten den Charakter einer Alibifunktion. Die Analyse ist oberflächlich und somit von geringem Wert. Das gleiche Resultat ist zu sehen, wenn diese Arbeit von Leuten ohne hinreichende Qualifikation ausgeführt wird. Dabei ist es besonders wirtschaftlich, mögliche Schwachstellen schon in der Planungs- bzw. Konzeptionsphase aufzuspüren und zu eliminieren. In diesem Entwicklungsabschnitt lassen sich Korrekturen in der Regel noch ohne große Auswirkungen einbringen. Gleiches gilt natürlich auch für die Prozess-FMEA. Hinzukommt, dass beide FMEA-Typen gar nicht eindeutig voneinander abgegrenzt werden können.

Eine andere Form von Qualitätssicherung bringen Engineering-Methoden wie Standardisierung, Modularisierung und Baukastenkonstruktion mit sich. Ein hoher Anteil an Norm-, Katalog- und Standard- bzw. Werknormteilen verringert das Risiko, Konstruktionsfehler „einzubauen". Bewährte Baukomponenten erfüllen ihre Funktion mit hoher Zuverlässigkeit. Und Modularisierung als Konstruktionsmethodik auf höherer Strukturebene kann die Komplexität von Produkten auf ein beherrschbares Maß absenken. Dadurch können Teilaufgaben klar abgegrenzt und vereinfacht werden und auch die Gesamtaufgabe gewinnt an Transparenz. Ferner lässt sich Transparenz durch vollständige Dokumentation des aktuellen Entwicklungsstands schaffen. Darüber hinaus kann die Einhaltung der Vorgaben zur Produktqualität durch Vergleich von phasenabhängigem Entwicklungsstand und Anforderungen des Pflichtenhefts kontrolliert werden. Als Voraussetzung dafür muss das virtuelle Produkt zur eindeutigen Identifizierung der jeweiligen Konfiguration aufgebaut worden sein. Gibt es keinen Ansatz für Konfigurationsmanagement, und das ist leider häufig der Fall, fehlen auch ein ordentliches Freigabeverfahren und ein systematisches Änderungswesen. Beides wirkt sich negativ auf Leistung und Qualität im Entwicklungsprozess aus. Die Freigabe von Produktdaten erfolgt in vielen Betrieben durch den Ersteller selbst. Dieser entscheidet meist ohne feste Prüfkriterien über die Qualität der eigenen Arbeit. Es fehlt die Distanz zum Prüfobjekt (z. B. Zeichnung). Fehler werden leicht übersehen und die Folgen können gravierend sein, vor allem, wenn das Problem zu spät erkannt wird. Bei Änderungen wird der Ablauf oftmals nicht von einem festgelegten Verfahren bestimmt, sondern von den persönlichen Vorstellungen einzelner Akteure diktiert. Derlei Änderungsvorgänge sind so gut wie nicht mehr nachvollziehbar und ihre Auswirkungen und Kosten lassen sich kaum erfassen bzw. bewerten. Ein Zustand, der wirtschaftlicher Vernunft entgegensteht und möglichst schnell abgestellt werden sollte.

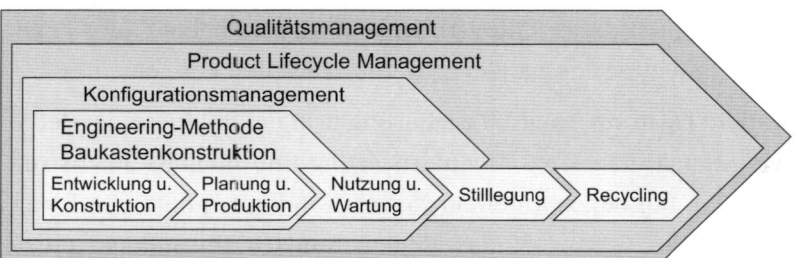

Späte Änderungen infolge von Versäumnissen und Fehlern in der Produktentwicklung sowie in Arbeits- und Prozessplanung sind teuer und kosten wertvolle Zeit. Das Resultat ist eine verzögerte Produkteinführung mit Einbußen bei Marktanteilen, Umsatz und Image. Bei kürzeren Lebenszyklen drücken hohe Änderungskosten den Gesamterlös für ein Produkt. Die Leistungsfähigkeit der Produktentwicklung entscheidet daher ohne Zweifel über die Wettbewerbsfähigkeit. Es ist somit eine strategische Aufgabe, alles zu tun, damit das Technische Büro die besten Ergebnisse liefern kann. Wie an anderer Stelle bereits dargelegt, ist es nicht ausreichend, nur hochwertige CAx-Software für dreidimensionale Geometriemodellierung, Analyse und Simulation zu verwenden. Intelligente Teilestandardisierung und flexible Variantentechnik (Baukastenkonstruktion) sind ein wichtiges Mittel zur Rationalisierung, nicht nur der Konstruktionsarbeit. Über das methodische Vorgehen hinaus ist der methodische Umgang mit den Arbeitsergebnissen von Bedeutung. Der unabdingbare in- und extensive IT-Einsatz braucht eine exzellente Arbeits- und Datenorganisation. Die ISO-Norm 10007 für Konfigurationsmanagement liefert den Rahmen für beste Daten- und Prozessqualität. Aus den Empfehlungen dieser Norm leiten sich zwangsläufig die Eckpunkte für den Bebauungsplan einer integralen SW-Lösung für das Informationsmanagement aller Wertschöpfungsprozesse ab. Integrale Lösung heißt in diesem Kontext in erster Linie integrales Projekt-, Prozess- und Datenmanagement. Das ist genau die Zielsetzung von PLM und letztlich die Voraussetzung für hohe Produktqualität. Hieraus ergibt sich die logische Schlussfolgerung: Qualitätsmanagement muss Product Lifecycle Management einschließen respektive ohne PLM ist eine durchgängige Qualitätssicherung nicht möglich.

Vor- und mitlaufende Kalkulation

Soll Produktentwicklung ökonomisch ablaufen, müssen insbesondere die Bereiche Mechanik-Konstruktion sowie Arbeits- und Prozessplanung bzw. Design und Manufacturing Engineering eng zusammenwirken. Schon mit der Definition der grundlegenden Teile- und Baugruppengeometrien in der Entwurfsphase kann der Arbeitsplaner festlegen, wie ein Konstruktionsteil gefertigt werden soll. Mit spanender Bearbeitung eines abgelängten Halbzeugs (z. B. Rundstab) oder doch mit einem vorgeformten Rohteil (z. B. Schmiedeteil). Bei einem eigengefertigten Gussteil kann frühzeitig mit der Werkzeugkonstruktion begonnen werden. Ebenfalls schon in der Entwurfsphase kann die Zusammenstel-

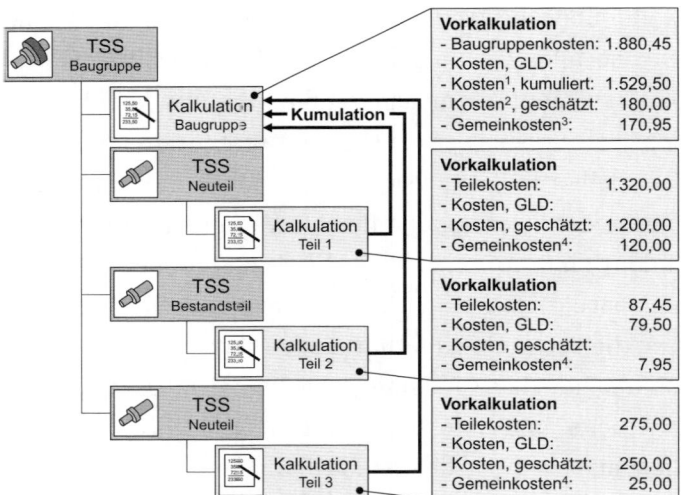

1) Kumulierte Kosten der Teile oder ggf. Unterbaugruppen
2) Geschätzte baugruppenbezogene Entwicklungs- und/oder Montagekosten
3) Kumulierte Gemeinkosten zzgl. des Kostenanteils der Baugruppe
4) Gemeinkosten betragen in diesem Beispiel 10 %

Vorkalkulation in der Frühphase der Produktentwicklung

lung von Montagebaugruppen auf Basis der konstruktiven Funktionsbaugruppen erfolgen. Dagegen sind Arbeitspläne und NC-Programme
in diesem Entwicklungsabschnitt gewöhnlich noch nicht möglich. Es
fehlen die endgültigen oder vollständigen Festlegungen für Werkstoffe
und/oder Oberflächen sowie für Bemaßung und/oder Tolerierung.
Diese Definitionen sind in dieser Entwicklungsphase meist noch im
Fluss. Auch die Fertigungslose sind zu dieser Zeit nicht bestimmt. Hingegen liegt – sofern mit einer PDM-Lösung gearbeitet wird – die Produktstruktur vor und ihre Teile sind als Norm-, Kauf- oder Entwicklungsteile gekennzeichnet. Mit dieser Datenbasis lässt sich eine
Vorkalkulation erstellen. PDM-seitig muss hierfür jedem Teil bzw. Teilestammsatz ein Kalkulationsobjekt zugeordnet werden können. Für
Norm- und Kaufteile sowie für Standardteile lassen sich die gleitenden
Durchschnittspreise (GLD) aus ERP übernehmen. Für neu entwickelte
Teile wird in diesem Stadium ein auf Erfahrung beruhender Schätzwert
für die Kosten angenommen. Alternativ ist denkbar, nicht den Gesamt-
wert zu schätzen, sondern die einzelnen Kostenpositionen. Dies können Entwicklungskosten, Arbeitsplanungskosten, Beschaffungskosten,

Fertigungs- und Montagekosten, Dienstleistungskosten, Materialkosten, Zusatzkosten und ggf. weitere sein. Zu den geschätzten Kosten oder einem GLD kommen ergänzend noch Gemeinkosten – i. d. R. nach einem festgesetzten Algorithmus – hinzu. Bei einer Baugruppe laufen die Kosten der Teile oder Unterbaugruppen kumuliert auf. Zusätzlich können geschätzte baugruppenbezogene Entwicklungs- und/oder Montagekosten hinzugefügt werden. Auch baugruppenbezogene Gemeinkosten lassen sich einbringen. Im Falle einer Standardbaugruppe ist wiederum der GLD aus den ERP-Daten verfügbar. Während des weiteren Entwicklungsverlaufs ist es möglich, ursprünglich geschätzte Kosten mit gesicherten Kosten, z. B. Bestellpreisen, zu überschreiben. Die Kumulation der Kosten entlang der Produktstruktur liefert nach jeder Korrektur sofort die neuen Werte. So kann der Ansatz für die Vorkalkulation zur mitlaufenden Kalkulation fortgeführt werden.

In einem späteren Entwicklungsabschnitt (z. B. Detaillierungsphase) kann die Arbeitsplanung auf freigegebene Zeichnungen und Produktstrukturen/Stücklisten aufsetzen. Mit den Stamm- und Nutzdaten aus PDM ist die Arbeitsplanung in der Lage, den Fertigungsablauf für die betreffenden Teile und Baugruppen zu definieren. Dies geschieht üblicherweise mithilfe einer CAP-Software, entweder als eigenständiges IT System oder als Modul einer ERP-Lösung. Dabei werden für den Fertigungsablauf (Herstellungsprozess) zunächst die einzelnen Arbeitsgänge festgelegt. Darin inbegriffen sind jeweils das Fertigungsverfahren (z. B. Fräsen), der Arbeitsplatz (z. B. Dreh-Fräs-Zentrum) und ein Werkzeug (z. B. Wälzfräser). In Abhängigkeit des gewählten Fertigungsverfahrens und des erforderlichen Werkzeugeinsatzes werden über die Zeitkalkulation die Arbeitsgangkosten ermittelt. Durch deren Kumulation im Arbeitsplankopf ergeben sich die Fertigungskosten für das betreffende Bauteil. Über die Schnittstelle PDM-CAP lassen sich die Fertigungskosten aus dem Arbeitsplan in das PDM-Kalkulationsobjekt dieses Bauteils übernehmen. Die Materialkosten dafür kommen entweder aus den ERP-Stammdaten oder werden PDM-seitig aktuell ermittelt (z. B. aus normiertem Halbzeugpreis, 0,012 Euro/mm). Mit der Erfassung der geleisteten Arbeitszeiten im Zuge der Projektabwicklung ist

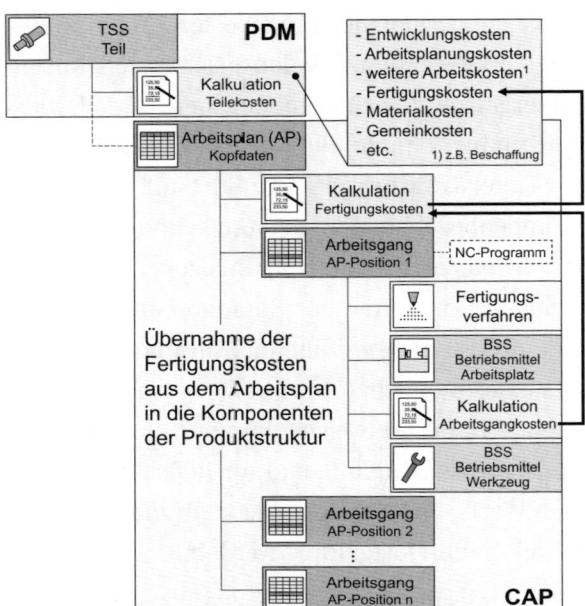

es je nach Strukturierung der Projektaufgabe möglich, die Arbeitskosten für Entwicklung und Konstruktion, Arbeitsplanung, Beschaffung usw. zu bestimmen. In Summe lassen sich so bereits im Laufe der Entwicklung des virtuellen Produkts aussagekräftige Kosten erfassen bzw. ermitteln. Für Wiederholteile können gesicherte Kosten aus der ERP-Nachkalkulation übernommen werden. Alles in allem ist dieser Ansatz zur frühen Kostenermittlung eine interessante Alternative zur ERP-seitigen Kalkulation auf Basis des realen Produkts. Natürlich sind die Details gemäß den Gegebenheiten eines Unternehmens spezifisch festzulegen.

Nummerung

Es gibt Dinge in produzierenden Unternehmen mit extrem langer Halbwertszeit, das Nummernsystem ist eines davon. Zeichnungsverwaltung im Technischen Büro gab es auch schon zu den Zeiten als die Konstrukteure noch vor ihren riesigen Reißbrettern standen. Die papiergestützte Büroarbeit kannte nur wenige Möglichkeiten für die Datenablage. Ordner, Mappe, Hängeregister und Zeichnungsschrank für

Flachablage waren im Wesentlichen die Optionen. Ohne EDV und ihre Mittel konnten Zeichnungen nicht mit Beschreibungs- bzw. Metadaten abgelegt und schnell wiedergefunden werden. Bei diesen Gegebenheiten bekam die Zeichnungsnummer ganz automatisch eine besondere Bedeutung. Sie diente nicht nur dazu, eine Zeichnung von einer anderen zu unterscheiden, sondern darüber hinaus zur Kennzeichnung der Teile, die sie geometrisch beschrieb. Mit diesen beiden Funktionen wurde die Zeichnungsnummer mit einer Schlüsselnummer zur Klassifikation und einer Zählnummer zur Identifikation aufgebaut. Das Beispiel „07-036-05-911718" zeigt eine dieser typischen Verbundnummern. Die letzten sechs Stellen sind identifizierend, der erste Schlüssel „07" steht für Einzelteil, der zweite Schlüssel „036" besagt, dass das Einzelteil Komponente einer Hinterachse ist und der dritte Schlüssel „05" kennzeichnet das Produkt oder die Produkte, in dem oder in denen das Einzelteil eingebaut ist. Da die Zeichnungen stellvertretend für die Bauteile standen, die sie darstellten, lag es nahe, die Zeichnungsnummer auch bei der Stücklisten-Schreibung zu verwenden. Das hatte zur Konsequenz, dass die Zeichnungsnummer gleichzeitig auch zur Teilenummer wurde. Die Verbindung zwischen Konstruktion und Disposition auf Prozessebene konnte mit dieser Vorgehensweise mit einer Sachnummer, die für zwei unterschiedliche Dinge – Zeichnung und Teil – stand, hergestellt werden.

Die Zeiten haben sich zwar gravierend geändert, die „sprechende" Verbundnummer existiert jedoch noch immer. Es scheint so, als sei diese Art von Nummer eine ziemlich gute Lösung, wenn ein großer Teil der Fertigungsunternehmen sie auch heute noch verwendet. Es drängt sich die Frage auf: Warum ist das so? Auch im Zeitalter der Informationstechnik gibt es noch viele Konstruktionsbüros, die ihre CAD-Dateien – Modelle und Zeichnungen – ohne Metadaten in Verzeichnisstrukturen ablegen. Es stehen so auch keine Mittel zur schnellen Recherche von Zeichnungen bereit, die Verbundnummer ist die einzige Hilfestellung. Da den Konstrukteuren in dieser Situation auch keine Teileverwaltung zur Verfügung steht, sind für sie Modell und Zeichnung gleichbedeutend mit Teil. Demzufolge ergibt sich auch hier die

Schlussfolgerung: Zeichnungsnummer ist gleich Teilenummer. Für den Fall, dass im Technischen Büro ein IT-System für CAD-Datenmanagement oder gar Produktdatenmanagement installiert ist, besteht keine Notwendigkeit mehr, „sprechende" Nummern zu verwenden. CAD-Dateien können zusammen mit Metadaten transparent abgelegt und dadurch rasch wiedergefunden werden. Die Nummer für Modell, Zeichnung, Teil etc. muss nur ihre identifizierende Funktion erfüllen. Und dennoch wird auch bei dieser Konstellation kaum von der Verbundnummer abgerückt. Zeichnungs- und Teilenummer sind meist nicht mehr identisch, haben aber oftmals identische Schlüsselnummern, wie das Beispiel Teilenummer „XR 765 ET 471085" und Zeichnungsnummer „XR 765 ET 635293" zeigt. Mit den Möglichkeiten der heutigen Informationstechnik sollte dieser Typus von Identifikationsnummer, ob für Teil, Zeichnung oder sonst ein Objekt, ein Auslaufmodell sein. Der physische Verbund von Identifikation und Klassifikation in einer Nummer, die nur der Identifikation dienen soll, bringt schwerwiegende Nachteile mit sich:

- Mehrere redundante Nummernsysteme (TB, AV, Vertrieb, Töchter etc.) wegen unterschiedlicher Schlüsselnummern infolge unterschiedlicher Anforderungen,

- das Nummernsystem läuft Gefahr, durch stetige Anforderungen an die Erweiterung der Klassifikation (Schlüsselnummer) „überzulaufen" bzw. zu „platzen",

- Änderungen am klassifizierenden Nummernteil (Schlüsselnummer) verändern zwangsläufig die Identifikationsnummer, keine Flexibilität bei der Klassifikation,

- hoher Zeitaufwand für die manuelle Festlegung der Schlüsselnummer bei Anlage eines neuen Objekts (Teil, Geometriemodell, Zeichnung etc.)

- und unzureichende Suchmöglichkeiten wegen eines fehlenden unabhängigen Klassifikationssystems.

Die Lösung des Problems liegt in der Aufspaltung der Verbundnummer in zwei physisch getrennte Nummern, eine Identifikations- und eine

Klassifikationsnummer. Dadurch ist die Abhängigkeit der Identifikationsnummer von dem klassifizierenden Nummernanteil aufgehoben. Und für unterschiedliche Anforderungen in Bezug auf Klassifikation können verschiedene Schlüsselnummern als eigenständige Klassifikationsnummern aufgebaut werden. Dies entspricht der Definition der Aufgaben eines Nummernsystems nach DIN 6763. Im Einzelnen lauten diese:

- Gegenstände (Objekte) eindeutig voneinander abzugrenzen bzw. unterscheidbar zu machen → Identifikation,

- Gegenstände (Objekte) nach bestimmten Merkmalen zusammenzufassen bzw. einzuordnen → Klassifikation.

Um beispielsweise Teile anhand der Identifikationsnummer oder kurz Identnummer voneinander unterscheiden zu können, muss diese keine verschlüsselten Informationen in Form von Kennungen (z. B. „206" für Schweißbaugruppe) enthalten. Es genügt eine n-stellige Nummer, die systemgestützt fortlaufend für jedes neu erzeugte Objekt generiert wird. Die Stellenzahl n ist in der Regel mit dem Wert 8 ausreichend groß gewählt. Zwischen einem Objekt (z. B. Teil) und seiner Identifikationsnummer (z. B. Teilenummer) besteht eine 1 : 1-Beziehung. Das bedeutet, ein Objekt hat genau eine Identifikationsnummer und eine Identifikationsnummer gehört genau zu einem Objekt. Im Gegensatz dazu dient die Klassifikationsnummer nicht zur Identifikation eines einzelnen Objekts, sondern zur Identifikation einer Gruppe von Objekten. Die Objekte einer Gruppe (z. B. Klauenkupplungen mit Spannringnabe) weisen gemeinsame Eigenschaften bzw. Merkmale (z. B. Funktion Drehmomentübertragung) auf. Die Gruppierung von ähnlichen Objekten entspricht der Bildung einer Klasse. Die Identifikationsnummer einer Klasse (= Klassifikationsnummer) kann sich aus einer beliebigen Anzahl von beliebig aufgebauten Kennungen zusammensetzen. Je nach Klassifikationsansatz ist eine Kennung die verschlüsselte Darstellung eines Merkmals einer Klasse (z. B. „CPT" für Gussteil) oder der Teilschlüssel eines Klassifikationselements (z. B. „002-011" für Teilefamilie der Kopfschrauben) einer hierarchischen Klassenstruktur. Zur besseren Lesbarkeit der „sprechenden" Klassifikationsnummer kann es hilfreich sein, zwischen den Kennungen ein Leerzeichen oder einen anderen Separator (z. B. „-") einzufügen. Ein Objekt (z. B. Teil, rotationssymmetrisch mit Durchgangsbohrung) kann beliebig vielen Klassen (z. B. Scheiben, Ringe und Rohre) zugeordnet werden (Mehrfach-Klassifikation), d. h. zwischen Objekt und Klassifikationsnummer besteht eine 1 : m-Beziehung. Mit einem Nummernsystem, bestehend aus den beiden eigenständigen Komponenten Identifikations- und Klassifikationsnummer, lassen sich die allseits bekannten Nummernprobleme sehr einfach lösen. Die Vorteile dieses Ansatzes liegen klar auf der Hand:

- Die Identifikationsnummer ist unabhängig vom Klassifikationssystem (Ordnungssystem) oder den Klassifikationssystemen eindeutig und systemgestützt generierbar,

- die Klassifikation sowie die Klassifikationsnummer eines Objekts lassen sich ohne Einfluss auf dessen Identifikationsnummer bedarfsgerecht ändern,

- jedes Objekt lässt sich mit seiner Identifikationsnummer in einem Klassifikationssystem beliebig vielen Klassen mit jeweils einer Klassifikationsnummer zuordnen → Mehrfach-Klassifikation,

- hohe Zeiteinsparung durch systemgestützte Generierung einer fortlaufenden Zählnummer als Identifikationsnummer bei Anlage eines neuen Objekts (Teil, 3D-Geometriemodell, Zeichnung etc.)

- und umfangreiche Suchmöglichkeiten für alle klassifizierten Objekte in einem oder mehreren Klassifikationssystemen.

Ein Ansatz, der sich in idealer Weise mit der Konzeption von IT-Anwendungen wie PDM und ERP umsetzen lässt. Jedes Objekt kann zunächst seine systemgenerierte „nicht sprechende" Identifikationsnummer bekommen. Anschließend kann ein betreffendes Objekt klassifiziert, d. h. einer Klasse zugeordnet werden. In Abhängigkeit von den Anforderungen der verschiedenen Bereiche (TB, AV, Vertrieb, Service etc.) kann es mehrere spezifische Klassen geben. Mit jeder Zuordnung des jeweiligen Objekts zu einer Klasse lässt sich eine logische Verbindung zwischen der Identifikationsnummer des Objekts und der Klassifikations-

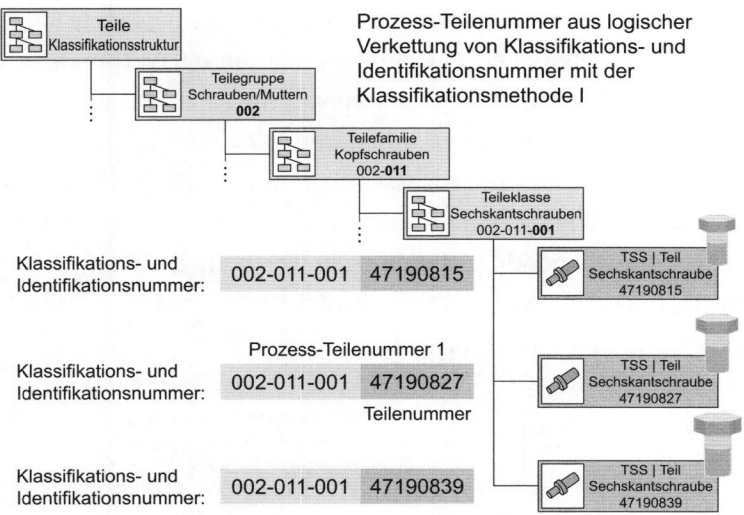

Prozess-Teilenummer aus logischer Verkettung von Klassifikations- und Identifikationsnummer mit der Klassifikationsmethode I

nummer der Klasse herstellen. Mit der Interpretation der logischen Verknüpfung beider Nummern können je nach Anzahl der Klassen mehrere „sprechende" Identifikationsnummern „erzeugt" werden. Auf diese Weise ist es möglich, das prozessbezogene Bedürfnis der Mitarbeiter nach einer „sprechenden" Nummer zu erfüllen. Dies gilt insbesondere für Mitarbeiter, die mit gedruckten Zeichnungen, Stücklisten, Fertigungsaufträgen etc. arbeiten. Andererseits existiert für jedes Objekt nach wie vor nur eine einzige „nicht sprechende" Identifikationsnummer. Obiges Beispiel zeigt die Kombination der Klassifikationsnummer der Teileklasse „Sechskantschrauben" mit den Identifikationsnummern der zur Klasse gehörenden Schrauben. Die Klassifikationsnummer entsteht bei diesem Ansatz durch Konkatenation der Kennungen entlang des Klassenpfads von der Teilegruppe über die Teilefamilie bis zur Teileklasse. Eigenschaften der klassifizierten Sechskantschrauben werden durch Merkmale bzw. Sachmerkmale (z. B. Gewinde-∅) der Klasse beschrieben (Klassifikationsmethode in Anlehnung an die DIN 4000). Eine andere Art der Klassifikation ist in nachstehender Abbildung dargestellt. Die Kennungen für den Aufbau der Klassifikationsnummer sind verschlüsselte Merkmale der klassifizierten Objekte. In diesem Beispiel werden die Merkmale Teileart „Normteil", Funktion „Verbindungselement", Basisart „Schraube" und Ausprägung „Sechskant-schraube mit Schaft" verwendet. Die Interpretation der verbundenen Klassifikations- und Identifikationsnummer – im Falle klassifizierter Teile – als Prozess-Teilenummer erlaubt deren Verwendung für spezifische Aufgaben. Auch mehrere Prozess-Teilenummern für ein Teil sind bei Bedarf zulässig. Wie diese beiden Beispiele zeigen, stehen für jede Anforderung ausreichend Möglichkeiten zur Verfügung, ein leistungsfähiges und flexibles Nummernsystem einzurichten. Eine „sprechende" Identifikationsnummer ist definitiv nicht notwendig.

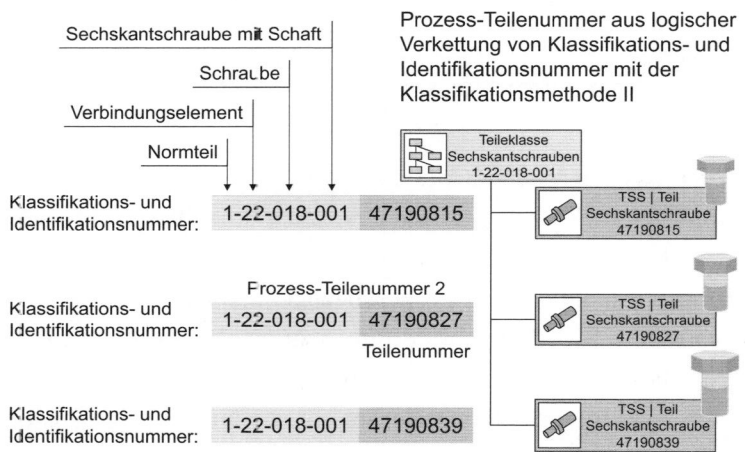

Eigentlich sollten die dargelegten Fakten zum Thema Nummerung hinlänglich bekannt sein. Aus objektiver Warte gibt es keinen Grund, an einer „sprechenden" Nummer festzuhalten, auch nicht an einer derartigen Teilenummer. Das Argument, die Leute finden ihre Teile nicht mehr, insbesondere die Werker, zählt angesichts der aufgezeigten Alternativen nicht. Aber offensichtlich gehört das Nummernsystem nicht zu den Dingen, die in einem Fertigungsunternehmen veränderungsfähig sind. Völlig irrational – und in keiner Weise nachvollziehbar – werden die alten „Zöpfe" quasi von „Nummernwächtern" verteidigt. Dabei wird übersehen oder missachtet, dass mit dem alten Nummernsystem das eigene Unternehmen geschädigt wird. Falls Schlüsselnummern nicht systemgestützt generierbar sind, verursacht der manuelle Nummernaufbau unnötige Mehrkosten. Ebenso ruft die Verwendung unterschiedlicher Nummernsysteme für Teile bzw. Artikel in den IT-Geschäftsanwendungen PDM, ERP, CRM etc. Mehraufwände hervor. Zudem kommt es durch die unterschiedlichen Teile- bzw. Artikelnummern zu Verwechslungen und folglich ggf. zu teuren Prozessfehlern. Ein ziemlich einschneidendes Problem besteht, wenn die „sprechende" Teilenummer verhindert, dass ein von ihr unabhängiges Klassifikationssystem aufgebaut wird. Unzureichende Suchmöglichkeiten im Teilebestand führen dann nicht nur zu Zeitverschwendung, sondern bringen außerdem noch unnötige Neuteile mit sich. Beides ist unwirtschaftlich und kostet Geld.

Ein weiteres Problem ist das Festhalten am Prinzip Teile-/Artikelnummer ist gleich Zeichnungsnummer. In der Praxis gibt es häufig den Fall von form- und funktionsgleichen Teilen, die sich nur durch Werkstoff und/oder Oberfläche/Farbe unterscheiden. Da mit nur einer Zeichnung jedes der Teile beschrieben werden kann, liegt zwischen Teil und Zeichnung eine $n:1$-Beziehung vor. Um diesen Widerspruch bezüglich Teile-Nr. = Zeichnungs-Nr. aufzulösen, kommen alle teilespezifischen Daten in Tabellenform auf die Zeichnung (Sammelzeichnung). Eine der Teilenummern ist identisch mit der Zeichnungsnummer, die anderen sind unterschiedlich. Damit ist das Prinzip, eine Nummer für Teil und Zeichnung, zwangsläufig verletzt. Kommt es zu einer Änderung in der Zuordnung Teil-Zeichnung, macht dies eine Änderung der Zeichnung notwendig. Auch diese Arbeit erfordert Zeit und kostet Ressourcen, vor allem bei einer größeren Zahl an Sammelzeichnungen. Der Link zwischen Teil und Zeichnung in Disposition und Produktion lässt sich wesentlich einfacher als mit dem Zwang gleicher Nummern herstellen. Die Zeichnungsnummer kann problemlos als Zusatzangabe zur Teilenummer in die Stücklistenposition übernommen werden. Bei Berücksichtigung aller Anforderungen, die das Nummernsystem in einem industriellen Fertigungsunternehmen erfüllen muss, spricht alles für die Ablösung der „sprechenden" Verbundnummer. Wenn der Entschluss gefasst ist, muss nur noch die richtige Ablösestrategie festgelegt werden. Damit ist ein wichtiger Schritt zur Kostensenkung getan.

Nomenklatur

Die Nomenklatur ist neben dem Nummernsystem die zweite bedeutende Komponente für den Aufbau der Grunddaten. Das Bilden von Benennungen als sprachlicher Ausdruck für die Denkeinheit Begriff ist somit eine der Kernaufgaben für gutes Datenmanagement. Gemäß DIN 2330 (Begriffe und Benennungen, Allgemeine Grundsätze) ist der Zweck von Benennung, den jeweiligen Begriff innerhalb seines Begriffssystems (Begriffsbeziehungen und ihre Strukturierung) möglichst genau, knapp und am anerkannten Sprachgebrauch orientiert zu bezeichnen. Benennungen sollen demzufolge sprachlich richtig und treffend sein, d. h. nichts anderes, als dass Benennungen systematisch aufgebaut sein sollten. In der Praxis ist größtenteils genau das Gegenteil der Fall. Benennungen werden situativ als Freitext eingebracht. Die Ergebnisse sind demzufolge abhängig von persönlichen Sichtweisen und Wahrnehmungen. So kommt es zu verschiedenen Schreibweisen wie z. B. Flüssigkristallanzeige, Fluessigkristallanzeige und Flüssigkristall-Anzeige oder für ein und dasselbe Objekt zu unterschiedlichen Benennungen wie etwa Schutzblech, Abdeckblech und Verschlussblech. Für die Stammdatenqualität ist dieser Benennungswildwuchs ein Problem. So wie ein schlechtes Nummernsystem führt auch schlechte Nomenklatur zu Widersprüchlichkeiten mit erheblichem Fehlerpotenzial und wahrscheinlichen Fehlerkosten.

Begriffe, ihre Benennungen und Definitionen stellen einen eindeutigen Zusammenhang zwischen (unserer) Sprache und Gegenständen, Sachverhalten und Vorgängen her – eine der grundlegenden Voraussetzungen für Information und Kommunikation. Da die Qualität von Information stark von präzisen Benennungen abhängig ist, vor allem in einer Fachsprache, muss eine zentrale Verantwortlichkeit für firmenweite Nomenklatur etabliert werden. Zu den Aufgaben dieser Stelle gehören Entwicklung und Pflege eines Begriffslexikons. Dieses enthält alle Sach- und Fachbegriffe für die unternehmensweite Verwendung. Mithilfe von Benennungskatalogen, die zu ihrer Nutzung mit einem Objektattribut (z. B. Teiletyp) verknüpft sind, lassen sich Benennungen

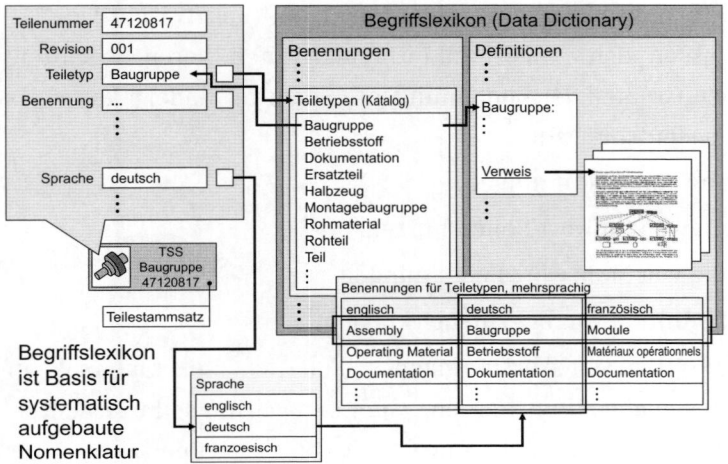

Begriffslexikon
ist Basis für
systematisch
aufgebaute
Nomenklatur

innerhalb des Begriffslexikons strukturieren. Ein Begriff sollte neben der Benennung auch eine Definition erhalten. Je nach Komplexität des Begriffs sollte seine Definition entsprechend ausgeführt sein. Auf diese Weise kann nebenher ein großer Teil des Firmenwissens systematisch dokumentiert werden, eine effektive und unkomplizierte Form von Knowledge-Management. Bei international ausgerichteten Unternehmen ist es ein erheblicher Vorteil, die Benennungen mehrsprachig im Begriffslexikon führen zu können. Und mit dem zentralen Einpflegen der Übersetzungen zeigt sich auch in dieser Beziehung eine hohe Datenqualität.

Der Aufbau eines Begriffslexikons ist die eine Säule schlüssiger Nomenklatur, die andere ist die Festlegung einer verbindlichen Benennungssystematik. Benennungen planmäßig zu bilden, erfordert ein Regelwerk, das für alle fachlich relevanten Fälle geeignete Bildungsgesetze vorsieht. Solche aufzubauen ist eine Schlüsselaufgabe in jedem Unternehmen. Wichtig ist hierbei, dass der Fokus beim Aufbau eines Begriffslexikons nicht systembezogen auf PDM, ERP, CRM etc. liegt, sondern auf dem Unternehmen als Ganzes. Die Benennung eines Begriffs darf nicht vom IT-System abhängig sein, in dem sie verwendet wird. Die DIN 2330 und die in ihr zitierten Normen bieten zusammen mit weiteren Normen (z. B. DIN 6790) dieses Themenkreises eine wertvolle Hilfe für diese anspruchsvolle Arbeit. Auf das Wesentliche beschränkt, lassen sich einige Punkte herausgreifen, deren Beachtung bereits einen Großteil der Benennungsprobleme verhindern kann. Als besonders bedeutsam gelten:

- Die Bildung von Abkürzungen,
- die Bildung von Einwort-Benennungen,
- die Bildung von Mehrwort-Benennungen
- und die Definition von Begriffsmerkmalen.

Bei der Definition von Abkürzungen stellen sich die Fragen: Wann bzw. warum soll abgekürzt werden, wann und warum soll welche Kürzungsart Verwendung finden, sind bereits Standardabkürzungen für bestimmte Benennungen verfügbar und wann, warum und wie sollen Abkürzungen mit Langformen innerhalb von Ein- und Mehrwort-Benennungen kombiniert werden? Wertvolle Hilfestellung zum Thema Abkürzungen liefert die DIN 2340 (Kurzformen für Benennungen und Namen, Bilden von Abkürzungen und Ersatzkürzungen, Begriffe und Regeln).

Beim Aufbau von Einwort-Benennungen werfen sich die Fragen auf: Aus wie viel bedeutungstragenden Einheiten (Silben, Wörter) soll eine Benennung maximal bestehen, welche Wortarten (Adjektiv, Adverb, Kurzform/Abkürzung, Präposition, Substantiv, Verb, Verbstamm, Zahlwort etc.) sollen als Einheiten verwendet werden und wann, warum und wie soll ein Bindestrich mehrere Einheiten in Einwort-Benennungen trennen (z. B. Dampfturbinen-Gehäuseoberteil)?

Bei der Bildung von Mehrwort-Benennungen gelten grundsätzlich die Regeln der Einwort-Benennung. Darüber hinaus ist die Wortfolge entscheidend. Häufig setzen sich Mehrwort-Benennungen aus einem Substantiv und einer oder mehreren beschreibenden Ergänzungen (Adjektive/Adverbien) zusammen (z. B. Halterung rechts). Hierbei stellt sich die Frage: Sollen die Ergänzungen ausnahmslos vor oder nach dem Substantiv stehen (z. B. Druckbolzen geschmiedet oder geschmiedeter Druckbolzen)?

Bei der Festlegung von Bildungsgesetzen für Benennungen spielen Begriffsmerkmale eine wichtige Rolle. Im Kontext der Teile- bzw. Artikelbenennung sind hauptsächlich die Merkmale

- Geometrie (z. B. Winkelblech),
- Funktion (z. B. Stütz-/Tragblech),
- Fertigungstechnik (z. B. Biegeblech)
- und Material/Werkstoff (z. B. Stahlblech)

von Belang. Hier sollte die geometrieorientierte Benennung – wenn immer möglich – klar den Vorrang haben. Da es entlang der Wertschöpfungskette Mitarbeiter mit stark anwendungs- bzw. funktionsorientiertem Bezug gibt, sollte diese Sicht bzw. dieser Aspekt ebenso Berücksichtigung finden. Ein oder mehrere weitere Merkmale sollten deshalb als Alternativbenennung(en) aufgebaut und systemtechnisch geführt werden können.

Die Nomenklatur in ihrer Gesamtheit ist ein wichtiger Informationsträger. Alle Prozesse in einem Unternehmen sind auf ein verlässliches Begriffssystem angewiesen. Die Qualität der Begriffsbenennungen beeinflusst die Arbeitsproduktivität der Prozessakteure. Inkonsistente Benennungen, insbesondere über Systemgrenzen hinweg, können eine Menge ärgerlicher Seiteneffekte hervorrufen. Auf Dauer ist schlechte Nomenklatur und folglich schlechte Stammdatenqualität ein Produktivitäts-Killer und Kostentreiber. Dieses Übel sollte alsbald abgestellt werden. Wie zur Ablösung eines ausgedienten Nummernsystems steht auch für die Ablösung nicht länger tauglicher Nomenklatur mindestens ein bewährter Ansatz zur Verfügung. Es spricht daher eindeutig alles dafür, mit einem Projekt „Redesign Nomenklatur" diese wichtige Aufgabe anzupacken.

Kapitel V

Produktionsfaktor Information

Digitale Information hat sich zu einem der bedeutendsten Produktionsfaktoren entwickelt. In den fertigungsvorgelagerten Bereichen eines Industrieunternehmens werden heute so gut wie alle wertschöpfenden Arbeiten mithilfe von IT-Systemen ausgeführt. Arbeitsergebnisse in digitaler Form lassen sich schnell erzeugen, einfach ändern und überall nutzen. Damit einher geht ein deutlicher Produktivitätsschub. Andererseits bringt der IT-Einsatz eine riesige Datenflut mit sich, die ohne strategisches Daten- und Informationsmanagement enorme Probleme hervorruft und einen Teil des Produktivitätsgewinns wieder zunichtemacht. Diese Situation wird durch unkontrollierten Ausbau der IT-Systemlandschaft noch verschärft. Umso wichtiger ist planvoller Umgang mit Prozessinformationen. Schließlich ist Information das Kapital unserer Zeit – die schnelle, konsequente und intelligente Nutzung bestimmt seine Rendite.

Checkliste zu Produktionsfaktor Information:

☑ Leistet das Informationsmanagement in Ihrem Unternehmen die durchgängige Vernetzung Ihrer Produkt- und Prozessdaten?

☑ Ist Ihr Informationsmanagement konsequent an den Erfordernissen Ihrer Geschäftsabläufe ausgerichtet?

☑ Bietet Ihr Informationsmanagement ein hohes Maß an Fehlersicherheit bei der Ausführung Ihrer Geschäftsprozesse?

☑ Ist die IT-Systemlandschaft in Ihrem Haus konform mit den Anforderungen Ihrer Geschäftsabläufe?

☑ Gibt es in Ihrer IT-Landschaft Softwaresysteme, die in ihrer Funktionalität teilweise oder vollständig redundant sind?

☑ Bildet Ihre IT-Systemlandschaft eine integrierte Arbeitsplattform mit service-orientierter Architektur?

☑ Stehen die Kosten für Ihre beschafften Softwaresysteme in einem „gesunden" Verhältnis zu deren Nutzen?

☑ Kann in Ihrem Haus der Produktionsfaktor Information durchgängig barrierefrei genutzt werden?

☑ Kommt es in Ihrem Unternehmen wegen Unzulänglichkeiten im Informationsfluss zu Daten-Mehrfacherfassung?

☑ Werden in Ihrem Produktentwicklungsprozess die digitalen Arbeitsergebnisse von Beginn an systematisch zusammengeführt?

☑ Nutzen Sie das Konzept der „Digitalen Fabrik" zur virtuellen Arbeits- und Prozessplanung bzw. zur virtuellen Produktion?

Informationsmanagement

Die industrielle Herstellung von Gütern beruht auf der planmäßigen Zusammenarbeit von Menschen. Grundlage dafür ist die Kommunikation mittels Wort, Schrift und Bild. Daran hat sich seit Beginn der Industrialisierung bis heute nichts geändert. Voraussichtlich wird sich daran auch in Zukunft nichts ändern. Informationsträger in der EDV-losen Zeit war hauptsächlich Papier. Arbeitsergebnisse wurden mit Schreib-/Zeichenstift, Schreibmaschine und Reißbrett unter Zuhilfenahme von Rechenschieber/Rechenmaschine, Nachschlagewerken (Kataloge, Tabellenbücher, Richtlinien, Normschriften etc.) und ggf. weiteren Utensilien erstellt bzw. dokumentiert. Die Arbeitsproduktivität war zum großen Teil von manuellen Fähigkeiten abhängig. Besonders aufwendig war die Arbeit des Konstrukteurs, jede Linie, jede Ziffer musste per Hand am Reißbrett ausgeführt werden. Änderungen waren äußerst arbeitsintensiv, dies galt vor allem für Zeichnungen. Konnte auf dem Transparentpapier nicht mehr retuschiert werden, war eine aufwendige Neuerstellung notwendig. Der Zeitaufwand war erheblich, die Kosten dementsprechend hoch. Auch für die Verwaltung der Arbeitsergebnisse standen nur einfache Mittel zur Verfügung. Zeichnung, Stückliste, Arbeitsplan, Fertigungsauftrag etc. konnten nur in Akten- und Zeichnungsschränken abgelegt werden. Eine Beziehung zwischen den Papierdokumenten ließ sich verlässlich nur über Nummern herstellen, somit war eine schnelle direkte Zuordnung zum Beispiel von Stückliste und Zeichnungen nicht möglich. Andererseits gab es um einiges weniger Dokumente, sodass sich der Aufwand für Informationsbeschaffung insgesamt dennoch in akzeptablen Grenzen hielt.

Mit der EDV-Einführung wurde alles anders. Das Reißbrett, die Schreibmaschine und weitere Hilfsmittel verschwanden, Hard- und Software mit Funktionen für Textverarbeitung, Tabellenkalkulation, Konstruktion, Materialwirtschaft etc. kamen. Das Trägermedium für Informationen ist nicht mehr Papier – zumindest nicht mehr das primäre. Informationen werden heute in Form von Datendateien auf elektronischen Speichermedien abgelegt. Arbeitsergebnisse können deutlich schneller angefertigt, modifiziert oder korrigiert werden. Vor allem in der

Konstruktionsarbeit bringt die CAD-Anwendung erhebliche Zeiteinsparungen bei der Zeichnungserstellung und -änderung. Mit dem 3D-Teilemodell – Basisinformation der Zeichnung – lassen sich wichtige Aufgaben im Produktentwicklungsprozess wie FEM-Analyse und DMU-Simulation einfacher und schneller oder überhaupt erst ausführen. Mit einer Reihe weiterer CAx-Systeme können Produkt und Prozess beschreibende Informationen überaus produktiv entwickelt und gepflegt werden. Im fachlichen Kontext wird daraus wertvolles Wissen – eigentlich, jedoch vielfach nur theoretisch. Die Vernetzung logisch zusammengehörender Informationen zu Wissen bleibt außen vor. Datendateien kommen ebenso wie ehemals Papierdokumente isoliert in „Aktenschränken" zu liegen, entweder in Verzeichnissen oder Datenbanken. Ohne vernetzte, sprich integrierte IT-Infrastruktur ist der Wert von Daten bzw. Informationen nur begrenzt. Einerseits kann etwa eine Baugruppenzeichnung mit CAD-Software schnell erstellt werden, andererseits ist es notwendig, die zugehörige Stückliste manuell in die ERP-Datenbank einzugeben. Information in Form einer digitalen Zeichnung bewirkt unstrittig konkrete Zeit- und Kosteneinsparungen. Gleichwohl relativiert sich dieser Vorteil wieder, wenn es nicht gelingt, die Information einer Zeichnung systemgestützt in eine andere Form (Stückliste, NC-Programm etc.) zu transformieren, eine der grundlegenden Voraussetzungen für IT-basierte Automatismen in den Wertschöpfungsprozessen.

Digitale Informationen können rasch erzeugt, einfach geändert und überall genutzt werden, sogar gleichzeitig von mehreren Akteuren. Außerdem zeigt digitale Information keinen Verschleiß wie etwa eine Blaupause, d. h. sie wird nicht „verbraucht". Somit unterscheidet sich digitale Information wesentlich von den klassischen Produktionsfaktoren wie Arbeit, Maschinen, Werkzeuge, Material und Energie. Wegen seiner enormen Vielfältigkeit und Dynamik ist Information der „Treibstoff" zur Ausführung praktisch sämtlicher Unternehmensprozesse. Vielfalt, Dynamik und fortwährende Verfügbarkeit alleine sagen aber noch nichts über ihre Nützlichkeit aus. Entscheidend für den Wert von Information ist ihre Qualität. Die wichtigsten Attribute sind Vollständigkeit, Aktualität und Konsistenz. Mit Vollständigkeit sind auch die Begriffe Genauigkeit und Bedarfserfüllung verbunden. Genauigkeit meint hier klare und unmissverständliche bzw. eindeutige Angaben. Zudem muss vollständige Information den Anforderungen eines Nutzers im Sinne von Bedarf zur Bearbeitung einer definierten Aufgabe entsprechen. Mit Aktualität wird allgemein der letzte Änderungsstand entsprechend des deklarierten Reifegrads verbunden. Der Zustand von Information bezüglich ihrer Aktualität ist besonders kritisch, da sie mit Augenschein nicht ohne weiteres zu erkennen ist. Werden irrtümlich nicht aktuelle Informationen verwendet, kann dies folgenreiche und kostspielige Prozessfehler mit sich bringen. Der Begriff Konsistenz steht für die widerspruchsfreie Information. In der Praxis sind jedoch Inkonsistenzen weit verbreitet. So kommt es vor, dass etwa in einem Zeichnungsdatensatz „freigegeben für Planung" eingetragen ist, während sich im betreffenden Zeichnungsschriftfeld der Eintrag „freigegeben für Vorserie" befindet. Nur wenn gewährleistet wird, dass digitale Information in jeder Lifecycle-Phase vollständig, aktuell und widerspruchsfrei vorliegt, liefert sie als Produktionsfaktor den größtmöglichen Nutzen.

Mit dem intensiven Einsatz von Softwaresystemen zeigt sich ein Phänomen, das die Daten- und Informationsqualität beinahe unausweichlich beeinträchtigt. In einem Unternehmen werden in allen Abteilungen täglich hunderte oder gar tausende Dateien neu angelegt oder geändert und oftmals werden auch die Änderungen in neue Dateien geschrieben. Durch diese Dynamik entsteht eine riesige Datenmenge. Dieser Umstand alleine würde noch kein Problem darstellen, wäre da nicht das Dilemma mit dem Daten- und Informationsmanagement. Dateiablage ist abhängig vom jeweiligen Erzeugersystem. Im Unterschied zur EDV-losen Zeit, in der die Ablage eines Arbeitsergebnisses (Papierdokument) nicht von einer bestimmten Schreibmaschine oder einem bestimmten Reißbrett abhängig war, bestimmen IT-Autorensysteme heute, wie die erstellten Informationen abgelegt werden. Es gibt keine einheitliche Methodik im Umgang mit Dateien bzw. den darin enthaltenen Informationen. Eine Art von Software offeriert lediglich die Möglichkeit, das Arbeitsergebnis (z. B. CAD-Zeichnung) in ein Verzeichnis auf Betriebssystemebene zu legen und mit der Datei einige Attribute (Beschreibungsdaten) abzuspeichern. Diese Form des Informationsmanagements entspricht der Zettelverwaltung mithilfe von Ordnern. Eine gängige Praxis sind die allgegenwärtigen „X"-Laufwerke, eine äußerst intransparente Art der Informationsablage und „Nährboden" für „Datei-Leichen". Das macht das Wiederauffinden von Informationen und ihre Zuordnung zu bestimmten Vorgängen schwierig, zuweilen sogar unmöglich. Bei einer anderen Art von Software (z. B. CAQ-System) steht zur Aufnahme eines Arbeitsergebnisses (z. B. Prozess-FMEA) eine Datenbank zur Verfügung. Innerhalb dieses Systems lassen sich Informationen über Metadaten vergleichsweise schnell wiederfinden, eigentlich so wie es sein sollte. Problematisch ist nur, dass jedes System dieser Art seine eigene Datenbank nutzt. Mit separierten Datenbanken entstehen folglich auch separierte Informationseinheiten. Zudem gibt es keine einheitliche Nomenklatur, kein einheitliches Nummernsystem und ebenso keine einheitliche Freigabe-Kennzeichnung. Informationsmanagement in dieser Form ist nicht in der Lage, den möglichen Nutzen des Produktionsfaktors Information umfänglich auszuschöpfen.

Vielfach werden die aufgezeigten Defizite mehr oder minder als unabwendbar hingenommen. Es wurde viel Geld in die IT investiert, und so schlecht kann das Informationsmanagement auch nicht sein, schließlich entwickle und baue man erfolgreiche Produkte. So oder so ähnlich wird wider besseres Wissen gedacht und argumentiert. Andererseits sollen Produktivität und Rentabilität merklich gesteigert werden. Ein Widerspruch, der den Status quo weiterhin fortschreibt. Statt an vermeintlichen „Stellschrauben" zu drehen, sollte es gelten, die eigentlichen Ursachen aufzudecken und abzustellen. Undurchschaubarer Datenwust muss in ein transparentes Datengebilde überführt werden. Für den wirtschaftlichen Umgang mit der enormen Datenanhäufung braucht es eine angemessene Lösung. Wenn sich die Datenmenge schon nicht verringern lässt, muss sie wenigstens intelligent strukturiert werden. Das drängendste Problem sind die Dateien in den Laufwerks-Verzeichnisstrukturen. Sie müssen mittels Stammdaten als typisierte Dokumente in ein geeignetes Verwaltungssystem importiert werden. Des Weiteren müssen Objekte wie Teile/Artikel, die redundant in verschiedenen IT-Anwendungen (PDM, CAQ, ERP etc.) vorliegen, einheitliche Nummern, Änderungsstände, Benennungen usw., also einheitliche Grund- bzw. Stammdaten bekommen. Das übergeordnete Ziel muss sein, prozessbezogene Datenverknüpfung und systemübergreifende Informationsvernetzung zu schaffen. Dadurch entsteht logisch integriertes Produktwissen, das die Prozesse Produktplanung, Produktentwicklung, Arbeits- und Produktionsplanung, Beschaffung, Lagerhaltung, Produktion, Qualitätssicherung, Ersatzteilversorgung, Wartung und Instandsetzung, Marketing und Vertrieb, Versand sowie Recycling durchgängig aufgabenbezogen nutzen können. Auf diese Weise wird erreicht, dass nicht nur singuläre Informationen für Teilaufgaben wie Arbeitsplanung oder Qualitätssicherung verfügbar sind, sondern die Gesamtaufgabe ökonomisch ausgeführt werden kann. Informationsmanagement dieser Art legt den Grundstein dafür, dass das Firmenkapital Information durch seine schnelle, konsequente und intelligente Nutzung die Rentabilität eines Unternehmens dauerhaft verbessert.

IT-Systemlandschaft

Mit Beginn der EDV-Einführung fingen die Bereiche Buchhaltung und Materialwirtschaft an, ihre Aufgaben computergestützt mit FIBU- und MRP-Software auszuführen. Wenige Jahre später nutzten Produktentwicklung und Arbeitsplanung bereits die ersten CAD- und CAP-Systeme. Und heute werden nahezu alle Arbeiten in einem Industriebetrieb mit spezialisierten IT-Lösungen erledigt. Digitale Information ist zum wichtigen Produktionsfaktor geworden. Ohne sie stehen alle „Räder" still, gehen sprichwörtlich die „Lichter" aus. Die Bedeutung der Informationstechnik für das Funktionieren eines Fertigungsunternehmens ist deshalb ohnegleichen, IT ist sozusagen sein „Lebensnerv". So verwundert es nicht, dass die Bereitschaft, für Hard- und Software große Summen zu investieren, besonders ausgeprägt ist. CAO-, CAD- und ERP-Software gehören dieser Tage zur Grundausstattung. Text- und Bildverarbeitung, Tabellenkalkulation, Konstruktion, Materialwirtschaft und Produktionsplanung bilden den Schwerpunkt der IT-Anwendung. Darüber hinaus kommen zur Analyse und Simulation die CAE-Werkzeuge FEM und DMU zum Einsatz. Die NC-Teileprogrammierung erfolgt meist mithilfe von CAP/NC-Software und abgeleiteten CAD-Daten. Qualitätssicherung mit seinen vielfältigen Aufgaben entlang der Wertschöpfung wird inzwischen in etlichen Unternehmen mittels CAQ-System ausgeführt. Für die Entwicklung mechatronischer Produkte werden ECAD/EDA- und SPS-Werkzeuge verwendet. Und die Unterstützung umfangreicher Projekte zur Realisierung von Steuerungsprogrammen basiert auf einem CASE-Tool. Mit diesen spezialisierten Autoren- bzw. Arbeitssystemen entstehen Produkt- und Prozessinformationen, die sich aus Beschreibungs-, Nachweis- und Ausführungsdateien zusammensetzen. Jedoch fehlt in vielen IT-Landschaften ein Verwaltungssystem, das diese Nutzdaten in den richtigen sachlogischen Kontext stellt. Erst damit kann sich wertvolles Produkt- und Prozesswissen ausbilden.

Obschon in den vergangenen Jahren viele Unternehmen eine PDM-Lösung eingeführt haben, ist die Verknüpfung aller Produktinformationen zum virtuellen Produkt eher die Ausnahme geblieben. In den überwiegenden Fällen ist eine MCAD-Integration realisiert, vielleicht noch eine rudimentäre ECAD-Anbindung. Andere CAx-Systeme – außer CAO/Office – sind von einer Verwaltung ihrer Dateien abgeschnitten. Die enorme Bedeutung von Produktdatenmanagement als Informationsplattform für das gesamte Unternehmen wird noch immer verkannt. Auf der Managementebene spielt das Thema lediglich eine untergeordnete Rolle. Es wird nur in Verbindung mit den Konstruktionsabteilungen wahrgenommen, nicht aber als strategische Aufgabe zur Unternehmensentwicklung eingestuft. Obwohl Schlagworte wie Enterprise Architecture und Enterprise Content Management (ECM) die Runde machen, gibt es meist keine taugliche Vision für die Schaffung einer unternehmensweiten Informationsquelle. So ist es wenig überraschend, dass Qualitätsmanagementdaten, falls denn eine CAQ-Lösung installiert ist, nicht mit den Produktdaten kontrolliert redundant vernetzt sind. Gerade bei QS-zertifizierten Betrieben verlangt das QM-Handbuch

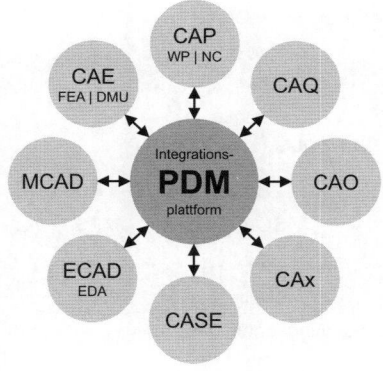

eine enge Verzahnung von Produktentwicklung und Qualitätssicherung. Dies gilt gleichermaßen für Prozessentwicklung und Qualitätssicherung. Sofern ein CAP-System für die Arbeitsplanung im Einsatz ist, sollten die Planungsdaten so wie die Qualitätsdaten mit den Produktdaten kontrolliert redundant verknüpft werden. Die Integration jedes der CAx-Arbeitssysteme mit dem Verwaltungssystem PDM vereint alle Kategorien von Produktdaten im virtuellen Produkt. Damit ist die Basis einer an den Bedürfnissen eines Fertigungsunternehmens orientierten IT-Systemlandschaft gelegt.

Die informationstechnische Verbindung von Technischem Büro und Logistik ist für wirtschaftliche Auftragsabwicklung und Produktion unverzichtbar. Bauunterlagen (Stücklisten, Zeichnungen etc.) des virtuellen Produkts im richtigen Reifegrad müssen in die ERP-Datenbasis eingebracht werden. Ohne eine Integrationsplattform PDM ist diese Arbeit mit hohem Zeitaufwand manuell auszuführen. Mit der Integration von PDM und ERP entsteht eine Prozessbrücke zwischen dem virtuellen Produkt und dem realen Produkt. Daten können damit ereignisgesteuert – ohne manuelles Zutun – in jede Richtung verteilt werden. Besonders effizient kann diese Integration auf der Grundlage von BPM-Software sein, wenn diese den Aufbau einer service-orientierten Architektur ermöglicht. Nicht nur, weil sich mit diesem Ansatz systemübergreifende Prozesse steuern lassen, sondern weil darüber hinaus komplexe Punkt-zu-Punkt-Systemschnittstellen entfallen können. DB-basierte Anwendungen wie PDM, CRM, ERP, SCM und MES können mittels prozessfokussierter Portale in Form einer Nabe-Speiche-Integration verbunden werden. Eine weitere Alternative zu den Punkt-zu-Punkt-Interfaces ist der Enterprise Service Bus (ESB). Die verschiedenen Ansätze zur service-orientierten Integration von Geschäftsanwendungen bieten optimale Möglichkeiten zur prozessorientierten Nutzung des Produktions-

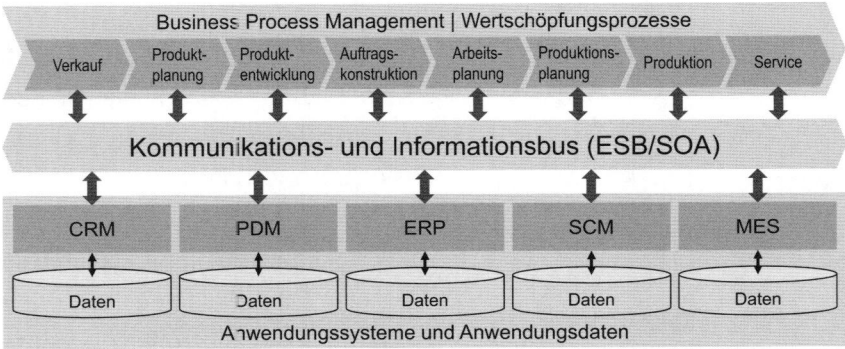

faktors Information. Dennoch ist auch bei dieser Art von Integration einiger Aufwand für Realisierung und Pflege notwendig. Daher kann es sich lohnen, auf die Anzahl der Anwendungen zu achten. Speziell bei den Systemen ERP, CRM und SCM gibt es zum Teil große Überschneidungen bei Funktionen und Daten. So liegt es nahe, dass ERP-Anbieter integrierte Gesamtlösungen mit CRM- und/oder SCM-Modulen offerieren. Die Entscheidung für ein solches IT-Gesamtpaket kann eine wirtschaftlich interessante Alternative zu Stand-alone-Lösungen sein, sofern keine inakzeptablen Funktionseinbußen erkauft werden müssen. Weniger IT-Systeme bei gleicher Funktionalität und Leistungsfähigkeit vereinfachen die IT-Landschaft und senken die IT-Kosten.

Zerklüftete IT-Landschaft ist ein generelles Problem in vielen Unternehmen. Da die Beschaffung von Software häufig abteilungsgetrieben ist, entwickelt sich über die Jahre ein schleichender System-Wildwuchs. Nicht nur, weil es eine Kundenanforderung ist, gibt es in so manchem Technischen Büro mehr als ein CAD-System einer Leistungsklasse für gleiche Anwendungsfälle. Dies ist schon keineswegs zielführend, wenn aber trotz einer PDM-Installation noch Software angeschafft wird, deren Funktion in einem PDM-Modul verfügbar ist (z. B. Teilemanagement) oder auf der Basis des PDM-Datenmodels implementiert werden kann (z. B. Simulationsdatenmanagement), ist das kontraproduktiv. Ähnliches lässt sich im ERP-Umfeld beobachten. Obwohl leistungsfähige Systeme dieser Gattung Programmbausteine für Service-Management, Advanced Planning and Scheduling (APS) und weitere

Anwendungsfelder aufweisen, sind hierfür nicht nur gelegentlich Einzellösungen zu finden. Noch häufiger sind Einzelsysteme für Projektmanagement und Produktkonfiguration installiert. Dies ist höchst erstaunlich, da sowohl Projektmanagement wie auch Produktkonfiguration ohnehin Elemente der allermeisten PDM- und ERP-Systeme sind. Diese wenigen Beispiele zeigen eine bedenkliche Tendenz in der Entwicklung von Unternehmens-IT. Die Folge: Mit der unnötigen Anzahl an Softwaresystemen steigt der Mehraufwand für Beschaffung, Installation, Schulung, Pflege, Administration und Datensicherung; ferner kommt es zu einer Häufung redundanter Daten. Der Datenbestand wächst mehr als notwendig, bringt keinen zusätzlichen Gewinn, sondern wird obendrein zur Belastung.

Mit der dynamischen Entwicklung der Informationstechnik werden immer neue spezifische IT-Systeme hervorgebracht. Die Marketing-Abteilungen der Anbieter verweisen auf exzellente Möglichkeiten zur wirtschaftlichen Gestaltung von Industrieproduktion. Mit der neuen Software geht vermeintlich alles besser und schneller. Die Produktivität wird maximiert, die Time to Market verkürzt und jede Art von Kosten gesenkt. Solche und ähnliche Phrasen sollen Bedarf bei den potenziellen Kunden wecken. Aus neutraler Sicht bleibt festzuhalten, dass Software lediglich ein Werkzeug ist. Sie stellt an sich noch keinen Nutzen dar. Der zeigt sich erst, wenn individuelle Geschäftsprozesse mit individualisierten Systemen ausgeführt werden. Sollte sich kein registrierbarer Effekt einstellen, liegen entweder schlecht organisierte Unternehmensabläufe vor oder die IT-Systemlandschaft ist nicht in der Lage, die Geschäftsprozesse in der erforderlichen Weise zu unterstützen. Zu viele Systeme – vor allem mit redundanter Funktionalität – können zum Problem werden. Der Wert der IT liegt in ihrer Qualität, nicht in ihrer Quantität. Diese Regel muss auch die IT-Abteilung als Dienstleiter befolgen, sie muss ihr Handeln in den Dienst des Unternehmenserfolgs stellen, anstatt ihre eigenen Interessen durchzusetzen. Beim Auf- und Ausbau der IT-Systemlandschaft läuft offensichtlich seit Jahren etwas schief. Dies lässt sich daran erkennen, dass mit dem zunehmenden IT-Einsatz die Rentabilität in der Fertigungsindustrie nicht in dem Maße steigt wie ihre allgemeine Arbeitsproduktivität. Die IT- bzw. EDV-Kosten sind zu hoch, der Aufwand steht in keinem „gesunden" Verhältnis zum Nutzen. Ein Umdenken ist dringend geboten – weg vom Flickwerk, hin zum IT-Konzept mit strategischer Ausrichtung.

Informationsfluss

Im Zeitalter der Digitalisierung – von Smartphone und Tablet – wird überall von Informationsnetzen und -vernetzung gesprochen, im öffentlichen Leben ebenso wie im privaten oder beruflichen Bereich. Die Situation in den Unternehmen ist zwiespältig, einerseits wird die Digitalisierung mit viel Aufwand vorangetrieben, andererseits ist die Vernetzung von Informationen der wunde Punkt. Jede Abteilung arbeitet systembedingt in ihrer eigenen abgeschlossenen Informationswelt. Marketing und Vertrieb nutzen eine CRM-Lösung und ggf. Software für Digital Asset Management (DAM). In der Mechanik-Konstruktion kommen CAD- und CAE-Anwendungen und ggf. eine PDM-Lösung zum Einsatz. Die Aufgaben zur Automatisierung werden mit ECAD/EDA-, CASE- und SPS-Systemen erledigt. Arbeits- und Prozessplanung entwickeln ihre Unterlagen mithilfe von CAP/AP- und ggf. CAPE/DMF-Software. Zur Qualitätssicherung mit dem breiten Spektrum an Themen wird eine CAQ-Lösung verwendet und die QS-Prozessdefinitionen erfolgen mittels WfM- oder BPM-Tool. Beschaffung, Beauftragung, Lagerhaltung, Produktionsplanung und Auftragsabwicklung nutzen ERP- und ggf. SCM- und/oder APS-Software. Die Produktionssteuerung wird auf der Betriebs- und Prozessleitebene mit MES- und BDE/MDE-Systemen ausgeführt, die mit den Komponenten auf der Steuerungsebene (z. B. SPS einer Maschine/Anlage) kommunizieren. Das produktive Zusammenwirken all dieser Abteilungen und Bereiche in den Prozessen entlang der Produktentstehung und/oder Auftragsabwicklung erfordert durchgängigen barrierefreien Informationsfluss, in der Realität so gut wie nicht zu finden. Entweder stehen Systemgrenzen im Weg, fehlt es an Vernetzung oder Information geht beim Transfer von einem System zum anderen verloren. Die Produktivität des Verfahrens und der Akteure wird gebremst, die Unternehmensleistung beeinträchtigt.

Information als Produktionsfaktor muss wie Energie immer dann verfügbar sein, wenn sie gebraucht wird. Ist die richtige Information nicht zum richtigen Zeitpunkt an der richtigen Stelle, kommt es wie bei einem Stromausfall zum Stillstand. Der Arbeitsfluss wird unterbrochen, der Zeitaufwand steigt und folglich die Prozesskosten. Anhand des folgenden Beispiels ist zu sehen, welche Kosten durch Ausfallzeiten entstehen können. Wenn in einem Unternehmen 500 Mitarbeiter jeden Tag 5 Minuten „Leerlauf" wegen IT-bedingter Unzulänglichkeiten haben, ergeben sich bei einem Verrechnungssatz von 40 Euro/Stunde und 200 Arbeitstagen im Jahr Mehrkosten von ca. 333 Tsd. Euro. Bei einer angenommenen EBIT-Marge von 5 % sind rund 6,67 Mio. Euro umzusetzen, um die Summe dieses Verlusts zu erwirtschaften. Daran ist zu erkennen, wie außerordentlich wichtig es ist, die Informationstechnik für ein Unternehmen als Gesamtsystem zu konzipieren und zu implementieren. Es ist nicht ausreichend, nur Einzelaufgaben und ihre Werkzeuge (Konstruktion und CAD, Arbeitsplanung und CAP, Disposition und ERP etc.) im Blick zu haben. Genauso wichtig ist die Zusammenarbeit über die Einzelaufgaben hinweg. Nach Freigabe der Bauunterlagen durch die Konstruktion braucht die Disposition die vollständigen Stücklisten und Zugriff auf alle Fertigungs- und Montagezeichnungen. Dabei ist es ein erheblicher Unterschied, ob diese Bauunterlagen der Disposition prozessgetrieben zum richtigen Zeitpunkt geliefert werden oder ob sich die Disposition die Unterlagen zeitaufwendig beschaffen muss. Im ersten Fall kann sie sofort mit ihrer eigentlichen Arbeit beginnen und gleich produktiv sein, im zweiten Fall muss zunächst die unproduktive Arbeit Informationsbeschaffung geleistet werden. Fall zwei ist noch immer weit verbreitet und verursacht zusammen mit vielen weiteren Schwachstellen dieser Art Einbußen bei der Rentabilität.

Mit der Vision von der digitalen Fabrik gewinnt durchgängiger Informationsfluss als Produktionsfaktor noch stärker an Bedeutung. Doch wo steht unsere Fertigungsindustrie heute? Die Entwicklung des virtuellen Produkts mit 3D-Modellierungs- und Simulationswerkzeugen ist außerhalb des Automobil- und Flugzeugbaus längst noch nicht Standard. Obwohl sich damit Produktivitäts- und Qualitätsvorteile erzielen lassen, sind mittelständische Unternehmen noch sehr zurückhaltend. Produktgeometrie wird zwar größtenteils mittels 3D-CAD-Software modelliert, aber außer zur NC-Teileprogrammierung nicht oder kaum in den Folgeprozessen genutzt. Die Verbindung zur Produktionsplanung erfolgt klassisch durch Stückliste und Zeichnung. Eine Intention der digitalen Fabrik, das virtuelle Produkt in der Planungsphase virtuell zu produzieren, ist weit entfernt von der gängigen betrieblichen Praxis. Allenfalls Betriebsmittelkonstruktion und Werkzeugbau verwenden digitale Geometriemodelle der Produktentwicklung. Die effektiven Möglichkeiten zur Funktions-, Fertigungs- und Montagesimulation bleiben weitgehend ungenutzt. Beim Übergang von Produktentwicklung zu Produktionsplanung und Produktion werden die verfügbaren Informationen nur zum Teil verarbeitet. Die Produktionsplanung für das reale Produkt erfolgt nur dispositiv, d. h. es wird festgelegt, auf welchen vorhandenen Maschinen mit welchen Arbeitsgängen in welcher Reihenfolge produziert werden soll. Zur virtuellen Planung und Produktion des realen Produkts auf der Grundlage digitaler Planungs- und Produktionsmodelle ist es in vielen Fabriken noch ein weiter Weg. Andererseits zwingt der Trend zur Individualisierung der Produkte gleichzeitig zu einer weiteren Flexibilisierung der Fertigungs- und Montageprozesse.

Wenngleich vielerorts Unternehmen mit Defiziten auf ganz anderer Ebene zu tun haben, werden Land auf, Land ab die verheißungsvollen Möglichkeiten der „Vierten Industriellen Revolution – Industrie 4.0" gepriesen. Vor allem Systemanbieter und Beratungsfirmen werden nicht müde, die Bedeutung der Smart Factory für die Zukunft der heimischen Fertigungsindustrie herauszustellen. Die dezentrale Fabriksteuerung mit cyber-physischen Produktionssystemen (CPPS) kann zweifellos zu einer starken Flexibilisierung industrieller Fertigung genutzt werden. Auf der Grundlage einer Intra-, Extra- oder Internet-Struktur können Produktionsmittel wie Fertigungsautomaten, Werkzeugmaschinen, Handhabungsautomaten (Roboter), Transportsysteme etc. und Bauteile, die zu fertigen oder zu montieren sind, laufend miteinander kommunizieren. „Intelligente" Bauteile, bestückt mit einem

Barcode-Label oder einem RFID-Transponder, tragen stets die Information, welche Fertigungs- und Montagestationen sie wann und wo durchlaufen müssen, bei sich. Fahrerlose Transportsysteme bringen das Material (Rohteile, Halbfertigteile und Fertigteile) zum richtigen Zeitpunkt an die richtigen Arbeitsplätze. Fertigungsmittel liefern permanent die Bearbeitungsstände ihrer Produktionsaufträge an ein BDE-System. Zudem erkennen sie ihren Zustand selbst und melden diesen in Form von physikalischen Größen wie Druck, Temperatur, Leistung etc. ebenfalls an die Betriebs- bzw. Maschinendatenerfassung. Objekte – Maschinen und Material – tauschen in Echtzeit Daten aus, die von Softwaresystemen zur Steuerung eines sicheren Prozessablaufs verarbeitet werden. Die Betriebsleitebene erhält von der Prozessleit- sowie von der Steuerungsebene laufend Rückmeldungen von der Ausführungs- bzw. Maschinenebene. Dies ermöglicht eine verlässliche Auftragsdurchlaufplanung (Feinplanung) mit MES-Funktionalität, eine grundlegende Voraussetzung für wirtschaftliche Durchlaufzeiten in der industriellen Fertigung. Mit den Auftragsrückmeldungen von der Betriebsleitebene (MES) ist die Unternehmensleitebene (Planungs- bzw. Produktionsplanungsebene) mittels ERP-Anwendung in der Lage, jederzeit realistische Plandaten für die Produktion zu erstellen.

Eines der Ziele der digitalen Fabrik, individualisierte Produkte hochflexibel virtuell zu fertigen, bedingt u. a., dass die Fertigungsprozesse von der Arbeitsvorbereitung mit digitaler Simulation zuverlässig festgelegt werden können. Die virtuelle Produktion individueller Kundenprodukte mithilfe eines Simulationssystems ist wichtige Voraussetzung für das flexible Einrichten bzw. Rüsten der betreffenden Produktionsanlagen. Das „Internet der Dinge" eröffnet schließlich neue Wege zur Flexibilisierung von realen Produktionsprozessen. In Anbetracht steigender Zahlen bei kundengetriebenen Varianten scheint damit ein probates Mittel verfügbar zu sein, die Auftragsdurchlaufzeiten für massenhafte Spezialanfertigung deutlich zu senken. Allerdings darf nicht außer Acht gelassen werden, dass dies nur gelingen kann, wenn auch die Durchlaufzeiten im Technischen Büro entsprechend kürzer ausfallen. Um dies zu erreichen, ist ein Wechsel in der Denkweise der Konstruktion unerlässlich. Nicht jeder Kundenwunsch darf als neuer Konstruktionsauftrag verstanden werden. Flexibilisierung darf nicht nur die Ausrichtung in Produktionsplanung und Produktion sein, sondern ebenso die Strategie in Entwicklung und Konstruktion. Konfigurieren statt konstruieren ist die Basis für Mass Customization. Die Auftragsabwicklung mittels Produktbaukästen liefert in kürzester Zeit alle digitalen Produktdaten bzw. Bauunterlagen zur flexiblen Planung, Fertigung und Montage.

Auch und gerade in der digitalen Fabrik ist durchgängiger Informationsfluss vom virtuellen Produkt bis zur virtuellen Produktion unverzichtbar. Das Augenmerk bei der Digitalisierung nur auf die reale Produktion zu lenken, reicht nicht aus. Digitale Produktdaten werden von der Entwicklungs- über die Planungs- bis zur Ausführungsebene, also vom PDM- über das ERP- und MES-System bis zur Maschinensteuerung benötigt. Standardisierung, Modularisierung und Baukastenkonstruktion sind in dieser Hinsicht der Grundstein für einen wirtschaftlichen Gesamtprozess. Hinzukommen muss die jederzeit durchgängige Verfügbarkeit der digitalen Produktdaten auf allen Ebenen der Produktentstehung. Hier gibt es noch viel zu tun. Bereits die parallele Zusammenarbeit der technischen Fachdisziplinen Entwicklung Mechanik einschließlich Hydraulik und/oder Pneumatik und Elektrotechnik sowie Automatisierung, Betriebsmittelkonstruktion und Arbeitsplanung ist häufig ein Problem. Die fehlende organisatorische Projektausrichtung behindert eine enge Kooperation dieser Fachbereiche. Darüber hinaus fehlt die Zusammenführung der Arbeitsergebnisse zum virtuellen Produkt. Meist werden die digitalen Produktdaten isoliert in den Fachabteilungen verwahrt. Die fehlende ganzheitliche Sicht auf die Produktentwicklung verhindert das Entstehen einer ganzheitlichen Produktdokumentation. Diese Art von Arbeitsorganisation und Datenmanagement ist nicht geeignet, die Anforderungen an das Technische Büro in einer Smart Factory zu erfüllen. Lose – nicht im Kontext des virtuellen Produkts stehende – Produktdaten lassen sich auftragsbezogen wenig effizient auf die einzelnen Arbeitsebenen verteilen. Geometriemodelle, Zeichnungen, NC-Programme, Arbeits- und Prüfpläne,

Stücklisten, Montageanweisungen etc. müssen mit hohem manuellen Aufwand und Fehlerrisiko an die erforderlichen Stellen (CNC-Maschinen, 3D-Drucker, Montagearbeitsplätze etc.) gebracht werden, nicht gerade produktiv und schon gar nicht wirtschaftlich.

Selbst wenn in den nächsten Jahren die Digitalisierung der Produktion mit den realistischen Visionen der Strategie „Industrie 4.0" weiter voranschreitet, bleibt das Kardinalproblem in den fertigungsvorgelagerten Prozessen bestehen. Im Technischen Büro ist nicht fehlende Digitalisierung das Problem, sondern die Verknüpfung bzw. Vernetzung der digitalen Arbeitsergebnisse. Die zunehmende Automatisierung der Produkte verlangt eine enge Verflechtung zwischen den Arbeitsgebieten Maschinenbau, Elektrotechnik und Informationstechnik. Als Querschnittstechnologie erfordert gerade die Automatisierung einen abgestimmten disziplinübergreifenden Entwicklungsprozess. Schon in der Konzeptphase müssen alle fachlichen Aspekte der verschiedenen Bereiche in Bezug auf den Anforderungskatalog berücksichtigt werden. Das Zusammenspiel von Aufbau, Funktion und Verhalten des Systems muss während aller Entwicklungsphasen im Fokus der involvierten Fachabteilungen stehen. Gängige Praxis ist das eher nicht. Unzureichende Abstimmung und Kommunikation sind die Ursache dafür, dass erst beim Zusammenführen der Komponenten Probleme und Fehler zu Tage treten. Solange die digitalen Arbeitsergebnisse von Mechanik, Hydraulik, Pneumatik, Elektrotechnik und Programmierung nicht von Beginn an in das virtuelle Produkt einfließen, wird es keinen durchgängigen Informationsfluss im Technischen Büro geben können und folglich auch keinen von der Entwicklung bis zur Produktion. Produktentwicklung, Auftragskonstruktion, Arbeitsplanung und Betriebsmittelkonstruktion bilden die Informationsquelle für alle logistischen Folgeprozesse. Umso wichtiger ist es, dass diese Informationsquelle zu jeder Zeit über vollständige, aktuelle und widerspruchsfreie Produkt- und Planungsdaten verfügt, die entscheidende Voraussetzung für den „Betrieb" der digitalen Fabrik. Nur in dieser Form kann der Produktionsfaktor Information den maximalen Leistungsbeitrag zu Wettbewerbsstärke und Rentabilität erbringen.

Kapitel VI

IT-Projekte

In Deutschland investieren Unternehmen der Fertigungsindustrie derzeit jährlich rund 20 Milliarden Euro in den Ausbau ihrer Informationstechnik. Trotz der beträchtlichen Aufwände können die Ergebnisse die Erwartungen vielfach nicht erfüllen. Der wirtschaftliche Nutzen steht in keinem stimmigen Verhältnis zu den aufgebrachten Mitteln. Dafür ist eine Vielzahl von Gründen verantwortlich. Drei davon zeigen besonders negative Auswirkungen: Die Erfolgsfaktoren von Projekten werden missachtet, Gemeinsamkeiten und Nahtstellen von Projekten nicht wahrgenommen und überflüssige Software eingeführt. Es mangelt an einer offiziellen IT-Unternehmensstrategie mit der Zielsetzung, das Informationsmanagement konsequent an den Prozessen des Geschäftsmodells auszurichten. Ein unkontrolliertes Vorgehen auf Abteilungsebene ist Ursache für Fehlinvestitionen und viele daraus folgende Probleme, die die Rentabilität belasten.

Checkliste zu IT-Projekte:

☑ Wurden bei der Auswahl Ihrer ERP-Software die individuellen Abläufe Ihres Unternehmens berücksichtigt?

☑ Kann Ihre installierte ERP-Lösung die Anforderungen Ihres spezifischen Geschäftsmodells erfüllen?

☑ Sind Sie in der Lage, mit der Qualität Ihrer Stamm- und Strukturdaten prozesssicher und wirtschaftlich zu arbeiten?

☑ Existiert in Ihrem Haus die Auffassung, dass die ERP-Software das führende IT-System ist?

☑ Sind Ihr Engineering- und Logistik-Zyklus über eine informationstechnische Prozessbrücke verbunden?

☑ Ist in Ihrem Unternehmen eine PLM-Integrationslösung mit den Software-Komponenten PDM und ERP installiert?

☑ Wurde zur Beschaffung Ihrer PDM-Software ein mehrstufiges systematisches Auswahlverfahren angewandt?

☑ Erfolgte die Einführung Ihrer PLM-Integrationslösung auf der Grundlage eines systemneutralen Fachkonzepts?

☑ Kann Ihre PLM-Lösung widerspruchsfreie Produkt-Biografien über alle Lebensphasen hinweg führen?

☑ Werden Ihre Analyse- und Simulationsdaten als Produktdaten direkt in die Datenbasis Ihres PDM-Systems eingebracht?

☑ Gibt es in Ihrem Haus einen Masterplan für den koordinierten Ausbau Ihrer IT-Systemlandschaft?

Enterprise Resource Planning

Enterprise Resource Planning (ERP) als betriebswirtschaftlich-planerische IT-Geschäftsanwendung wird in Produktionsunternehmen sowohl zur Unterstützung der Logistikprozesse eingesetzt als auch in den kaufmännischen Aufgabenbereichen Finanz- und Rechnungswesen genutzt. Die Logistikanwendung von ERP umfasst die Arbeitsbereiche Beschaffungs-, Produktions- und Absatzwirtschaft. Insbesondere beim starken Produktbezug der Produktionswirtschaft mit ihren zentralen Arbeitsfeldern Entwicklung und Konstruktion, Arbeits- und Prozessplanung (Arbeitsvorbereitung), Fertigung und Montage sowie Qualitätssicherung ergibt sich die Notwendigkeit zur Abgrenzung und Integration von ERP in Bezug auf PDM. Im Bereich der Beschaffungswirtschaft werden die Prozesse zur Planung, Ausführung und Kontrolle der Material- bzw. Warenbewegungen durchgeführt. Darin eingeschlossen sind Beschaffung und Beauftragung, Wareneingangskontrolle und Qualitätssicherung sowie Lagerhaltung und Ersatzteilversorgung. In der letzten Phase der Wertschöpfung unterstützt das ERP-System die Vorgänge der Absatzwirtschaft. Hierunter fällt die kaufmännische Auftragsabwicklung mit den Aufgaben Kalkulation, Angebotserstellung, Vertragsgestaltung, Lieferung, Fakturierung und natürlich Kundenbetreuung.

ERP gehört seit langem zur Standardausrüstung in jedem industriellen Fertigungsunternehmen. In vielen Betrieben ist die ERP-Installation mittlerweile in die Jahre gekommen. Oftmals stammt die Software noch aus der Zeit, in der sie mit dem Akronym PPS bezeichnet wurde. Viele Anwender bleiben dennoch bei ihrer vertrauten und vielleicht auch bewährten Lösung. Ebenso viele wollen ihr ERP-System trotz aller installierten Updates durch ein vermeintlich besseres ersetzen. Natürlich gibt es, unabhängig von der Branchenausrichtung, bessere und schlechtere ERP-Software. Davon unberührt wird immer öfter auf das Angebot der großen Systemhäuser zurückgegriffen. Dies gilt inzwischen vielfach auch für mittelständische Unternehmen mit einigen hundert Mitarbeitern. Die Verantwortlichen sind bereit, weit mehr als eine Million Euro für die neue ERP-Lösung zu investieren. Offensichtlich wird diesem

Thema eine extrem hohe Bedeutung beigemessen. Dabei stellt sich die Frage: Wie kommt diese Entscheidung zustande? Bei genauerem Hinsehen zeigt sich, dass in den seltensten Fällen ein fachlich fundiertes Verfahren dahintersteht. Entscheider legen offenkundig andere Kriterien zugrunde. Als wichtig erachtet werden Bekanntheit, Größe und Marktstellung des Anbieters. Nach dem Motto, was alle tun, kann nicht falsch sein, bleiben bedeutende Faktoren wie Systemarchitektur, Anpassbarkeit, Leistung, Nutzerfreundlichkeit, Implementierungsaufwand, Lizenz- und Pflegekosten außen Acht.

Eine andere Variante der Systemauswahl basiert auf der Unterstützung durch ein ERP-Beratungshaus. Der Entschluss, die Expertise eines unabhängigen Beraters heranzuziehen, ist bei einem komplexen Vorhaben dieser Art durchaus sinnvoll. Es empfiehlt sich allerdings darauf zu achten, dass tatsächlich neutrale Beratung eingekauft wird. Ein schwieriges Unterfangen, da diese nur relativ selten zu finden ist. Die meisten Beratungsfirmen bieten zwar neutrale Beratung an, sind aber keineswegs unabhängig, d.h. sie sind Vertragspartner eines ERP-Entwicklers. Das Geschäftsmodell von Beratern dieser Prägung beruht vorrangig auf Lizenzverkauf und Implementierungs-Dienstleistung, nicht jedoch auf neutraler Beratung mit der Zielsetzung, zusammen mit dem Kunden die für seine Anforderungen und Interessen bestmögliche ERP-Lösung zu realisieren. Zunächst beginnt die Arbeit scheinbar korrekt mit der Entwicklung eines Lastenhefts. Bei etwas genauerer Betrachtung zeigt sich die wahre Intention des Beraters. Der inhaltliche Aufbau des Lastenhefts ist der Beschreibung einer bestimmten ERP-Software nicht unähnlich, soll heißen, die Anforderungen werden geflissentlich in der Weise formuliert, dass das eigene Systemangebot eine gute Ausgangslage in Bezug auf das Auswahlverfahren erlangt. Die Systemauswahl ist zu diesem Zeitpunkt eigentlich schon „gelaufen". Natürlich werden weitere Anbieter bzw. Systeme vorgeschlagen und formal ein Auswahlverfahren durchgeführt, das Ergebnis steht allerdings bereits fest. Der „Benchmark" ist so konzipiert, dass es nur „einen" Besten geben kann. Für den Berater gut, für den Kunden nicht unbedingt – dieser ist bei derart motivierter Beratung fast immer Verlierer.

Die Rechtfertigung für eine neue ERP-Software ist praktisch in fast allen Fällen gleich. Infolge des Wachstums und der gestiegenen Komplexität der Prozesse stoße das gegenwärtig genutzte System an seine Grenzen, es könne die neuen Anforderungen nicht mehr vollständig abdecken. Mit der Einführung einer besseren ERP-Software sollen auch die Geschäftsprozesse nachhaltig verbessert werden. In dieser Art wird von verschiedenen Stellen in den Logistikprozessen argumentiert. Bei sorgfältiger Betrachtung der jeweiligen Situation ist häufig festzustellen, dass die eigentlichen Ursachen für Unzulänglichkeiten primär nicht bei der ERP-Software zu finden sind, sondern in einer schlechten Datenqualität liegen. Die Pflege der Stamm- und Strukturdaten ist über die Jahre vernachlässigt worden, oftmals sind diese weder vollständig, noch aktuell und schon gar nicht widerspruchsfrei. Insbesondere der Artikelstamm, die Stücklisten sowie die Kunden- und Lieferantenstämme sind davon betroffen, aber ebenso Artikel-Kunden- und Artikel-Lieferanten-Beziehungen sowie weitere ERP-Daten weisen dieses Problem auf. Hinzu kommt, dass Artikel nicht klassifiziert und mit Sachmerkmalen beschrieben sind, obwohl die nötige Systemfunktion verfügbar wäre. Des Weiteren fehlen prozessbezogene Definitionen für Artikelarten, so werden beispielsweise Rohteil, Halbzeug und Rohmaterial meist zu einer einzigen Artikelart Rohmaterial zusammengefasst. Bei der Nomenklatur, allem voran bei der Artikelbenennung, ist im Laufe der Zeit allzu oft ein regelrechter Wildwuchs entstanden. Ebenso im Falle der Nummerung ist vielerorts einiges im Argen. Es sind redundante Nummernsysteme (Vertrieb, TB, AV etc.), aber auch „platzende" Schlüsselnummern anzutreffen. Die Liste dieser Art von Schwachstellen könnte weiter fortgeführt werden. Anstatt Stammdaten und Prozesse zu bereinigen, sollen die Probleme mit der Anschaffung eines mutmaßlich besseren ERP-Systems gelöst werden. Es scheint, das Vertrauen in neue Software ist größer als die Bereitschaft, das wirklich Notwendige zu tun.

So beginnt auch die Neueinführung ohne die Entwicklung eines detaillierten Fachkonzepts. Nachdem die Systemauswahl ohne systematisches oder mittels „gesteuertem" Auswahlverfahren erfolgte und die

Entscheidung auf einer anderen Ebene nach anderen Kriterien getroffen oder lanciert wurde, ist auch der Projektablauf nicht auf die wirklichen Anforderungen des Unternehmens ausgerichtet, sondern auf den Funktionsumfang der neuen ERP-Software. Demzufolge verläuft auch die Systemeinführung. Bei allen ins Lastenheft aufgenommenen Themen fließt die verfügbare ERP-Funktionalität direkt in die Konzeption der ERP-Lösung ein, d.h. es entsteht in keiner Phase des Projekts ein systemneutrales Fachkonzept. So wundert es nicht, wenn am Ende die implementierte ERP-Lösung dem Kunden ein Prozessmodell überstülpt, das nicht oder nur bedingt seinen Anforderungen und Interessen genügt. Mit dieser Vorgehensweise werden Geschäftsprozesse auf die ERP-Funktionsmodule Vertrieb, Einkauf, Materialwirtschaft, Produktionsplanung, Instandhaltung, Finanz- und Rechnungswesen etc. reduziert. Die Betrachtung dieser Themen aus der Prozesssicht heraus – und vor allem im Zusammenhang – bleibt außen vor. Dadurch wird die Chance vertan, die „Funktionsweise" des gesamten Unternehmens zu modernisieren und so zukunftssicher zu machen. In dieser Begrenztheit des ERP-Projekts wird außerdem übersehen, dass Enterprise Resource Planning hinsichtlich produktbezogener Prozesse (Beschaffung, Produktionsplanung etc.) nur Datensenke ist, d.h. alle relevanten Produktdaten aus der Datenquelle PDM kommen. Mit der Beachtung der Rollen und Aufgaben von ERP und PDM ergeben sich bedeutsame Rahmenbedingungen für das ERP-Projekt. Es müssen bereits die Prozesse der Produktentwicklung berücksichtigt werden. Im Zusammenspiel von PDM und ERP kommt es darauf an, das virtuelle Produkt der Entwicklung in das reale Produkt von Planung und Produktion zu überführen. Die Produktentwicklung braucht hierfür eine „Elektronische Werkbank", auf der mit hoher Änderungsdynamik gearbeitet werden kann, Planung und Produktion hingegen erfordern einen „Elektronischen Organisator", mit dem sich die betreffenden ERP-Prozesse mit den freigegebenen PDM-Daten effizient und sicher ausführen lassen.

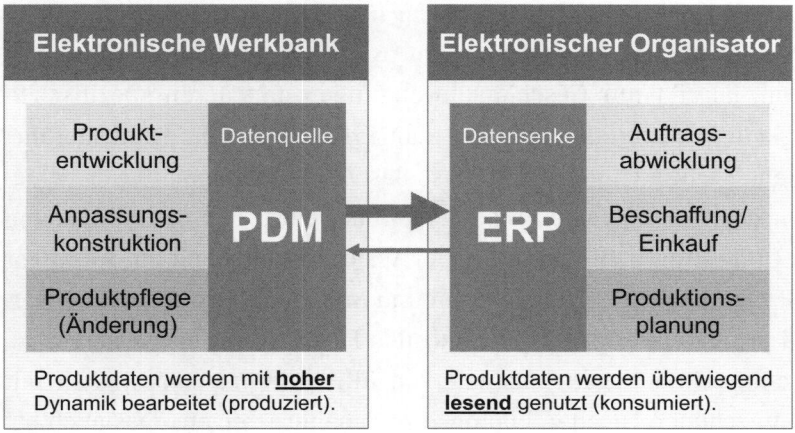

Elektronische Werkbank	Elektronischer Organisator
Produkt-entwicklung Datenquelle	Datensenke Auftrags-abwicklung
Anpassungs-konstruktion **PDM**	**ERP** Beschaffung/Einkauf
Produktpflege (Änderung)	Produktions-planung
Produktdaten werden mit **hoher** Dynamik bearbeitet (produziert).	Produktdaten werden überwiegend **lesend** genutzt (konsumiert).

Enterprise Resource Planning ist bezüglich der Verwaltung von realem und physischem Produkt als prozesstechnische Einheit eine der
wichtigsten Komponenten von Product Lifecycle Management (s. a. Abschnitt „Konfigurationsmanagement" ab S. 143). Die ERP-Anwendung
ist des Weiteren eine schiere Notwendigkeit, um arbeitsfähig zu sein.
Arbeitsfähig heißt aber noch lange nicht wirtschaftlich, die bloße Nutzung eines ERP-Systems optimiert noch keine Prozesse. Wenn die Einführung von ERP-Software nach dem geschilderten Muster erfolgt, und
das ist häufig der Fall, bestimmt im Wesentlichen der konzeptionelle
Aufbau des beschafften Produkts die eigene Arbeitsweise. Dies ist zwar
der einfachere Weg, dennoch kann es nicht im Sinne der Zielsetzung
sein, das Unternehmen an den Definitionen eines Software-Anbieters
auszurichten. Damit wird leichtfertig auf die Chance verzichtet, innovative Prozesse und Arbeitsmethoden als Alleinstellungsmerkmale zu
etablieren. Die bessere Strategie zur ERP-Einführung basiert auf der
Entwicklung eines systemneutralen Fachkonzepts, dem ein sorgfältig
ausgearbeiteter Anforderungskatalog zugrunde liegt. Dann können zu
diesem Zeitpunkt die eigentlichen Fragestellungen im Mittelpunkt der
Projektarbeit stehen und nicht das Funktionsangebot einer wie auch
immer ausgewählten ERP-Software. Hinzukommt, dass mit systemneutraler Konzeptionsarbeit sich ein freier Blick auf das gesamte Themen-
feld öffnet. Durch die Sicht auf den Produktentstehungsprozess in

Gänze wird deutlich, dass ERP nicht das führende IT-System ist wie vielfach behauptet. Im Übrigen gibt es auch kein anderes führendes System. Es gibt nur Geschäftsanwendungen, mit deren spezifischen Fähigkeiten bestimmte Prozesse zur Produktentstehung ausgeführt werden. Wichtig dabei ist nur, dass das Zusammenspiel dieser Fähigkeiten das bestmögliche Prozessergebnis liefert. Für die Fähigkeiten der ERP-Lösung trifft das mit hoher Wahrscheinlichkeit zu, wenn vor den Projektphasen Systemauswahl und Implementierung mit Sachverstand ein detailliertes systemneutrales Fachkonzept entwickelt wird. Die zahlreichen Negativbeispiele von ERP-Einführungsprojekten mit allen unschönen Facetten bis hin zum Scheitern zeigen, dass auch bei Enterprise Resource Planning zunächst die fachlichen Gesichtspunkte im Vordergrund stehen sollten. Im Anschluss daran sind die Aufgaben Systemauswahl und Customizing gemäß Fachkonzept an der Reihe. In dieser Abfolge können ERP-Projekte zum jeweils definierten Ergebnis führen und zudem in einem angemessenen Termin- und Kostenrahmen liegen. Eventuell wird sogar die Erkenntnis gewonnen, dass sich das Fachkonzept auch mit der bereits vorhandenen ERP-Software zuverlässig umsetzen lässt.

Product Lifecycle Management

Product Lifecycle Management und das Akronym PLM stehen für die lückenlose Verwaltung einer Produkt-Biografie. Darin eingeschlossen sind die vollständige Produktbeschreibung, alle Produktänderungen sowie der Entstehungsprozess und jeder der Änderungsprozesse. In Entwicklung und Konstruktion gibt das virtuelle Produkt die Produktbeschreibung wieder. Hierin sind die Teile hinsichtlich ihrer technischen Spezifikation bestimmt, jedoch nicht notwendigerweise in Bezug auf den Hersteller, unabhängig davon, ob es sich um Norm-, Katalog- oder Entwicklungsteile handelt. Die Festlegung des Herstellers erfolgt im Zuge der Beschreibung des realen Produkts. Im anschließenden Produktionsprozess wird auf der Datenbasis des realen Produkts das physische Produkt hergestellt. Im Falle eines Serienprodukts hat das reale Produkt eine Beziehung zu n physischen Produkten. Jedes physische Produkt erhält zu seiner eindeutigen Identifikation eine Seriennummer. Bei einem Auftrags-/Kundenprodukt, insbesondere im Anlagenbau, wird häufig nur ein physisches Produkt gebaut. In diesem Fall ist die Teile- bzw. Artikelnummer des physischen Produkts bereits eindeutig. In beiden Fällen – Serien- und Auftragsprodukt – existiert eine 1 : 1-Beziehung zwischen virtuellem und realem Produkt. Bei Änderungen infolge Wartung/Reparatur an einem physischen Produkt mit langer Nutzungsdauer ist es notwendig, auch das virtuelle Produkt zu aktualisieren. Ergibt sich zu einem späteren Zeitpunkt der Bedarf, das physische Produkt zu erweitern oder umzubauen, kann die Produktentwicklung auf das korrekte virtuelle Produkt aufsetzen, weil virtuelles und physisches Produkt während ihrer gemeinsamen Lebensphase die gleichen Stände aufweisen.

Product Lifecycle Management in dieser Form schließt alle Prozesse von Produktentstehung, Nutzung, Wartung, Stilllegung bis Recycling ein. Dies bedingt eine enge Verzahnung der beiden Zyklen Engineering und Logistik. Der Engineering-Zyklus umfasst alle Aufgaben von Design und Manufacturing Engineering. Im Einzelnen sind das Produktplanung, Produktentwicklung, Auftragskonstruktion, Betriebsmittelkonstruktion sowie Arbeits- und Prozessplanung, der fertigungstechnische

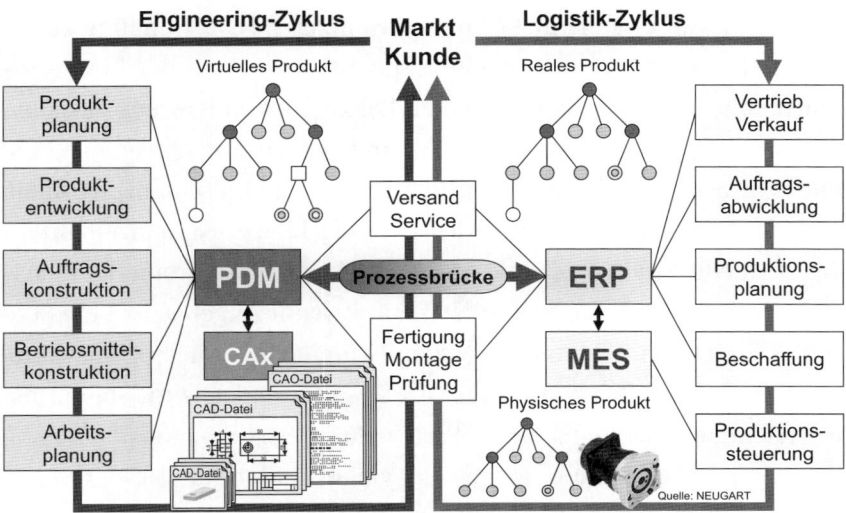

Teil der AV. Der Logistik-Zyklus beinhaltet die Aufgaben Vertrieb und Verkauf, Auftragsabwicklung, Produktionsplanung, Beschaffung und Produktionssteuerung. Die Hauptaufgabe im Engineering-Zyklus ist die Entwicklung des virtuellen Produkts, die des Logistik-Zyklus ist zum einen die Festlegung des realen Produkts und zum anderen die Vorbereitung der Herstellung des physischen Produkts. Damit ein Produkt in allen drei Ausprägungen – virtuell, real und physisch – eine widerspruchsfreie Biografie aufweist, muss zwischen Engineering- und Logistik-Zyklus stets kontrollierter Datenaustausch gewährleistet sein. Die hochgradig dynamischen Prozesse im Engineering-Zyklus erfordern eine entsprechend gestaltete Arbeitsplattform. Eine gut konzipierte PDM-Lösung als „Elektronische Werkbank" für die „Herstellung" des virtuellen Produkts bietet für alle Aufgaben – Erzeugen, Strukturieren, Ablegen, Ändern, Verteilen, Recherchieren etc. – die passende Unterstützung. Für die eher gleichbleibend wiederkehrenden Prozesse im Logistik-Zyklus ist eine gut ausgeführte ERP-Lösung als „Elektronischer Organisator" das geeignete Mittel. Damit kann das virtuelle Produkt dispositiv in das reale überführt werden. Produktionsplanung und -steuerung zur Herstellung des physischen Produkts erfolgen idealerweise in Kombination mittels ERP- und MES-Anwendung.

Aus den Anforderungen an Product Lifecycle Management leitet sich ab, dass diese Aufgabe nicht mit einer einzigen IT-Anwendung zu bewerkstelligen ist. Um eine Produkt-Biografie, so wie es das Konfigurationsmanagement vorgibt, führen zu können, ist mindestens das koordinierte Zusammenwirken von PDM- und ERP-Lösung notwendig. PLM mit dem hier dargelegten Anspruch ist mit einer PDM-Lösung allein nicht möglich, allein kann PDM lediglich das Lifecycle Management für das virtuelle Produkt leisten. So ist es ziemlich verwunderlich, dass viele Hersteller von originärer PDM-Software ihr Angebot als PLM-Software bezeichnen. Wenn aus welchen Gründen auch immer das Akronym PLM für Software der Klasse PDM verwendet wird, sollten die betreffenden Marktteilnehmer ihre Produkte korrekterweise als PLM-Komponente bezeichnen. Anstatt bei vielen Leuten für Verwirrung zu sorgen, könnte damit Klarheit geschaffen werden. Davon würden nicht

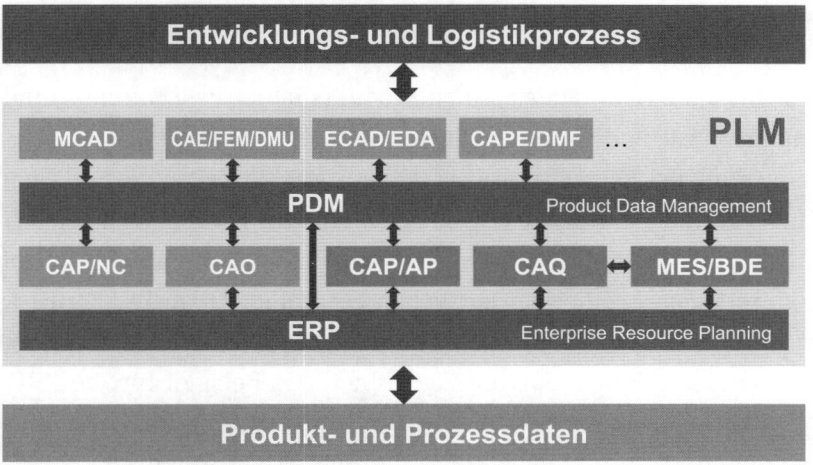

nur alle involvierten Personen auf der Kundenseite profitieren, sondern ebenso die Anbieter selbst. Sie müssten nicht fadenscheinig argumentieren, warum und weshalb ihre PDM-Software mit dem „Aufkleber" PLM für die Nutzer auf einmal „wertvoller" ist. Die große Bedeutung von PDM-Software als Komponente einer PLM-Integrationslösung lässt sich auch ohne marketing-technische Spitzfindigkeiten darlegen. PDM stellt zusammen mit ERP das Rückgrat von PLM. Die Verbindung von Engineering- und Logistik-Zyklus erfolgt über die Prozessbrücke zwischen PDM- und ERP-System. Das Integrationsmodell von PLM in obiger Abbildung zeigt die wichtigsten IT-Komponenten dieses Ansatzes. Die PDM-Lösung ist Integrationspunkt für alle IT-Anwendungen zur Entwicklung des virtuellen Produkts (MCAD, DMU, CAE/FEM, ECAD etc.) und zu dessen virtueller Produktion (CAP/NC, CAPE/DMF etc.). Zur Teileprogrammierung auf der Grundlage von CAD-Modellen kommt CAP/NC-Software zum Einsatz, zur Prozessplanung wird ein CAPE/ DMF-System genutzt. Falls die Arbeitsplanerstellung nicht mithilfe eines ERP-Moduls erfolgt, sondern mit einem CAP/AP-System, ist dessen Anbindung an ERP und PDM erforderlich. PDM liefert Stücklisten und Zeichnungen als Eingabedaten, ERP übernimmt die Arbeitsplandaten zur Bearbeitung der Fertigungs- und Montageaufträge. Die CAQ-Anwendung ist eine überaus wichtige PLM-Komponente. Sie unterstützt die Qualitätsprozesse von virtuellem, realem und physischem

Produkt. FMEA, FTA etc. sorgen für Funktionssicherheit des virtuellen Produkts; Prüfplan für Fremdfertiger, Klassifizierung von Lieferanten etc. sichern die Qualität des realen Produkts in der Beschaffungs- und Planungsphase; und Wareneingangsprüfung bei Kaufteilen, Maßhaltigkeitsprüfung bei Eigenfertigungsteilen etc. gewährleisten die Soll-Qualität des bzw. der physischen Produkte. Auch für CAQ-Prozesse liefert PDM Stücklisten und Zeichnungen, Qualitätsdokumente wie Control Plan, Erstmusterprüfbericht etc. gehen als PDF-Datei an PDM zurück und werden in Form eines QS-Dokuments der betreffenden Komponente des virtuellen Produkts zugeordnet. Als Beispiel für die ERP-CAQ-Integration sei die Prüfmittelverwaltung erwähnt. Reale Prüfmittel werden nach der Freigabe in PDM mittels Artikelstammsatz in ERP geführt. Nach der Beschaffung erfolgt der Transfer der Prüfmitteldaten nach CAQ und damit die Verwaltung der physischen Prüfmittel. Die MES/BDE-Lösung sollte eine Schnittstelle zu ERP, CAQ und auch zu PDM aufweisen. Fertigungsaufträge gehen von ERP an MES, Auftragsrückmeldungen von MES liefern ERP eine verlässliche Planungsgrundlage. CAQ übernimmt von der Qualitätsdatenerfassung (QDE) – ein Modul von BDE – Mess- und Prüfergebnisse zur Dokumentation. Vom virtuellen Produkt in PDM können mittels BDE-Terminal NC-Programme, Einrichtpläne, Fertigungs- und Montagezeichnungen, Stücklisten, Montageanleitungen, Prüfpläne etc. abgerufen werden. CAO-Anwendungen (z. B. Textverarbeitung) sind standardmäßig an PDM angebunden. Falls die ERP-Lösung ein Dokumentenmanagement-Modul enthält, gibt es i. d. R. außerdem eine ERP-CAO-Schnittstelle. Natürlich können fallabhängig noch weitere PLM-Komponenten wie etwa CRM eingebunden sein. Die Unternehmensstrategie PLM hat schließlich zum Ziel, eine integrale IT-Arbeitsplattform zu schaffen, auf der sich alle Wertschöpfungsprozesse mit vollständigen, aktuellen und widerspruchsfreien Produkt- und Prozessdaten ausführen lassen. Im Übrigen ist Product Lifecycle Management als integrale Informationsdrehscheibe zur Aufnahme und Verteilung des Produkt- und Prozesswissens von der Entwicklung bis zum Recycling auch wichtige Grundlage für die Realisierung der Smart Factory.

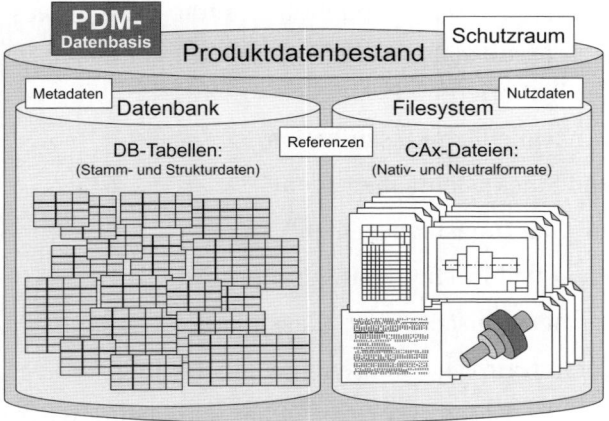

Am Beginn der Prozesskette muss die dynamische Entwicklung des virtuellen Produkts und dessen virtuelle Produktion durch eine leistungsfähige PDM-Arbeitsplattform unterstützt werden. Alle Produktivsysteme, die hierfür notwendig sind, müssen ihre Daten systematisch in das virtuelle Produkt einbringen können. Dafür muss das Datenmodell in der Lage sein, Stamm-, Struktur- und CAx-Daten anforderungsspezifisch in Beziehung zu setzen. PDM muss alle prozessabhängigen Gegebenheiten mit Produktbezug flexibel abbilden können. Schließlich ist PDM konzeptionell gedacht als Informationsmanagementsystem für den gesamten technischen Produktdatenbestand, sowohl Nutzdaten als auch Beschreibungs- bzw. Metadaten. Somit ermöglicht es die schnelle Navigation u. a. in alle „Ecken" des virtuellen Produkts. Zusätzlich unterstützt es Team-Arbeit durch Workflow-Management und die Abwicklung typisierter Vorhaben (z. B. Produktänderung) mittels Projektmanagement. Außerdem bietet es eine einheitliche Benutzeroberfläche und regelt den Datenzugriff aller Anwender. PDM ist für den einzelnen Mitarbeiter multifunktionaler Arbeitsplatz zur Steigerung der persönlichen Produktivität und für das Unternehmen strategisches IT-Werkzeug zur wirtschaftlichen Nutzung des Produktionsfaktors Information und in der Folge zur Optimierung der Leistungsfaktoren Zeit, Kosten und Qualität. Um allen Ansprüchen von Qualitäts-, Konfigurations- und Product Lifecycle Management sowie von Engineering-Methoden gerecht werden zu können, muss professionelle Software der Klasse PDM die nachstehenden Funktionen im Grundausbau (Standard) offerieren:

- Teilemanagement einschließlich Klassifikation,
- Produktstruktur- und Stücklistenmanagement,
- Konfigurations- und Änderungsmanagement,
- Variantenmanagement und Produktkonfiguration,
- Dokumentenmanagement einschließlich Klassifikation,
- Workflow-Management (Prozessdefinition und -ausführung),
- Projektmanagement (Projektstrukturplan, Phasenmodell, Meilensteine, Aufgabendefinition, Zeit-/Terminplanung und -erfassung),
- Systemintegration (Integrations-Tool und Standardschnittstellen),
- Berechtigungsmanagement (Vaults, Nutzer, Rollen und Rechte).

Die meisten marktgängigen PDM-Systeme beinhalten formal solche Module. Bei genauer Analyse zeigen sich jedoch – auch bei sogenannten namhaften Produkten – diverse Schwachstellen. So fehlt z. B. die Möglichkeit der mehrstufigen Freigabe, mehrere Dateien können nicht mit jeweils einem eigenen versionierbaren Datensatz Elemente eines einzigen Dokuments sein, prozessabhängige Konfigurationen („As designed", „As planned", „As built" etc.) eines Produkts lassen sich nicht mittels integraler Produktstruktur führen, Workflows sind nicht in der Lage, mit Objekten anderer Systeme wie etwa ERP zu kommunizieren, Prozessaufgaben in Projektphasen-Workflows können nicht zugleich Aufgaben des betreffenden Projektstrukturplans sein und Projekt-, Prozess- und Produktdaten bilden keine integrale Einheit, um nur einige der Defizite zu erwähnen. So verwundert es nicht, dass nur wenige PDM-Systeme verfügbar sind, die die hohen Anforderungen zumindest in Teilen erfüllen können. Dies ist höchst erstaunlich, da bereits seit Anfang der 1990er-Jahre diese Software-Gattung auf dem Markt ist. Ein weiteres Manko anderer Art ist die fehlende Turn-key-Funktionalität, insbesondere bei den angeblichen Premiumsystemen. Das Datenmodell ist nur rudimentär ausgeprägt, es gibt weder Teile- noch Zeichnungsstammsatz oder sonst eine nutzbare Objektklasse.

Aus wenigen Basisklassen wird für jeden Kunden immer wieder das vermeintlich projektspezifische Datenmodell „entwickelt". Um auf diese Weise eine PLM-taugliche PDM-Lösung zu realisieren, sind enorme Aufwände notwendig. Für Großkonzerne ist womöglich eine Million mehr oder weniger nicht der Rede wert, für ein Mittelstandsunternehmen ist bereits eine Million Projekt-Budget eine beträchtliche Investition.

Die Anschaffung von PDM-Software erfolgt praktisch immer im Rahmen eines PLM-Projekts, unabhängig davon, ob es sich um eine Ersteinführung oder Ablösung handelt. Obgleich PDM als methodischer Ansatz für die Arbeits- und Datenorganisation im Engineering-Zyklus eine der wichtigsten Komponenten der Unternehmensstrategie PLM ist, steht am Beginn der Projektarbeit sehr häufig die Auswahl der PDM-Software. Das Vorhaben wird von Anfang an als IT-Projekt verstanden. Die Zielsetzung ist mit ein paar Allgemeinplätzen in einem als Lasten- oder gar Pflichtenheft bezeichneten Papier beschrieben. Mit Aussagen wie: „Es soll ein CAD-Zeichnungsarchiv aufgebaut werden", „Änderungen und Freigaben sollen nachvollziehbar sein", „zeitsparende Suchfunktionen sollen zur Verfügung stehen" usw. soll allen Ernstes eine PLM-taugliche PDM-Lösung verwirklicht werden. Natürlich lässt sich damit nicht mal eine seriöse Systemauswahl betreiben und doch wird meistens genauso verfahren. Offenbar wird dieses Thema in seiner Bedeutung von der Geschäftsleitung nicht vollends wahrgenommen. Wie sonst wäre es zu erklären, dass mit dieser Aufgabe Personen ohne adäquate Qualifikation betraut werden. Sachbearbeiter ohne strategische Ausrichtung, nur mit der Sicht auf die eigene Arbeit, sollen grundlegende Entscheidungen treffen. Hinzu kommt, dass nicht selten die IT-Abteilung versucht, über Gebühr Einfluss zu nehmen. Ohne klare Zielsetzung und ohne konkrete Anforderungen aus einem detaillierten Fachkonzept wird aufgrund von oberflächlichen Verkaufspräsentationen der Anbieter eine Systementscheidung gefällt. Das Ergebnis bei dieser Art von „Auswahlverfahren" ist ein Zufallsprodukt, ohne fachliche Grundlage. Wer vom Vertriebspersonal der Anbieterrunde die beste „Klickshow" abliefert, erhält den Zuschlag.

Den letzten Ausschlag gibt des Öfteren noch die Aussage, dass die PDM-CAD-Integration besonders gut ist, wenn CAD- und PDM-Software vom selben Anbieter kommen. Fast alle Anbieter eines CAD-Produkts, die zudem ein PDM-System im Angebot haben, sind nicht Entwickler dieses Systems, d. h. CAD- und PDM-Software wurden unabhängig voneinander von verschiedenen Unternehmen realisiert. Meist wurde die PDM-Software durch Akquisition des Entwicklers erworben.

PDM-Software ist nun im Haus, doch was kommt dann? Ohne Fachkonzept gibt es keinen Bebauungsplan, das bedeutet, die Konzeptionsphase beginnt erst jetzt. Grundlage hierfür sind die Software-Eigenschaften sowie die Empfehlungen der Mitarbeiter des Systemintegrators. Diese fungieren de facto auch als Berater, wodurch zwangsläufig ein Interessenkonflikt aufkommt. Ihr Agieren wird zum einen vom Wissen um die Möglichkeiten und Defizite der eigenen Software bestimmt und zum anderen vom angestrebten Dienstleistungsvolumen geleitet. Eine Situation, die nicht gerade förderlich ist für das Projekt. Auf diese Weise kommt erfahrungsgemäß kein wirklich gutes Lösungskonzept im Sinne des Kunden zustande. Ohne unabhängige Beratung mit hoher Kompetenz besteht die Gefahr, dass bei der Definition des projektspezifischen Datenmodells die IT-Aspekte eine größere Rolle spielen als die fachlichen Belange. Das Projekt-Team ist – da für die Aufgabe oftmals unzureichend qualifiziert – auf die Aussagen und Empfehlungen der Mitarbeiter des Systemintegrators angewiesen. So werden Festlegungen getroffen, implementiert und wieder modifiziert oder gar verworfen. In der Folge summieren sich unkontrolliert die Aufwände für die Programmierung. Für den Dienstleister ein willkommener Effekt, jedoch für den Kunden eine Kostenfalle. Meist ohnehin knapp budgetierte PDM/PLM-Projekte kommen dadurch in Bedrängnis. Es fehlen vor allem die Mittel für Personal-Ressourcen, um wichtige interne Projektaufgaben leisten zu können. Eine ähnliche Situation bei der ERP-Einführung ist dagegen größtenteils unkritisch. Wenn es sich um ERP-Belange handelt, ist die Geschäftsleitung in aller Regel federführend involviert. Es gibt kaum eine Diskussion über erforderliche Aufwände und/oder Ressourcen. ERP hat höchste Priorität, die Bedeutung von

PDM bzw. PLM wird im Gegensatz dazu noch immer nicht gesehen. Umso wichtiger sind ein verlässlicher Projektplan und insbesondere eine sichere Aufwandsschätzung für die Customizing-Erfordernisse.

Die erfolgreiche Realisierung einer PLM-Lösung mit Einführung einer PDM-Software beginnt nicht als IT-Projekt. PLM ist Arbeits- sowie Datenorganisation und PDM-Software ist als Werkzeug Mittel zum Zweck der Nutzung. Primäre Aufgabe ist demzufolge die Entwicklung eines idealen Fachkonzepts, das die Anforderungen gemäß Zielsetzung bestmöglich erfüllt. Wichtig dabei ist der Grad der Detaillierung, ungefähre Beschreibungen nützen hier nichts. Am Beispiel „Werkstoff" soll die Bedeutung systemneutraler Definitionen mit Prozesssicht beleuchtet werden. Der Werkstoff wird nicht nur als Materialangabe (S235, C35, X 10 CrNi 18-8 etc.) in der Disposition benötigt, sondern außerdem für diverse Berechnungen (Festigkeit, Trägheitsmoment, Gewicht etc.) herangezogen. Werkstoffangaben im CAD-System zu verwalten – als Standardfunktion in CAD-Software verfügbar –, ist bei einer PDM-CAD-Integration nicht sinnvoll. Dagegen spricht: Bei einem CAD-Modell, das mehrere Teile mit unterschiedlichen Werkstoffen geometrisch beschreibt, kann korrekterweise kein Werkstoff zugeordnet, müssen bei Multi-CAD-Anwendung die Werkstoffangaben in allen CAD-Systemen gepflegt und es muss der Werkstoff als Teile beschreibende Eigenschaft dem Teile-/Artikelstammsatz zugeordnet werden. Mit einer oberflächlichen Aussage wie „Teile müssen mit einer Werkstoffangabe geführt werden können" lässt sich keine konkrete Festlegung treffen. Eine präzise Aussage könnte lauten: „Zur Verwaltung von Werkstoffen wird eine Objektklasse Werkstoffstammsatz realisiert. Zwischen den Objektklassen Werkstoff- und Teilestammsatz ist eine 1:n-Beziehung erforderlich. Der Werkstoffstammsatz soll die organisatorischen Attribute Werkstoffnummer, Werkstofftyp, Werkstoffaufbau, Werkstoffgruppe, Werkstoffbezeichnung, Handelsname etc. und die physikalischen Attribute Dichte, Elastizitätsmodul, Zugfestigkeit, Streckgrenze, Bruchdehnung, Kerbschlagarbeit etc. beinhalten." Ein Fachkonzept in dieser Form liefert die umfängliche Bauvorlage für eine spezifisch geprägte PLM-Lösung. Damit lassen sich alle Anforderungen an ein PDM-System ableiten, die für eine gesicherte Auswahl nötig sind. Im Anschluss daran kann zusammen mit dem Anbieter der ausgewählten Software das systemneutrale Fachkonzept (Lastenheft) Position für Position in das systembezogene Lösungskonzept (Pflichtenheft) überführt werden. Auf dieser Basis ist es für den Anbieter möglich, eine transparente und belastbare Kalkulation für den Implementierungsaufwand vorzulegen. Mit dieser Methodik lassen sich somit außer einem detaillierten Bebauungsplan auch solide Zahlen für die Kostenplanung der Customizing-Dienstleistung gewinnen.

Die Lizenzkosten für das PDM-System und ggf. weitere Software sind gut planbar. Wenn nun noch der Aufwand für die Implementierung der Systemintegration ebenfalls ziemlich genau vorliegt, ist eine relativ sichere Budget-Planung für die externen Kosten gewährleistet. Ohne die Gefahr, durch ständige Kostensteigerung beim Customizing den Finanzbedarf regelmäßig nach oben korrigieren zu müssen, können für die interne Projektarbeit genügend Mittel eingeplant werden. Dies ist dringend nötig, da die relevanten Produktdaten nach den Vorgaben des Lösungskonzepts für den Datenimport aufbereitet werden müssen. Eine außerordentlich wichtige Arbeit, von der wesentlich Qualität und Nutzen der PDM-Installation abhängen. Aufgrund der Fülle an Aufgaben und Daten muss dafür ausreichend qualifiziertes Personal zur Verfügung stehen. Der Auftrag umfasst in der Hauptsache Stamm-, Struktur- und Nutzdaten-Aufbereitung. Gemäß den Objektklassendefinitionen des beschriebenen Datenmodells müssen die betreffenden Daten erfasst, bereinigt und ggf. ergänzt werden. Den größten Anteil bilden Teile-, Modell-, Zeichnungs- und Dokumentstammsätze. Hinzu kommt der Aufbau einer unternehmensweit widerspruchsfreien Nomenklatur in Form von mehrsprachigen Benennungs- bzw. Begriffskatalogen. Weitere Aufgaben sind u. a. die Bereinigung von CAD-Daten, der Aufbau einer Modellbibliothek für Wiederholteile im Zuge von Teilestandardisierung, die Klassifikation des Teilebestands, die Entwicklung regelbasierter Variantenkonfigurationen, der Aufbau von typspezifischen Projektstrukturplänen und die Modellierung von Workflows für definierte Prozesse.

Der Aufwand für Datenaufbereitung und weitere genannte Vorleistungen ist sehr hoch. Zum Erreichen der notwendigen Qualität der Arbeitsergebnisse werden die Leistungsträger aus den Fachabteilungen gebraucht. Um alle Arbeitspakete in der kalkulierten Zeit bewältigen zu können, muss die Personalplanung auf einer verlässlichen Basis erfolgen. Dazu ist eine verbindliche Freistellung dieser Mitarbeiter zu einem festgelegten Teil ihrer Arbeitszeit erforderlich. Für die nahezu unvermeidliche Situation, dass bei hohem geschäftsbedingten Arbeitsaufkommen Personal aus der Projektarbeit abgezogen werden muss, ist eine praktikable Regelung unverzichtbar. Andernfalls gefährden immer wiederkehrende Kapazitätsengpässe nicht nur den Projektplan, sondern auch den Projekterfolg. Dies ist nur eines der vielen möglichen Projektrisiken, die es zu beachten gilt. Ein weiteres ist, das richtige Maß in Bezug auf die Systemanpassung zu finden. Selbst wenn eine methodische Systementscheidung auf den Festlegungen des Fachkonzepts beruht, findet man gegenwärtig (noch) kein PDM-System, das sämtliche Anforderungen vollends erfüllt. So ist es in jedem PLM-Projekt eine der besonders schwierigen Aufgaben, mit den systemneutralen Anforderungen des Fachkonzepts einerseits und den Fähigkeiten des ausgewählten Systems andererseits, ein Lösungskonzept mit optimalen Festlegungen abzuleiten. In dieser Projektphase erfolgt zwangsläufig eine entscheidende „Weichenstellung". Entweder wird auf mehr oder minder wichtige Funktionalität verzichtet oder mit mehr oder minder hohem Aufwand diese firmenspezifisch realisiert. Die Auswirkungen beider Extreme sollten sorgfältig abgeklärt werden. Unbedachte Entscheidungen können sich zu Unzulänglichkeiten auswachsen und das Projektziel bzw. den Projekterfolg beeinträchtigen oder gar bedrohen.

Bedeutung und Komplexität eines PLM-Vorhabens erfordern eine starke Person aus der Geschäftsleitung als Paten. Viele Mitarbeiter sind direkt oder indirekt von den Auswirkungen betroffen und nicht alle sind per se von den damit einhergehenden Veränderungen angetan. Vertraute Abläufe, die sich über die Jahre „eingeschliffen" haben, müssen hinterfragt und im Sinne der Wirtschaftlichkeit ggf. geändert werden. Um hier Reibungsverluste durch Widerstände von vornherein zu vermeiden, muss die Geschäftsleitung klar erkennbar hinter dem PLM-Projekt stehen und alle Mitarbeiter aktiv zu dessen Unterstützung auffordern. Darüber hinaus ist es unerlässlich, die Anwenderschaft regelmäßig zu informieren, um Misstrauen und Besorgnis entgegen zu wirken. Die Hintergründe, Pläne und Auswirkungen müssen innerbetrieblich fortgesetzt „vermarktet" werden. Neben Mitteilungen im Intranet oder am schwarzen Brett sind regelmäßige Informationsveranstaltungen mit Inhalten wie Zielsetzung, Strategien, Projektfortschritt, Schwierigkeiten/Probleme und Ausblicke nicht nur hilfreich, sondern notwendig. Planmäßiges Projekt-Marketing ist ein wichtiger Baustein von Change-Management, einschneidende Veränderungen lassen sich damit leichter bewältigen. Unabhängig davon ist es notwendig, eindeutige Projekt- und Anwendungsziele zu formulieren, andernfalls besteht die Gefahr von ständigen Änderungen und einer fließenden Ausweitung der Projektinhalte. Eine verlässliche Bedarfs-, Ressourcen- und Terminplanung wird dadurch nahezu unmöglich. Ebenso wichtig ist eine realistische Einschätzung des wirtschaftlichen Nutzens einer PLM-Lösung. Eine falsche Erwartungshaltung, ob aus Unkenntnis oder zu viel Euphorie, kann das Vorhaben schwer belasten. Das Wissen um die Defizite im Wertschöpfungsprozess verleitet häufig dazu, den Anforderungskatalog zu überfrachten. Hinzukommt, dass die technischen Möglichkeiten von PDM-Software zu positiv gesehen werden. Eine überzogene Wunschliste verhindert nicht selten das Machbare. Anstatt reformbedürftige Prozesse von „Ballast" zu befreien und neu zu gestalten, wird versucht, jede „Sonderlocke" in den vorhandenen Abläufen auf das ausgewählte PDM-System abzubilden. Dies bringt erhebliche Customizing-Aufwände mit sich und führt zu den bekannten Problemen von Software-Entwicklungsvorhaben. Zudem wird der meist ohnehin große Zeitdruck noch verschärft. Sind dann Projektleiter und/oder Kern-Team den anspruchsvollen Führungs-, Koordinierungs- und Realisierungsaufgaben nicht oder nur zum Teil gewachsen – was nicht selten der Fall ist – kann das PLM-Projekt in einen kritischen Zustand geraten. Vor allem unzureichende Kommunikationsfähigkeit verursacht Missverständnisse und schleppende Entscheidungsprozesse.

PLM ist eine der wichtigsten und zugleich anspruchsvollsten Zukunfts-aufgaben in den Unternehmen der Fertigungsindustrie. Soll eine er-folgreiche Einführung gelingen, muss eine erstklassige Arbeits- und Datenorganisation entwickelt, auf eine leistungsfähige Software abge-bildet und von motivierten Mitarbeitern genutzt werden. Eine gewal-tige Herausforderung, die Zielstrebigkeit, Weitsicht und Know-how ver-langt. Da mutet es schon ziemlich merkwürdig an, wenn so mancher Anbieter von PDM-Software in Vertriebsmanier behauptet, dass mit seinem Produkt die Konstruktion weniger Teile erzeugt, sich Entwick-lungs- und Durchlaufzeiten verkürzen, Variantenvielfalt beherrschbar wird und vieles mehr sich zum Besseren wendet. Besonders Dreiste erklären sogar, dass ihre Software die Produktivität maximiert. Auf die sachliche Ebene reduziert, ist Software ein Werkzeug, das ohne geeig-netes Anwendungskonzept überhaupt nichts bewirkt. Um die Produkti-vität eines Unternehmens mit seinen spezifischen Gegebenheiten opti-mieren zu können, braucht es einen strategischen Ansatz, der über die gewöhnliche Sichtweise von IT-Projekten hinausgeht. Mit konsequen-ter Methodik muss ein individuelles Anwendungs-/Lösungskonzept entwickelt werden, das Projekte, Prozesse und Daten in einen integra-len Organisationsrahmen stellt. Wenn dieses anschließend mit einem guten PDM-Werkzeug vollständig nutzbar wird – und nur dann – ist wirklich eine Produktivitätssteigerung zu sehen. Mit den richtigen Engineering-Methoden und dem richtigen PDM-Ansatz kann die Ent-wicklung des virtuellen Produkts mit der gleichen Zielsetzung opti-miert werden wie die Herstellung des physischen Produkts durch Auto-mation.

Simulation Data Management

Im Rahmen der Produktentwicklung spielt Simulation eine immer grö-ßere Rolle. Eine Form dieser Methodik ist das Arbeiten mit digitalen Attrappen. Auf der Grundlage dreidimensionaler CAD-Bauteilmodelle werden sogenannte DMU-Modelle abgeleitet. Mithilfe eines DMU-Sys-tems lässt sich mit den digitalen Attrappen eine Vielzahl von Untersu-chungen durchführen, wie etwa Kollisions-, Kontaktflächen-, Abstands-

und Einbauprüfung. Diese Art der virtuellen Absicherung wird auch als DMU-Prozess bezeichnet. Die Modelle der DMU-Untersuchungen sind wie CAD-Modelle Teile beschreibende Dokumente. Ihre Verwaltung mit Datei-Versionierung und Freigabe erfolgt idealerweise mittels PDM-System. Damit ist der direkte Bezug zwischen Bauteilgeometrie und Simulationsmodell gegeben, d. h. es ist zu jeder Zeit nachvollziehbar, von welchem Bearbeitungsstand des CAD-Modells das DMU-Modell abgeleitet wurde. Die Einführung von DMU-Software ist somit auch ein Thema bei der Einführung oder Erweiterung einer PDM/PLM-Lösung.

Neben der Arbeit mit digitalen Attrappen bzw. Prototypen ist die Methode der Finite-Elemente-Analyse (FEA) eine weitere Form der Simulation. Typische Anwendungsgebiete in der Fertigungsindustrie sind Festigkeitsanalyse bei Bauteilen, Verformungsanalyse (Crash-Verhalten) bei Karosserien, Schwingungsanalyse, Strömungs- und thermomechanische Analyse sowie Akustikanalyse. Auch bei diesem Verfahren ist CAD-Modellgeometrie die Grundlage. Von der wird ein Neutral- bzw. Austauschformat (z. B. STEP) abgeleitet und in das FEM-System eingelesen. In der Phase Preprocessing erfolgt die Erstellung eines FEM-Modells mit der am besten geeigneten Netzstruktur. Anschließend wird mit Materialkennwerten, Lasten und Randbedingungen der Rechenlauf (Solving) gestartet. Am Ende der Analyse werden mittels Postprocessing die Rohergebnisse aufbereitet. Alle Daten des CAE/FEM-Prozesses sind Teile beschreibende Dokumente und Bestandteil des virtuellen Produkts. Folglich ist der natürliche Ort zur Verwaltung der FEM-Daten das PDM-System. Es bietet von seiner Konzeption her alles, um den FEM-basierten Simulationsprozess durchgängig zu unterstützen. Das CAD-Modell in Voll- und reduzierter Darstellung sowie in STEP-Format

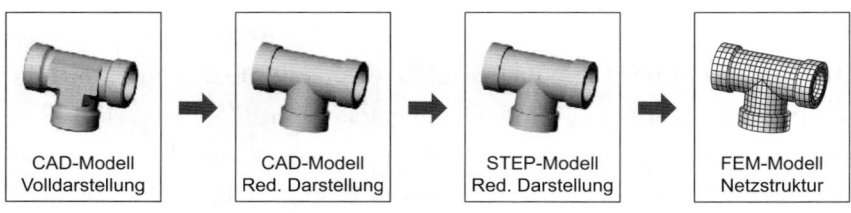

| CAD-Modell Volldarstellung | CAD-Modell Red. Darstellung | STEP-Modell Red. Darstellung | FEM-Modell Netzstruktur |

kann als Dokument vom Typ Teilemodell mit einer gemeinsamen Revisionsnummer im Modellstammsatz geführt werden. Jede der drei Dateien lässt sich mit einem versionierbaren Modelldatensatz mit Relation zum Modellstammsatz verwalten. Das FEM-Modell – Netzstruktur eines Einzelteils oder Include-File einer Baugruppe – kann als Dokument vom Typ Analysemodell ebenfalls mittels Modellstamm- und Modelldatensatz verwaltet werden. Gleiches gilt für Werkstoffwerte, Lasten und Randbedingungen; hierfür steht der Modelltyp Analysebedingungen zur Verfügung. Auch die FEM-Ergebnisse lassen sich mittels spezifischem Dokumenttyp zu allen übrigen CAD- und FEM-Dateien in Beziehung setzen. Zudem sind alle betreffenden Dokumente direkt den jeweiligen Teilen zugeordnet, wie es der erste Hauptpunkt „Konfigurationsidentifizierung der ISO 10007 Konfigurationsmanagement" fordert. PDM bietet eine integrale Verwaltung von CAD- und FEM-Daten, ermöglicht die Ablage von Dateistrukturen als verlinkte Dokumente und erlaubt den Aufbau von beliebigen Strukturen zur Dokumentklassifikation. Darüber hinaus gestattet ein Workflow kontrolliertes Starten der Simulationsschritte Preprocessing, Solving und Postprocessing. Außerdem werden alle Simulationsarbeiten so wie der gesamte Produktentwicklungsprozess im Rahmen eines Projektstrukturplans mittels PDM-Projektmanagement ausgeführt.

Obgleich eine auf professioneller PDM-Software gut aufgebaute PDM-Lösung alle Anforderungen an Simulationsdatenmanagement erfüllen kann, wird – überwiegend im Automotiv-Sektor – parallel zur PDM-Installation ein eigenständiges SDM-System eingesetzt. Der Aufwand für ein IT-Projekt dieser Art ist hoch und durch nichts zu rechtfertigen. Es entstehen eine weitere Datenbank, eine zusätzliche Schnittstelle und unnötige Redundanzen. Die Argumentation für ein autonomes SDM-System ist ziemlich irrational:

- Angeblich soll der Aufwand für Informationsbeschaffung, Modellaufbau und Reporting geringer sein,
- lässt es sich leichter nachvollziehen, auf welchem Bauteilstand eine Berechnung beruht,

- werden sämtliche Simulationsdaten wie CAD-Modelle (komplett und vereinfacht), Netzstrukturen, Include-Files, Rechenmodelle, Ergebnisse usw. verlinkt,

- liegt transparent die Entstehungsgeschichte von Design-, Modell- und Berechnungsvarianten vor

- und wird der gesamte Simulationsvorgang vollständig unterstützt.

Genau das und noch mehr leistet der PDM-Ansatz mit seinem integralen Projekt-, Prozess- und Produktdatenmodell. Alle Berechnungs- und Simulationsvarianten stehen nicht nur auf Dokumentebene in Beziehung, sie haben auch mit der Teileebene eine direkte Verbindung. Simulationsdaten sind auch Produktdaten und demnach Bestandteil des virtuellen Produkts. Entsprechend den Anforderungen des Konfigurationsmanagements müssen alle Objekte des virtuellen Produkts einem einheitlichen Revisions-, Versions- und Freigabeverfahren unterliegen. Wenn Bauteile, Produktstrukturen und CAD-Modelle mit PDM und FEM-Modelle, Randbedingungen etc. mit SDM verwaltet werden, ist dies nur mit Mehraufwand erreichbar. Obendrein kann es leicht zu Fehlern kommen und passieren, dass zum Beispiel nicht auf das aktuelle CAD-Modell aufgesetzt wird und somit anschließend die Simulationsergebnisse wertlos sind. Vor allem die hohe Änderungsdynamik im Produktentwicklungsprozess macht es schwer, logisch zusammengehörende Produktdaten, die physisch getrennt in verschiedenen Systemen liegen, zuverlässig konsistent zu halten. Ein Grund mehr auf ein IT-Projekt, mit der Zielsetzung eine SDM-Software einzuführen, zu verzichten. Das erforderliche SDM-Datenmodell kann problemlos in ein professionelles PDM-System eingebracht werden. Voraussetzung ist ein detailliert ausgearbeitetes Konzept. Der Aufwand, eine vorhandene PDM-Lösung zu erweitern, ist weit geringer, als ein weiteres IT-System mit Lizenz-, Pflege-, Customizing- und Administrationskosten einzuführen. Aus fachlichen wie auch aus wirtschaftlichen Überlegungen heraus kann es eigentlich nur eine vernunftgetragene Entscheidung geben.

Masterplan

Permanenter Wettbewerbs- bzw. Kostendruck bringt die Unternehmen der Fertigungsindustrie dazu, enorme Summen für den Ausbau ihrer Informationstechnik aufzuwenden. In Deutschland sind das derzeit rund 20 Milliarden Euro jährlich. Dies zeigt die herausragende Bedeutung des Produktionsfaktors Information für die industrielle Wertschöpfung. Von der Entwicklung des virtuellen Produkts über die Planung des realen Produkts bis hin zum Bau des physischen Produkts werden alle Prozesse mehr oder weniger IT-gestützt ausgeführt. In der Fertigung wird diese Entwicklung durch die Forcierung der Automatisierung noch verstärkt. Trotz der beträchtlichen Investitionen können aber die Ergebnisse die Erwartungen vielfach nicht erfüllen. Der wirtschaftliche Nutzen aus den diversen IT-Projekten deckt sich nicht mit den Aufwänden. Dafür ist eine Vielzahl von Gründen verantwortlich. Drei davon zeigen besonders negative Auswirkungen: Die Erfolgsfaktoren von Projekten werden missachtet, Gemeinsamkeiten und Nahtstellen von Projekten nicht wahrgenommen und überflüssige Software eingeführt. Es mangelt an einer offiziellen Unternehmensstrategie mit der Zielsetzung, das Informationsmanagement konsequent an den Prozessen des Geschäftsmodells auszurichten. Ein unkontrolliertes Vorgehen auf Abteilungsebene ist Ursache für Fehlinvestitionen und viele daraus folgende Probleme.

Zur wirtschaftlichen Bearbeitung der Aufgaben des Produktentstehungsprozesses muss eine Art informationstechnisches Unternehmenswerkzeug geschaffen werden. Dafür ist eine Gesamtschau auf alle Erfordernisse notwendig. Jede der Aufgaben und die damit verbundenen Daten brauchen zu ihrer Ausführung jeweils ein geeignetes Werkzeug. Daraus leitet sich die gesamte erforderliche Anwendungs- und Verwaltungsfunktionalität ab. Somit können IT-Systeme gezielt beschafft und zu einer Einheit im Sinne von Unternehmenswerkzeug integriert werden. Die gängige Praxis sieht bedauerlicherweise völlig anders aus. Für jede tatsächlich oder vermeintlich benötigte Software wird ein eigenes Einführungsprojekt aufgesetzt. Oftmals sind gleichzeitig mehrere Vorhaben in Bearbeitung. Jedes Projekt wird für sich betrachtet und gesondert implementiert. Parallelen und Gemeinsamkeiten werden nicht gesehen und folglich auch nicht berücksichtigt. Es entsteht ein Mehrbedarf an Personal-Ressourcen und Sachmitteln, der Kosten verursacht ohne einen Mehrwert zu erbringen. Durch den unkoordinierten IT-Ausbau fallen nicht nur höhere Investitionen an, sondern desgleichen auch Mehrkosten durch unproduktive Arbeitsweisen infolge einer unzulänglichen informationstechnischen Arbeitsumgebung mit intransparenter Datenorganisation. Diese Situation ist weit verbreitet und der Grund dafür, dass die enormen finanziellen Mittel, die in die IT-Ausrüstung fließen, nicht zu der erwarteten bzw. erwünschten Ergebnissen führen. Auch der Hype um die Digitalisierung wird daran nichts ändern, solange die Ursachen dafür nicht tiefgreifend beseitigt werden.

Die Palette an widersinnigen IT-Projekten ist reichhaltig. Eine Form dieser Auswüchse macht besonders nachdenklich. Wie kann es sein, dass für ein und dieselbe Aufgabe mehrere Systeme angeschafft werden? Obwohl mit viel Aufwand PDM-Software als Technisches Informationsmanagementsystem eingeführt wurde, stellt jemand fest, dass Software zur Verwaltung von Produkt, Prozess und/oder Projekt beschreibenden Dokumenten fehlt. Ein PDM-System verfügt in der Regel zwar über vollwertige Funktionalität für Dokumentenmanagement, dennoch wird gelegentlich eine andere Auffassung vertreten oder diese Tatsache einfach ignoriert. Anscheinend erfordern manche Dateien wie etwa Spezifikationen, Materialanforderungen, QS-Vereinbarungen, Sicherheitsdatenblätter, Checklisten, Gesprächsnotizen, Projektprotokolle, Schulungsunterlagen etc. eine andere Art von Dokumentenverwaltung. Noch mehr erstaunt es, wenn parallel zu einer PDM-Installation eine Normteileverwaltung genutzt wird. In PDM-Software ist Teilemanagement eine Kernfunktionalität. Jedes Teil wird mit einem Teilestammsatz geführt. Bei Bedarf lässt sich ein Teil zusätzlich mittels Strukturbaum und/oder Merkmalen klassifizieren. Dem Teilestammsatz als überwiegend organisatorische Informationseinheit können direkt geometrische, physikalische, funktionale, technologische und Beschaffenheitsmerkmale zugewiesen werden. Dieser Ansatz erlaubt nicht nur, mechanische, elektrische, elektronische und mechatronische Norm-

und Katalogteile zu klassifizieren, auch standardisierte Entwicklungsteile (Werknormteile) lassen sich in der gleichen Weise einbringen und
sehr produktiv nutzen. Ähnlich gelagert ist das nächste Beispiel eines
verfehlten IT-Ausbaus. Der Werkstoff als Teilemerkmal hat seinen Platz
in der PDM-Datenbank, sollte man meinen. Ungeachtet dessen wird
eine separate Werkstoffdatenbank genutzt. PDM-Software bietet nicht
die Möglichkeit, Werkstoffe detailliert als Reinstoffe oder Gemische
zu verwalten, so die Argumentation in diesen Fällen. Für die meisten
PDM-Systeme im Standard trifft das zu. Dennoch bringt professionelle
PDM-Software alles mit, um im Rahmen von Customizing eine voll integrierte Werkstoffverwaltung realisieren zu können. Der Vorteil: Die
Werkstoffdaten werden zentral gepflegt, sind sofort für alle Nutzer über
deren integrierte Anwendungen verfügbar und die Pflege eines weiteren Systems entfällt. In den Problemkreis „überflüssige IT-Systeme"
gehört auch Software für Projektmanagement. Systeme dieser Art sind
konzipiert für Definition, Planung und Steuerung beliebiger Vorhaben,
jedoch fehlt die Verwaltung der Arbeitsergebnisse. Zwischen der administrativen und operativen Ebene gibt es keinen Bezug. Akteure können ggf. ihre geleisteten Arbeitszeiten einbringen, nicht aber ihre
Arbeitsergebnisse ihren definierten Aufgaben zuordnen. Projekt-, Pro-
zess- und Produktdaten als integrale Einheit zu führen, ist auf diese
Weise nicht möglich. Professionelle PDM-Software kann diese elemen-
tare Anforderung erfüllen. Die Anschaffung eines Stand-alone-Systems
für Projektmanagement in diesem Kontext fällt somit in die Rubrik
„Mehrkosten ohne Nutzen". Als letztes Beispiel dieses Komplexes sei
Produktkonfigurator-Software erwähnt. Auch zu deren Einführung
wird so manches teure IT-Projekt „durchgezogen". Wenn man zugrunde
legt, dass Aufbau und Freigabe einer Variantenkonfiguration Aufgaben
von Entwicklung und Konstruktion sind, liegt es nahe, dazu die Funktionalität des PDM-Systems einzusetzen. In der PDM-Datenbasis stehen Standardteile und Teilevarianten mit den beschreibenden Dokumenten sowie das gesamte Beziehungswissen in direkter Verbindung.
Die aufwendige Schnittstelle eines Drittsystems zu PDM und ERP ist
nicht notwendig, die Kosten dafür entfallen.

Die Einführung überflüssiger IT-Systeme ist nur eine Art von mehreren Negativentwicklungen, eine andere ist die Nichtbeachtung von Gemeinsamkeiten und Nahtstellen bei IT-Projekten. Im Besonderen zeigen sich die Fehlentwicklungen im Zusammenhang mit PLM. Product Lifecycle Management als strategischer Ansatz zum Aufbau einer unternehmensweiten IT-Arbeitsplattform und Wissensbasis erfordert die Integration aller in den Produktentstehungsprozess involvierten Systeme. Umso unverständlicher ist es, wenn das Thema Qualitätsmanagement in den meisten PLM-Projekten keine oder kaum eine Rolle spielt. Unter Qualitätsmanagement wird in der Hauptsache die Qualitätssicherung in den Fertigungsprozessen verstanden. Dass Qualitäts- und Produktlebenszyklus-Management in enger Beziehung stehen (s. a. Abschnitt „Qualitätsmanagement" ab S. 152), scheint ignoriert zu werden. Jedenfalls ist die Anbindung der CAQ-Software an das PDM-System keine gängige Praxis. So gibt es meist keinerlei Berührung zwischen PDM- oder PLM- und CAQ-Projekt, mit allen negativen Folgen. Ähnlich verhält es sich auch mit einigen anderen IT-Systemen zur Produkt- oder Prozessdatenbearbeitung. Im Gegensatz zu MCAD ist die Integration der E-Techniksysteme ECAD/EDA noch immer nicht Standard. Und obwohl der Anteil an Steuerungssoftware in den Produkten laufend wächst, ist das CASE-Tool nur selten in einem PLM-Lastenheft zu finden. Selbst die CAP/NC- bzw. CAM-Software zur NC-Programmierung bleibt vielfach ausgegrenzt, obwohl eine enge Beziehung zu MCAD und PDM besteht. Nicht viel anders zeigt sich die Situation bei IT-Projekten zur Einführung oder Ablösung von Geschäftsanwendungen (PDM, CRM, ERP, MES etc.). Trotz der Notwendigkeit, Daten dieser Systeme prozessorientiert zu vernetzen, „arbeiten" die Projekt-Teams nebeneinander her. Es mangelt an gemeinsamer Zielsetzung und Kommunikationsbereitschaft, jeder „kocht" sein eigenes „Süppchen". So werden häufig lediglich minimale Anforderungen erfüllt. Davon ist sogar die Prozessbrücke zwischen PDM und ERP nicht ausgenommen.

Die Vorgehensweise bei IT-Projekten in den fertigungsvorgelagerten Bereichen wäre etwa beim Bau eines neuen Produktionswerks undenkbar. Ohne die Entwicklung eines Gesamtkonzepts würde niemand auch

nur eine Maschine beschaffen. Erst wenn die notwendigen Fertigungs-
und Montageschritte bzw. der Produktionsprozess sowie der Material-
fluss definiert sind, wird die Ausrüstung festgelegt. Einen ähnlichen
Ablauf braucht die Umsetzung einer rentablen IT-Strategie. Statt un-
koordinierter Aktionen bedarf es eines Masterplans. So lassen sich die
Zusammenhänge von Problemen und Defiziten erkennen und daraus
die richtigen Schlüsse ziehen. Es stehen nicht mehr Softwaresysteme
und deren Funktionen im Fokus, sondern die Zielsetzung des Unternehmens. Wie bei der Planung einer Produktionseinrichtung sind die
Fragen zu klären: Was soll erreicht werden, welche Arbeitsstationen
sind erforderlich und welcher Informationsfluss fällt an? Die detaillierte Analyse und Definition der Abläufe stehen im Mittelpunkt und
damit die Arbeitsergebnisse, aber auch die notwendigen Arbeitsunterlagen. Durch diese Sicht auf die Prozesse und ihre Daten entsteht ein
transparentes Bild vom Gesamtgeschehen. Auf dieser Ebene sind Objekte (Teile, Werkstoffe, Dokumente, Projekte etc.) jederzeit eindeutig,
also Unikate. So ist zum Beispiel ein Teil mit Nummer „48110819", Revision „003", Typ „Rohteil", Art „Entwicklungsteil", Benennung „Gehäuse", Freigabestand „Detaillierung, freigegeben für Serie" etc. stets

Systemneutrale Datenobjekte gemäß Gesamtkonzept nach Masterplan:

··· Teil	Nummer	48110819	Teil	Nummer	48110820	···
	Revision	003		Revision	001	
	Typ	Rohteil		Typ	Teil	
	Art	Entwicklungsteil		Art	Katalogteil	
	Benennung	Gehäuse		Benennung	Zylinder	
	...	...		...	...	

Systembezogene Datenobjekte gemäß Gesamtkonzept nach Masterplan:

··· PDM	Teile-stamm-satz	Teilenummer	48110819	ERP	Artikel-stamm-satz	Artikelnummer	48110819	···
		Revision	003			Index	003	
		Teiletyp	Rohteil			Artikelart	Rohteil	
		Teileart	Entwicklungsteil			Artikelgruppe	Entwicklungsteil	
		Benennung	Gehäuse			Kurzbezeichnung	Gehäuse	
		...	...			...	...	

prozesssicher identifizierbar. Mit der Abbildung dieses Teils auf die
Systemebene entstehen bei Nutzung von PDM und ERP zwangsläufig
zwei Objekte – ein Teile- und Artikelstammsatz. Im Rahmen eines Mas-

terplans geschieht dies widerspruchsfrei mit kontrollierter Redundanz. Auch wenn womöglich Attributnamen systembedingt oder aus einem anderen Grund Unterschiede aufweisen, sind die Attributinhalte doch identisch und das zu jeder Zeit. Dies wird gewährleistet, weil nach Vorgabe des Gesamtkonzepts nur ein Nummernsystem, eine Nomenklatur, ein Freigabesystem etc. über alle Anwendungen hinweg unternehmensweit zum Einsatz kommen.

Mit der steigenden Nachfrage nach individualisierten Produkten wächst der Bedarf für die flexible Nutzung der verfügbaren Fertigungs-, Montage- und Prüfeinrichtungen mit entsprechender Funktionsvariabilität und Anwendungsflexibilität. Um diese Werkzeuge in Abhängigkeit der möglichen Produktvarianten optimal einsetzen zu können, müssen die Produktionsszenarien theoretisch „durchgespielt" werden. Mit einer CAPE/DMF-Lösung und den 3D-Geometrien der digitalen Produktvarianten lassen sich die einzelnen Produktionsschritte im Rahmen der Arbeits- und Prozessplanung virtuell in der digitalen Fabrik ausführen und so das bestmögliche Ergebnis erzielen. Unter digitaler Fabrik wird hier eine integrale informationstechnische Arbeitsplattform verstanden. In der praktischen Umsetzung kann das eine Erweiterung der PLM-Integrationslösung sein (s. a. Abschnitt „Product Lifecycle Management" ab S. 198). Nach VDI/VDA hat die digitale Fabrik folgende Aufgabe: „Durch verschiedene Methoden, Instrumente und informationstechnologische Unterstützung eine reale Fabrikplanung von der Entwicklung der Produkte, der Planung der Produktion bis hin zum Anlauf der Fabrik und deren Betrieb digital darzustellen. Das Ziel besteht darin, alle Bereiche einer Fabrik mithilfe von IT planen, abbilden und simulieren zu können." Die digitale Fabrik könnte in dieser Beziehung auch als virtuelle Fabrik oder virtuelles Unternehmen gesehen werden. Der gesamte Produktionsprozess, der die Elemente Produktentwicklung, Betriebsmittelkonstruktion und Arbeitsplanung einschließt, beruht auf 3D-Objekten, die mit einer Reihe von spezialisierten Tools (CAD, DMU, DMF etc.) erstellt und bearbeitet und mit einem Datenmanagementsystem (z. B. PDM) in Form von Beschreibungs- und Nutzdaten verwaltet werden. Die Entwicklung der digitalen Fabrik bzw.

des digitalen Unternehmens ist folglich ein weiteres Projekt in der Liste der IT-Vorhaben. Auch hierbei gibt es etliche Berührungspunkte zu anderen Themen, sind Einflüsse, Überschneidungen und Abhängigkeiten zu berücksichtigen. Eine integrale IT-Lösung auszuführen, die eine durchgehend digitale Kopie der realen Wertschöpfungsprozesse durch virtuelle Entwicklung, Planung und Produktion erlaubt, ist eine anspruchsvolle Aufgabe. So ist es nur folgerichtig, das Projekt für den „Bau" der digitalen Fabrik/des digitalen Unternehmens in den Masterplan aufzunehmen.

Die Realisierung eines Masterplans erfordert ein Masterprojekt. Es hat hauptsächlich die Aufgabe, dafür zu sorgen, dass die aktiven IT-Projekte nach den Vorgaben des Masterplans implementiert werden. Das Masterprojekt entspricht einem Hauptprojekt, dessen Umsetzung organisatorisch in definierten Teilprojekten (z. B. CRM-Einführung) erfolgt. Da die IT-Systemlandschaft fortwährend weiterentwickelt wird, ist das Masterprojekt praktisch eine Dauereinrichtung. Die Kernaufgabe der Projektleitung ist die Koordination der Abwicklung aller laufenden Teilprojekte. Es kommt darauf an, jeden Projektverantwortlichen auf das gemeinsame Ziel zu fokussieren. Bei dem ausgedehnten Spektrum an Themen ist es wichtig, einen intensiven Informationsaustausch sowie eine enge Abstimmung zu praktizieren. So wird vermieden, dass das eigene Vorhaben eine übergroße Bedeutung erfährt. Darüber hinaus ergeben sich aus diesem Denken und Handeln oftmals wertvolle Synergieeffekte. Dergestalt lassen sich Implementierungszeiten bedeutsam verkürzen und Projektaufwände wirtschaftlich gestalten. Selbstverständlich muss der Masterplan bei allen Änderungen und/oder Erweiterungen der IT-Systemlandschaft der „Kompass" sein, ggf. in einer evolutionären Form.

Kapitel VII

Management-Themen

Themen mit Bezug zu Arbeits- und Datenorganisation wie ERP, PDM, Standardisierung, Mass Customization etc. werden automatisch dem Verantwortungsbereich der IT- oder der betreffenden Fachabteilung zugeordnet. Ein ziemliches Problem, da die weitreichenden Auswirkungen von derlei Projekten i.d.R. nicht auf ungeteilte Zustimmung stoßen und so meist nicht zu den gwünschten Ergebnissen führen. Es braucht die Entscheidungskompetenz des Managements, um dafür sorgen zu können, dass zukunftsrelevante Lösungen vollständig und bestmöglich umgesetzt werden. Die Funktionen Planung, Organisation, Koordination, Führung und Kontrolle sind grundlegende Managementaufgaben, folglich sind die Themen Entwicklung eines IT-Gesamtkonzepts, strategische Ausrichtung des Unternehmens, Umsetzung der notwendigen Veränderungen und Qualifikation der Mitarbeiter zweifellos Chefsache.

Checkliste zu Management-Themen:

☑ Ist in Ihrem Unternehmen der Ausbau der IT-Infrastruktur eine Aufgabe zur Unternehmensentwicklung?

☑ Gibt es in Ihrem Haus die strategische Zielsetzung, ein prozessbezogenes vernetztes IT-Gesamtsystem zu realisieren?

☑ Wird die Umsetzung Ihres Gesamtkonzepts für Informationsmanagement von einer Stabs-/Zentralstelle ausgeführt?

☑ Bilden die Bereiche Mechanik, Automatisierung und Software in Ihrem Technischen Büro eine gemeinsam agierende Einheit?

☑ Weisen Ihre Produkte durch Digitalisierung und Modularisierung hohe Funktionsvariabilität und Anwendungsflexibilität auf?

☑ Ist es Ihre Zukunftsstrategie, Kundenwünsche mittels Individualkonfiguration anstelle von Individualkonstruktion zu erfüllen?

☑ Gehört es zu Ihrer Unternehmenskultur, unvoreingenommen Bereitschaft zur Veränderung zu zeigen und zu praktizieren?

☑ Existiert bei Ihnen eine Kommunikationskultur, mit der Akteure Unzulänglichkeiten ans Ohr der Geschäftsleitung bringen können?

☑ Besteht in Ihrem Haus der feste Wille, die „Funktionsweise" Ihres Unternehmens ohne Tabus umfassend zu modernisieren?

☑ Bilden in Ihrer Organisation die Mitarbeiter der verschiedenen Fachrichtungen ein prozessfokussiertes Netzwerk?

☑ Gibt es bei Ihnen eine Qualifizierungsinitiative mit dem Ziel, der Belegschaft ein gemeinsames Prozessverständnis zu vermitteln?

IT-Gesamtkonzept

Der Umgang mit elektronischen bzw. digitalen Informationen in den Geschäftsprozessen entscheidet ganz wesentlich über das Leistungsvermögen eines Unternehmens, insbesondere in der Fertigungsindustrie. Die Komplexität bei der Produktentstehung bringt in vielen Fällen ein riesiges Informationsvolumen mit sich. Seine aufgabenbezogene Bearbeitung, Nutzung und Sicherung lässt sich nur mit einem Informationsmanagementsystem auf der Grundlage eines ganzheitlich konzipierten Integrationsansatzes bewerkstelligen. Diese Erkenntnis ist nicht neu, und dennoch wird nicht entsprechend gehandelt. Die funktionsorientierte Organisationsform (Linienorganisation) führt dazu, dass Defizite und/oder Probleme auf Abteilungsebene angegangen werden. Dabei sind natürlich nur die eigenen Aufgaben von Interesse. Jede Abteilung beschafft ihre IT-Arbeitssysteme, die Mechanik-Konstruktion MCAD, die Elektro-Konstruktion ECAD/EDA, die Arbeitsplanung CAP/NC bzw. CAM usw. Wie die damit erzeugten Arbeitsergebnisse zu Prozesswissen des Unternehmens vernetzt werden, ist auf dieser Ebene kein Thema. Das Abteilungsdenken der Abteilungsverantwortlichen ist hier nachvollziehbar, es gehört schließlich nicht zu ihren primären Aufgaben, sich um Informationsmanagement zu kümmern. Und die IT- oder die klassische EDV/ORG-Abteilung ist als interner Dienstleister für Installation, Betrieb und Administration von Hard- und Software dafür eigentlich nicht vorgesehen, falls doch, ist sie häufig damit überfordert.

Wenn tatsächlich jemand die Initiative ergreift, geschieht das in aller Regel aus persönlicher Motivation. Jemand sieht die Unzulänglichkeiten in den Geschäftsabläufen, die Fehlerhäufungen und Mehraufwände. Meist ist es der Abteilungsleiter der Produktentwicklung, der sich seit längerer Zeit typischen Problemen gegenübersieht. Da ist allem voran das Chaos bei den CAD-Daten, aber auch das Fehlen eines Klassifikationssystems, die willkürlichen Änderungsverfahren und die schlechte Stammdatenqualität, um nur ein paar wichtige zu nennen. Sofern er über den eigenen „Tellerrand" blickt, wird seine Zielmarke nicht nur ein Managementsystem für CAD-Daten, sondern ein Technisches Informationsmanagementsystem (TIS im Sinne von PDM) für die gesamten Produktdaten sein. Bei der Dimension dieses Unterfangens ist die Initiative freilich nicht mehr auf Abteilungsebene zu „stemmen". Es sind Mitstreiter nötig, aber vor allem muss die Geschäftsleitung überzeugt werden und ihre Zustimmung geben. Zumeist gelingt es dem engagierten Initiator, das Projekt auf den Weg zu bringen. Gemeinhin zeigt sich folgendes Szenario: Die Geschäftsleitung genehmigt das Vorhaben, kümmert sich jedoch nicht um dessen Realisierung. Sie kennt nicht die wirklichen Probleme, bringt sich nicht in die Konzeptarbeit ein und kann demzufolge mögliche Lösungsansätze nicht bewerten. Sie ist nicht für das gesamte Haus erkennbar „Kopf" des Projekts. So vermittelt sich leicht der Anschein, das Vorhaben habe nur untergeordnete Bedeutung. Bei den vielfältigen Auswirkungen, die die Verwirklichung eines umfassenden Informationsmanagementansatzes wie PDM oder gar PLM mit sich bringt, kann das zu einer gefährlichen Entwicklung führen. Nicht alle Betroffenen finden die Arbeit des Projekt-Teams gut. Personen, die nichts von den anstehenden Veränderungen halten, können bestärkt werden, sich zu verweigern oder sogar zu opponieren. Ohne offenes Engagement der Geschäftsleitung wird das Projekt für seine Gegner de facto entwertet. Da das Projekt-Team gewöhnlich nicht mit Entscheidungskompetenz ausgestattet ist, gerät die Arbeit zwangsläufig ins Stocken, das Vorhaben droht in seiner Zielsetzung zu scheitern. Am Ende steht entweder eine inkonsequente Lösung ohne Nutzen oder eine konsequente Lösung, die jedoch kaum einer nutzt. Beides kann nicht im Sinne der Unternehmensleitung sein.

Durch die zunehmende Digitalisierung der Industrieprozesse zur Produktentstehung rückt das Thema Informationsmanagement immer stärker in den Mittelpunkt. Information als Produktionsfaktor beeinflusst in hohem Maß die Prozessleistung von der Produktentwicklung bis zur Produktion. Entscheidend ist hierbei die ungehinderte Durchgängigkeit der Information. Alle technischen und betriebswirtschaftlich-planerischen Aufgaben, die in einem Geschäftsprozess anfallen, können nur mit unterbrechungsfreiem Informationsfluss wirtschaftlich ausgeführt werden. Bei fehlender Durchgängigkeit geht ein großer

Teil der Prozess-Durchlaufzeit auf das Konto der Übertragungsdauer von Information von jeweils einer Prozessaufgabe zur nächsten, im Extremfall können das mehr als 70 % sein. Dies zeigt, IT-Systeme sind als Werkzeuge für die produktive Bearbeitung von Einzelaufgaben zwar unverzichtbar, doch erst mit ihrer prozessorientierten Integration erschließt sich der volle Nutzen in Bezug auf die Durchführung einer Gesamtaufgabe. Außer der Integration von PDM und den CAx-Autorensystemen (CAD, CAE, CAO etc.) ist die informationstechnische Verknüpfung aller Geschäftsanwendungen (PDM, CRM, ERP, SCM, MES etc.) eine schiere Notwendigkeit. Aus aufgabenbezogenen Einzelsystemen muss ein prozessbezogenes Gesamtsystem aufgebaut werden. Zu erreichen ist dies nur mit einem strategischen Gesamtansatz, mit einzelnen „Baustellen" ohne gemeinsamen „Bauplan" ist das nicht zu schaffen. Die Erfahrung lehrt, dass bereits bei der Einführung eines Einzelsystems wie PDM divergierende Interessen in der Anwenderschaft das Projektergebnis stark beeinträchtigen können. Soll der Aufbau einer integralen IT-Systemlandschaft Bewertungsgrößen wie beispielsweise die Dauer des Auftragsdurchlaufs signifikant verbessern, dürfen nicht Abteilungsoptima die Zielsetzung sein, sondern ein optimales Unternehmensergebnis. Damit sich diese Vorgabe auch sicher erreichen lässt, ist das entschlossene Handeln der Geschäftsleitung zwingend geboten. Informationsmanagement in der künftigen Bedeutung ist ohne Wenn und Aber eine Managementaufgabe, ein Element zur Unternehmensentwicklung.

Mit Sicht auf die Unternehmensziele Konsolidierung, Wachstum und Wertsteigerung ist die bestmögliche Infrastruktur für die Nutzung von Information eine grundlegende Voraussetzung. Das spricht für die Notwendigkeit, diese Aufgabe zur Chefsache zu machen. Wenn die Funktionen Planung, Organisation, Koordination, Führung und Kontrolle zu den grundlegenden Managementaufgaben gehören, ist der Komplex Informationsmanagement zweifellos Chefsache. Es ist absurd, wenn die Geschäftsleitung überzeugt werden muss, eine fachlich notwendige IT-Initiative zu bewilligen, wie das vielerorts der Fall ist. Eigentlich ist es die Aufgabe der Unternehmensführung, zukunftsrelevante Themen

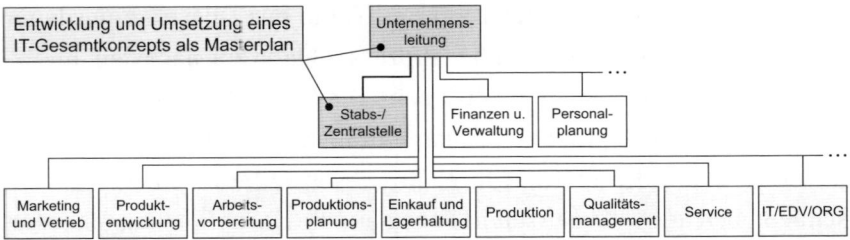

nicht nur auf den Weg zu bringen, sondern auch dafür zu sorgen, dass diese vollständig und exzellent umgesetzt werden und Eingang in die betriebliche Praxis finden. Sollen wichtige Strategien wie die durchgängige Digitalisierung des Geschäftsbetriebs erfolgreich etabliert werden, ist das prinzipiell nur mit Projekten zur Unternehmensentwicklung möglich. Das Gleiche gilt natürlich ebenso für die Weiterentwicklung des Informationsmanagements, einem wesentlichen Element der Digitalisierung. Derartige Vorhaben erfordern zentrale Planung, Organisation, Koordination, Führung und Kontrolle, also Entscheidungskompetenz des Managements. Selbstverständlich braucht die Unternehmensleitung aus praktischen Gründen – begrenzte persönliche Kapazität – ein unterstützendes und ausführendes Organ. Je nach Firmengröße und -struktur kann das eine Stabs- oder Zentralstelle sein, die direkt der Geschäftsleitung untergeordnet ist. Dort sollten ausgewiesene Spezialisten mit umfassendem Fachwissen, großer Erfahrung und sozialer Kompetenz eingesetzt werden. Darüber hinaus kann es von Vorteil sein, bei komplexen Fragen einen externen Berater einzubinden. In dieser Konstellation ist die Aufgabe Informationsmanagement ohne die üblichen Reibungsverluste und „faulen" Kompromisse umsetzbar.

Richtung und Strategie eines Vorhabens gibt die Geschäftsleitung aufgrund ihrer unternehmerischen Ziele vor. Persönlich motivierte Interessenlagen von „Abteilungsfürsten" und/oder privilegierten Mitarbeitern finden keinen Einfluss, spielen folglich auch keine Rolle. Leiter und Kern-Team des Informationsmanagement-Projekts sind Mitarbeiter der Stabs-/Zentralstelle. Sie entwickeln in enger Abstimmung mit der Unternehmensführung ein für deren Zielsetzung ideales Gesamtkonzept mit hohem Detaillierungsgrad. Alte „Zöpfe" in der Ablauforganisation, die diese über Gebühr träge machen und eine Menge Geld verschlingen, können – von der Vernunft geleitet – abgeschnitten werden. Bis dato unantastbare „Gesetze" dürfen, nein, sollen gebrochen werden. Alles, was der Wirtschaftlichkeit entgegensteht, wird durch neue Festlegungen und Verfahren abgelöst. Die vielerorts vernehmbaren Einwände, „das geht nicht", „das ist nicht machbar", „so sind wir nicht mehr arbeitsfähig", führen nicht länger dazu, dass wichtige Veränderungen im Sinne von Reformen blockiert werden. An wettbewerbsfähiger Unternehmensleistung ausgerichtetes Informationsmanagement kann in dieser Weise die Voraussetzungen schaffen, um die Möglichkeiten neuer Technologien und Methoden gewinnbringend nutzen zu können. Gleichwohl ist die Qualität von Informationsmanagement immer nur so gut, wie es die Informationsqualität erlaubt. Damit der Produktionsfaktor Information dauerhaft auf hohem Qualitäts- und folglich Leistungsniveau bleibt, erfordern Pflege und Management aller Informationen ein nicht endendes Engagement der Geschäftsleitung und ihren Unterstützern. Der eingeschlagene Weg, Informationstechnik als das zentrale Unternehmenswerkzeug im Rahmen eines Gesamtkonzepts aufzubauen und weiterzuentwickeln, muss kontinuierlich fortgeführt werden. Basis ist der im vorangehenden Kapitel dargelegte Masterplan.

Strategische Ausrichtung

Unternehmensentwicklung vor dem Hintergrund der momentan tiefgreifenden Veränderungen in der Fertigungsindustrie ist untrennbar mit dem „Treibstoff" Information der Geschäftsprozesse verbunden. Dies trifft gleichermaßen für alle Kernbereiche der Wertschöpfung zu. Korrekte Daten und eindeutige Informationen sowie deren jederzeit durchgängige Nutzung sind ein wesentlicher Schlüssel zur Bewältigung der gegenwärtigen Herausforderungen. Alle strategischen Ziele, die der Stärkung der Wettbewerbsfähigkeit und somit der Zukunftssicherung dienen, stehen in Verbindung mit Daten- bzw. Informationsmanagement. Im Technischen Büro gilt es, einen wirkungsvollen Plan zu entwerfen und umzusetzen, der es ermöglicht, Lösungen für die zunehmend spezifischer werdenden Kundenanforderungen kostengünstig sowie zugleich rentabel zu entwickeln und das bei sowohl kurzer Durchlaufzeit als auch hoher Qualität. Dazu müssen zunächst einige überholte Denkmuster abgelegt werden. Im Falle von elektromechanischen Produkten steht nicht mehr die mechanische Konstruktion im Mittelpunkt, sondern das ganze System mit seiner Funktion. Das Produkt setzt sich wie ein elektronisches Gerät (z. B. Tablet-PC) aus Hard- und Software zusammen. Freilich ist der Begriff Hardware hier weiter gefasst und schließt mechanische, elektrische, elektronische und mechatronische Bauteile ein, umfasst also den gesamten materiellen Teil des Produkts. Die Software kann Programm einer speicherprogrammierbaren Steuerung (SPS) oder einer Steuerungsplatine sein. Bei der Entwicklung des virtuellen Produkts kommt es darauf an, mit dem Zusammenspiel von Hard- und Software die vom Kunden geforderte Funktionsvariabilität und Anwendungsflexibilität zu realisieren. Die IT-Werkzeuge dazu – MCAD für die Mechanik-Konstruktion, ECAD/EDA, CASE und SPS für die Automatisierung und CAE/FEM/DMU für die Simulation – müssen mithilfe einer TIS-Lösung (PDM) so integriert werden, dass ihre Daten in Gänze das virtuelle Produkt wiedergeben. So lassen sich die Aufgaben Mechanik, Automatisierung und Software mit einer gemeinsamen Arbeitsplattform parallel auf der Grundlage eines digitalen Prototyps bearbeiten. Der Effekt: geringere Kosten, bessere Qualität und schnellere Serienreifmachung – die unablässige Zielsetzung des Managements.

Funktionsvariabilität und Anwendungsflexibilität von Produkten sind nicht allein nur durch Automatisierungstechnik zu erreichen, die mechanischen Komponenten mit ihren verfügbaren Bewegungsoptionen spielen eine ebenso große Rolle. Um hier eine hohe Flexibilität zu ermöglichen, ist ein varianter Produktaufbau notwendig, d. h. es sind standardisierte Teilevarianten zu entwickeln. Dies ist der Gegenentwurf zur kundenspezifischen Individualkonstruktion. Somit muss ein weiteres Denkmuster beiseitegelegt werden. Die Umsetzung des strategischen Ziels Standardisierung und Baukastenkonstruktion erfordert andere Prozesse und ein anderes Bewusstsein der Akteure. Da die Veränderungen weitreichend sind und die Arbeit aller produktbezogenen Bereiche beeinflussen, kann dieser Weg nur in Form einer Management-Initiative erfolgreich beschritten werden. Drei Dinge sind äußerst wichtig, die organisatorische Aufteilung des Konstruktionsbüros in Entwicklungs- und Auftragskonstruktion, die Einführung der Engineering-Methoden Standardisierung und Varianten- bzw. Baukastenkonstruktion und der Aufbau einer PDM-Lösung für spezifisches Produktdatenmanagement. Um eine möglichst hohe Produktvariabilität zu erreichen – die zentrale Forderung des Marktes –, braucht es Teilevarianten auf nahezu allen Ebenen der Produktstruktur. Zudem kann auch der strukturelle Aufbau eines Produkts variant sein. Insgesamt können mit allen verfügbaren Möglichkeiten maß-, gestalt- und funktionsvariante Teile, Baugruppen und Produkte entstehen. Damit mit dieser Methode hochproduktive Projekte realisierbar sind, muss die Vielfalt an Varianten beherrschbar sein. Dazu ist integrales Informationsmanagement nötig, wie es nur mit aktiver Unterstützung des Managements anforderungsgerecht zu bewerkstelligen ist.

Das eigentliche strategische Ziel heißt Mass Customization, unabhängig davon, ob es sich um mechanische oder mechatronische Produkte handelt. Bei den individuellen Bedürfnissen und Wünschen der Kunden müssen die Merkmale eines Produkts (Funktion, Technologie, Leistung, Energieverbrauch, Sicherheit, Größe, Form/Gestalt, Material/Werkstoff, Oberflächenbeschaffenheit etc.) jeweils in einem sinnvollen Bereich wählbar sein. Der Kunde verlangt ein Individualprodukt und das meist in kleinen Stückzahlen oder sogar mit Losgröße eins. In dieser Situation ist es unerlässlich, aus Kostengründen die Durchlaufzeit im Technischen Büro so kurz wie möglich zu halten. Bei geringer Stückzahl können die Entwicklungskosten – besonders, wenn diese wie bei komplexen Produkten hoch sind – nicht wie bei Massenproduktion auf die Stückkosten umgelegt werden. Ferner bereiten auch die Produktionskosten bei konservativer Vorgehensweise (Individualkonstruktion) Probleme. So ist es eine dringliche Managementaufgabe, den Prozess von Individualkonstruktion auf Individualkonfiguration umzustellen. Mit der Grundlage von Standardisierung und der Entwicklung eines Konstruktionsbaukastens sowie dem Aufbau eines Produktbaukastens lässt sich der Auftragsdurchlauf deutlich verkürzen. Allerdings sind einschneidende Veränderungen vonnöten. Vertraute Abläufe gehen für altgediente Prozessakteure verloren und mancher Prozessverantwortliche fürchtet, an Einfluss zu verlieren. Gegebenenfalls negative Erscheinungen bei dieser strategischen Ausrichtung durch derlei Befindlichkeiten erfordern den Nachdruck der Unternehmensführung. Das Ziel ist für das Unternehmen und seine Zukunftsfähigkeit zu wichtig, der Erfolg darf keineswegs gefährdet werden. Durch die Standardisierung ist die Zahl der Teilevarianten überschaubar, sodass trotz einer hohen Zahl von Produktvarianten die Teilevarianten wirtschaftliche Losgrößen erreichen. Wenn, wie in Abschnitt „Organisations- und Arbeitsstruktur" ab S. 72 dargelegt, Teilevarianten mit parametrisierten Master-Dokumenten beschrieben werden, ist es im Zuge einer Produktkonfiguration möglich, auch Fertigungsunterlagen wie NC- und Roboterprogramme mit den gewählten Produktmerkmalen zu generieren. Somit lässt sich nicht nur die Arbeit der Konstruktion erheblich reduzieren, sondern auch die der Arbeitsplanung. In den fertigungsvorgelagerten Bereichen sind mit den geschilderten Methoden die wichtigen Schritte zu einer nachhaltigen Kostensenkung und Rentabilitätssteigerung vollzogen.

Kundenspezifische Individualkonstruktionen führen unvermeidlich zu vielen A-Teilen mit Losgröße 1+, deren Produktion teuer ist. Hingegen benötigt Mass Customization durch Individualkonfigurationen im Normalfall lediglich B- und C-Teile. C-Teile sind Katalog- und Normteile und somit Beschaffungsteile. Nur B-Teile sind Entwicklungsteile und müssen gefertigt werden. Bei konfigurierbaren Produktvarianten fallen darunter die Teilekategorien Grund-, Alternativ- und Ergänzungsbausteine. Grundbausteine sind die notwendigen Standard- oder Gleichteile einer Baureihe, Alternativbausteine sind die notwendigen Teilevarianten einer Baureihe und Ergänzungsbausteine sind die optionalen Teilevarianten einer Baureihe. Aus den lfd. Kundenaufträgen (= Produktvarianten) ergeben sich die Teilebedarfe und damit die Aufträge für die Teilefertigung. Mit den realen Stückzahlen der drei Teile-kategorien lässt sich eine Bedarfsprognose erstellen und in festgeleg-ten Zeitabständen turnusmäßig aktualisieren. Bei der Produktionsform Assemble-to-Order mit Lager- und Auftragsfertigung kann so eine auf-tragsneutrale Vorfertigung mit größeren Losen durchgeführt werden. Dennoch gehört zur strategischen Ausrichtung Mass Customization die bestmögliche Gestaltung aller Wertschöpfungsprozesse von der Er-stellung der Bauunterlagen bis zur Teilefertigung und Montage ein-schließlich Qualitätssicherung. Die Flexibilisierung der Produktion mit cyber-physischen Produktionssystemen (mechatronische Betriebs- bzw. Fertigungsmittel) nach der Intention der Smart Factory und den Kon-zepten von „Industrie 4.0" dient vor allem der „Beweglichkeit" des Un-ternehmens in Bezug auf sein Geschäftsmodell. Um Individualprodukte unabhängig von ihrer Komplexität nicht nur schnell, hochwertig und zudem kostengünstig entwickeln, sondern auch bauen zu können, müssen die Produktionssysteme in ihrer Gesamtheit eine hohe Funk-tionsvariabilität und Anwendungsflexibilität bieten.

Die strategische Ausrichtung als Managementaufgabe muss stets das Hauptziel des Unternehmens – Geld zu verdienen – in den Mittelpunkt stellen. Geld verdienen heißt für Unternehmen der Fertigungsindus-trie, in einem globalen Wirtschaftsraum rentabel zu arbeiten. Der Um-gang mit dem Produktionsfaktor Information ist dabei – wie bereits ausgeführt – von zentraler Bedeutung. Mit dem enormen Hype um die Möglichkeiten von „Industrie 4.0" sind Begriffe wie Digitalisierung, Vernetzung, flexible Automatisierung oder digitale Transformation in aller Munde. Auffallend häufig ist der Ausdruck „Digitale Transforma-tion" zu vernehmen. Laut Wikipedia bezeichnet diese einen fortlaufen-den, in digitalen Technologien begründeten Veränderungsprozess, der die gesamte Gesellschaft und insbesondere Unternehmen betrifft. Ei-gentlich nichts Neues, Veränderungen infolge von informationstechni-schen Entwicklungen sind in Industriebetrieben in den vergangenen Jahrzehnten zum Normalfall geworden. Rationalisierungsmaßnahmen zur Kostensenkung begannen bereits verstärkt Anfang der 1970er-Jahre mit der Verfügbarkeit von CNC-Werkzeugmaschinen und Industrierobotern. Automatisierung ist ein kontinuierlicher Prozess in der industriellen Produktion. Daran werden vermutlich auch die realistischen Visionen der Strategie „Industrie 4.0" nichts ändern. Investitionsgüter zur Produktion sind überwiegend langlebige Wirtschaftsgüter. Sie müssen sich über 10 bis 20 Jahre oder sogar länger amortisieren. Kein Unternehmen, sei es noch so potent, wird seine Produktionsanlagen von heute auf morgen durch cyber-physische Produktionssysteme ersetzen, zumal nach heutigem Kenntnisstand keine gesicherten Zahlen zum Return on Investment (ROI) vorliegen. Hinzukommt die Problematik mit der Datensicherheit. CPPSs in einem zugänglichen Netz können von außen mit bösartiger oder krimineller Absicht manipuliert werden. Diese Gegebenheiten zusammengenommen werden dazu führen, dass auch die Realisierung der Smart Factory ein kontinuierlicher Prozess zur weiteren Automatisierung der industriellen Produktion ist.

Bei aller Begeisterung für die Chancen, die die digitale Vernetzung von Maschinen sowie von Maschinen und Bauteilen eröffnet, bleibt doch festzuhalten, dass es in den allermeisten Unternehmen der Fertigungsindustrie ein ziemlich großes Defizit an Digitalisierung auf einer anderen Ebene gibt. In den fertigungsvorgelagerten Arbeitsfeldern des Technischen Büros scheint diesbezüglich die Zeit stehengeblieben zu sein. Zwar gibt es Software für alle Zwecke im Überfluss, doch fehlt es an produktiven Anwendungsmethoden und eben auch an der digitalen Vernetzung der Software bzw. der Arbeitssysteme. Produkt-, Planungs-, Qualitäts-, Nachweis-, Service-, Vertriebs- und Recycling-Daten werden ohne durchgängige Systematik abgelegt. Es fehlen Stammdaten, es gibt keine einheitliche Nomenklatur (Begriffssystem) und auch kein eindeutiges Nummernsystem, ferner fehlen reproduzierbare Änderungs- und Freigabeabläufe. Aber noch weitaus schlimmer ist die fehlende Vernetzung dieser Daten. Ohne Systemschnittstellen liegen CAx-Arbeitsdateien zusammenhanglos im Filesystem. Dies trifft bei Produktdaten sogar für die einzelnen Fachbereiche der Entwicklung zu. Mechanik-, Pneumatik/Hydraulik-, Elektrik/Elektronik- und Software-Daten zu einem bestimmten Produkt kommen ebenfalls ohne Vernetzung ins Filesystem. Selbst bei Einsatz einer PDM-Software ist die Situation

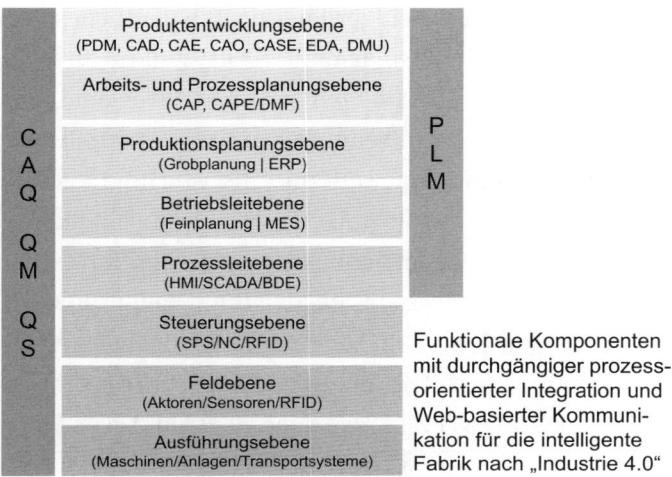

Funktionale Komponenten mit durchgängiger prozessorientierter Integration und Web-basierter Kommunikation für die intelligente Fabrik nach „Industrie 4.0"

größtenteils kaum besser. Daten- und Informationsmanagement leisten angesichts konzeptioneller Mängel nicht das, was nach dem Stand der Technik möglich – und nicht zuletzt notwendig – wäre. Häufig ist das der Grund dafür, dass trotz teurer IT-Anschaffungen zahlreiche MS-Excel-Anwendungen von unzufriedenen Mitarbeitern „gebaut" werden. Ein Umstand, der die „Datenmisere" noch verschärft. Dieser weit verbreiteten Lage in den Fertigungsunternehmen in Sachen Digitalisierung sollte endlich mittels strategischer Ausrichtung entgegengewirkt werden. Es ist höchste Zeit, die Produktentwicklungs- und Arbeits- und Prozessplanungsebene informationstechnisch auf einen Stand zu bringen, der es erlaubt, die betreffenden Prozesse virtuell in der digitalen Fabrik auszuführen. Dies funktioniert sicherlich nicht, wenn die fertigungsvorgelagerten Prozesse nicht Teil einer ganzheitlichen Digitalisierungsinitiative sind (s. Abbildung oben). Wegen der herausragenden Bedeutung dieser Aufgabe sowie deren weitreichenden Folgen ist das nur mit der Entscheidungskompetenz des Managements zu leisten.

Bereitschaft zur Veränderung

Technologisch ist auf nahezu allen Gebieten eine rasante Entwicklung zu sehen. Produkte – Konsum- und Investitionsgüter – werden immer leistungsfähiger, flexibler, wartungsärmer, bedienungsfreundlicher etc. und verbrauchen dabei immer weniger Energie. Ein deutliches Zeichen dafür, dass die heimische Fertigungsindustrie über starke Innovationskräfte verfügt. Die Ingenieurleistungen sind beeindruckend und Garant für unser hohes Wohlstandsniveau. Neben dieser erfreulichen Tatsache belastet hoher Kostendruck weiterhin die Gewinne der Betriebe. Wie bereits ausführlich dargelegt, ist dies die Folge von methodischen Unzulänglichkeiten in den fertigungsvorgelagerten Prozessen. Obwohl große Summen in Software und Dienstleistung fließen, sind die Effekte größtenteils nicht so wie sie sein könnten. Es genügt eben nicht, nur die Informationstechnik auf den neuesten Stand zu bringen, es muss auch die „Funktionsweise" eines Unternehmens umfassend modernisiert werden. Methodisch wird allzu oft an Althergebrachtem festgehalten. Ohne Bereitschaft zur Veränderung bleibt aus den bekannten Gründen alles wie gehabt. Bei den unmittelbar Betroffenen ist der Wunsch nach Veränderung meist nur gering. Man kennt die „Handgriffe", weiß, wo die „Dinge liegen" und fühlt sich bei der Erledigung der täglichen Aufgaben auf der „sicheren Seite". Jede Veränderung wird da aus der persönlichen Wahrnehmung heraus als Störung empfunden. So ist es nicht überraschend, wenn nur wenige Akteure, in der Regel die Leistungsträger, auf Unzulänglichkeiten verweisen und auf Lösungen drängen. Eine typische Situation, die immer wieder anzutreffen ist. Verantwortungsbewusste Mitarbeiter versuchen schließlich, etwas Positives auf den Weg zu bringen. Die Aussichten für eine am Ende erfolgreiche Realisierung sind unter diesen Umständen erfahrungsgemäß eher gering. So kehrt sich kaum etwas zum Besseren.

Soll ein Unternehmen imstande sein, schnell auf externe Veränderungen von Markt und Kunde reagieren zu können, braucht es die permanente Bereitschaft für interne Veränderungen. Alle Handlungsweisen, die der Wirtschaftlichkeit entgegenstehen, müssen ohne Zögern abgestellt werden. Mit der Zielsetzung, das Unternehmen auf eine neue Stufe der Leistungsstärke zu heben, ist das eine der vordringlichsten Managementaufgaben. Darin eingeschlossen sind alle Themen der Arbeits- und Datenorganisation (s. a. Kapitel IV „Arbeits- und Datenorganisation" ab S. 77). Die Geschäftsleitung muss sich selbstverständlich nicht mit allen Einzelheiten befassen. Das große Ganze sollte sie aber schon im Auge haben. Noch wichtiger ist es, ein Klima zu schaffen, in dem Veränderungen als etwas Notwendiges gesehen werden, etwas, dass das Unternehmen voranbringt. Dazu muss die Geschäftsleitung eine Art Veränderungskultur etablieren. Für alle Beteiligten und Betroffenen muss erkennbar sein, was das Management will und warum es das will. Ob Organisation, Strategien, Prozesse oder Methoden betreffend, ist es grundlegend, „Ballast" überzeugend zu entsorgen. Veränderungen in der Arbeits- und Datenorganisation müssen ebenso selbstverständlich sein, wie Änderungen im Rahmen der Produktpflege. In den wichtigen Dingen voranzugehen und alle „mitzunehmen", ist für den Erfolg entscheidend. Bereitschaft zur Veränderung zu zeigen und zu praktizieren, muss Teil der Unternehmenskultur sein bzw. werden.

Leider klafft eine riesige Lücke zwischen dem, was technisch, methodisch und organisatorisch an Möglichkeiten zur Produktivitätssteigerung zur Verfügung steht und der Art und Weise, wie die meisten Firmen heute tatsächlich arbeiten bzw. ihre Prozesse ausführen. Es ist kaum zu glauben, aber vielfach wird in Industrieunternehmen gearbeitet wie in einem Handwerksbetrieb. Die Abläufe erfolgen auf Zuruf anstatt mithilfe digitaler Prozesse. Es gibt keine allgemeingültige nachvollziehbare Systematik. Die Akteure entscheiden nach eigenem Dafürhalten, wie sie agieren. Das geht sogar so weit, dass Mitarbeiter selbst entscheiden, ob sie ein mit viel Aufwand eingeführtes IT-System etwa für Produktdatenmanagement nutzen oder nicht. In Anbetracht solcher Zustände oder besser gesagt Missstände, klingen die euphorischen Visionen von Wirtschaftsverbänden, Politik, Hochschulen und Dienstleistern in Sachen Smart Factory ziemlich verwunderlich. Dass die Technologien zur Umsetzung dieser Strategie verfügbar sind, steht außer Frage. Was fehlt, ist der Sockel, die Basis in den Betrieben. Die Ziele von „Industrie 4.0" können nicht allein mit Investitionen in Hard- und Software erreicht werden, die internen Strukturen müssen dazu passen. Ohne die „flächendeckende" Bereitschaft zur Veränderung werden digitale Prozesse Stückwerk bleiben. Es braucht ein starkes Engagement des Managements, jedoch mangelt es an Bewusstsein für die Wichtigkeit dieser Aufgabe. Hier ist kurzfristig eine Umorientierung bei den Verantwortlichen notwendig. Unter Digitalisierung nur eine weitere Automatisierungsstufe der Produktion zu sehen und voranzutreiben, wäre fatal. Produktentstehung muss als Ganzes – als Einheit von Entwicklung, Planung und Produktion – verstanden werden. Dies ist eine der wesentlichen Voraussetzungen für die nächsten Schritte zur Unternehmensentwicklung, die die Geschäftsleitung schaffen muss. Nur mit diesem Verständnis und Handeln lässt sich die Prozessleistung nachhaltig steigern, die Wirtschaftlichkeit verbessern und die Umsatzrendite erhöhen.

Eigentlich sollte es eine Selbstverständlichkeit sein, dass Prozesse (Arbeitsweisen) und Prozessergebnisse (Produkte) dem neuesten Wissensstand entsprechen. In der Regel trifft das für die Prozessergebnisse zu, nicht jedoch für die Prozesse selbst. Zwar ist im Wesentlichen festgelegt, was die Prozesse hervorbringen sollen, aber es ist nicht spezifiziert, wie das im Einzelnen zu geschehen hat. Ohne detaillierte Definition von Methoden gibt es keine gesicherte Systematik. Aber vor allem können die Anforderungen von heute nicht mit den Methoden von gestern erfüllt werden. Zum Beispiel würde in diesen Tagen kein wirtschaftlich arbeitender Landwirt Saatgut von Hand auf seine Felder ausbringen. Insbesondere dann nicht, wenn in seiner Maschinenhalle eine moderne Sämaschine steht. Mit manuellem Säen könnte der Landwirt seinen Betrieb vermutlich nicht lange halten. Übertragen auf die Pro-

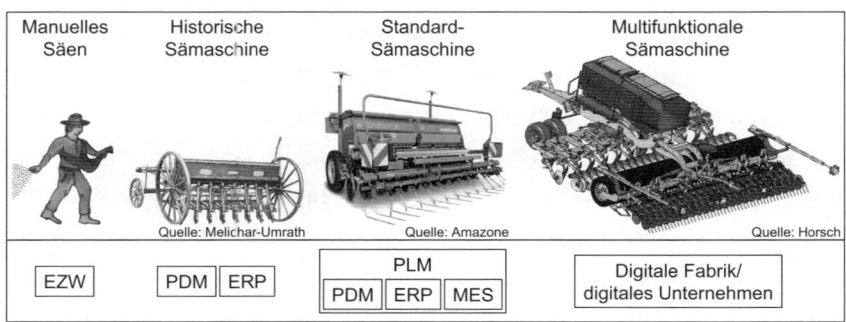

Methoden-/Werkzeugvergleich: Säen – Daten- und Prozessmanagement

duktentstehung in der Fertigungsindustrie wird dort noch häufig manuell „gesät", soll heißen, Daten- bzw. Informations- und Prozessmanagement erfolgen auf dem Niveau von elektronischer Zettelwirtschaft (EZW). Das bedeutet nicht, dass ein Mangel an IT-Ausrüstung vorliegt. Ganz im Gegenteil, nicht wenige Betriebe verfügen sogar über eine PDM-Installation. Das Problem ist, dass diese Software als „Zettelverwaltungssystem" eingesetzt wird. Die Ursache dafür ist fast immer die fehlende Bereitschaft zur Veränderung. Zu vielen strittigen Themen gelingt während der Systemkonzeption nur ein Minimalkonsens. Der Effekt: CAx-Arbeitsdateien werden lediglich als elektronische Zettel und nicht als digitale Information verwaltet. Die Folge: wenig produktive Arbeitsprozesse.

Das Management kann und muss nicht alle notwendigen Veränderungen selbst erkennen. Doch sollten bei einer guten Kommunikationskultur die Probleme und Verbesserungsvorschläge der Akteure ans Ohr der Geschäftsleitung gelangen. Nach gründlicher Prüfung der Sachverhalte sollte im Sinne des Unternehmens beschlossen werden, eindeutige Unzulänglichkeiten abzustellen und den Beschluss jeweils zügig in die Tat umzusetzen. Da das Management die Entscheidungskompetenz besitzt, sollte es auch den Mut aufbringen, Veränderungen konsequent zu implementieren, auch wenn diese nicht auf ungeteilte Zustimmung stoßen. Trotz Einführung moderner IT-Systeme für das Daten- und Prozessmanagement gibt es noch immer Schwachstellen, die die Unternehmensleistung hemmen. Die gravierendsten wurden bereits an anderer Stelle genannt. Dennoch soll stellvertretend für diese Defizite nochmals auf die „sprechende" Nummer eingegangen werden. Sie zeigt besonders gut das ganze Dilemma um die Bereitschaft zur Veränderung, oder besser gesagt, die fehlende Bereitschaft zur Veränderung. Obwohl ein Verbundnummernsystem höchst problematisch ist – „platzende" Schlüsselnummer etc. – und bei den Möglichkeiten einer PDM-Lösung – Schlüsselnummer ist aus der Teileklassifikation ableitbar – unnötig ist, wird es quasi als „heilige Kuh" gesehen, wider jede Vernunft wird daran festgehalten. Der Ist-Prozess basiert auf dieser Schlüsselnummer. Vornehmlich papiergestützte Abläufe (Lagerhaltung, Teilefertigung, Montage, Service etc.) nutzen die kodierten Nummernteile der Sachnummer. Aus diesen „Ecken" kommen größtenteils auch die Bedenkenträger. Es werden Schreckensszenarien entworfen, die jeden davon abhalten sollen, das Verbundnummernsystem abschaffen zu wollen. Gerade in dieser Situation ist das Management gefordert. Es muss die Ablösung dieses schädlichen Elements im Kontext eines zukunftsorientierten Gesamtkonzepts mit Blick auf die Prozesskosten beschließen.

Qualifikation der Mitarbeiter

Trotz fortschreitender Digitalisierung und Automatisierung hat der Mensch mit seinen intellektuellen Fähigkeiten noch immer den größten Einfluss auf die Leistung eines Unternehmens und mit hoher Wahrscheinlichkeit wird das auch so bleiben. Das „Herzstück" in der Fertigungsindustrie, die Produktentwicklung, legt das Fundament für einen prosperierenden Geschäftsbetrieb. Das Leistungsvermögen von Entwicklern und Konstrukteuren ist entscheidend, ihre Fähigkeiten und Erfahrungen spiegeln sich in den Produkten wider. Gelingt es, innovative Alleinstellungsmerkmale zu realisieren und sich vom Angebot der Mitbewerber abzugrenzen, ist dies ein wichtiger Schritt zur Zukunftssicherung. Es gilt jedoch, nicht nur gute Produkte zu entwickeln, sondern dies aus kostengünstig zu tun. Die Anwendung neuer Engineering-Methoden ist hierbei mehr als hilfreich – sie ist sogar notwendig. Ein gutes Produkt muss überdies auch wirtschaftlich gebaut werden. Dafür sind Know-how und Erfahrung der Arbeitsplanung erforderlich. Bevor die Automatisierung in der Produktionshalle greifen kann, muss von den Arbeitsplanern die bestmögliche Fertigungstechnik festgelegt werden. So wie Entwickler, Konstrukteure und Arbeitsplaner in ihren Bereichen den Grundstein für den Unternehmenserfolg legen, tun dies ebenso die Mitarbeiter in den anderen Aufgabengebieten. Die Leistungsfähigkeit der Belegschaft (Prozessakteure) ist zweifellos das wichtigste Firmenkapital. Ohne qualifiziertes Personal kann kein Unternehmen dauerhaft existieren, selbst wenn es mit den modernsten Arbeitsmitteln ausgestattet ist.

Qualifizierte Mitarbeiter, ob Konstrukteur, Programmierer, Arbeitsplaner, Disponent oder Verkäufer, sind Spezialisten. Sie werden als solche eingestellt und eingesetzt. Ihre jeweilige Ausrichtung bzw. Denkweise wird schon während der Ausbildung ausgeprägt. Die Wissensvermittlung in den Bildungseinrichtungen orientiert sich nur an den Aufgaben des betreffenden Berufsbildes. Auf diese Weise kommen zwangsläufig Fachleute in die Wirtschaft, denen das Bewusstsein und der Blick für die Gesamtzusammenhänge in den Geschäftsabläufen fehlt. Die betriebliche Ausbildung führt zu kaum einem anderen Ergebnis. Offensichtlich ist die Zielsetzung, dafür zu sorgen, dass die Belegschaft imstande ist, die immer anspruchsvolleren Aufgaben zu bewältigen. Selbstverständlich ist dies richtig und wichtig. Problematisch ist dabei die starre Einordnung der Mitarbeiter nach ihren Fach- und Aufgabengebieten. Die Schubladen-Einteilung führt zu Abgrenzung und folglich zu „Einzelkämpfern". Eine Entwicklung, die nicht zu den Anforderungen an wirtschaftliche Industrieprozesse passt. Kurze Auftragsdurchlaufzeiten und hohe Produktqualität bei zunehmender Produktkomplexität sind nicht ohne fachübergreifende Kollaboration zu erreichen. Das Personal muss mit neuen Denkmustern agieren. Die Mitarbeiter der verschiedenen Fachrichtungen müssen aufgabenbezogen ein kreatives Netzwerk bilden.

Die Voraussetzungen für diese Form der Team-Arbeit zu schaffen, ist eine strategische Aufgabe des Managements. Es bedarf einer Qualifizierungsinitiative mit dem Plan, dem Fachpersonal unternehmerisches Denken und Handeln zu vermitteln. Eine dringliche Maßnahme, um im härter werdenden Wettbewerb sowohl die Prozesskosten reduzieren als auch die Innovationsleistung steigern zu können. Die Mitarbeiter müssen die Unternehmensziele und die Strategien zu deren Umsetzung kennen. Nur so sind sie in der Lage, sich mit ihren Fähigkeiten einzubringen und die Folgen des eigenen Handelns stets zu berücksichtigen. Hinzu kommt das Bewusstsein für die Sicht auf den Gesamtprozess und nicht nur auf die eigene Prozessaufgabe. Der gegenseitige Blick auf die jeweils fachfremde Arbeit schafft Verständnis für die Probleme der Kollegen mit anderen Aufgabenstellungen. Darüber hinaus kann kommunikativer Dialog zwischen den Spezialisten innovative Lösungsansätze hervorbringen. Mit Grundkenntnissen in den wesentlichen Prozessdisziplinen Konstruktion, Arbeitsplanung, Disposition/Materialwirtschaft, Verkauf etc. wächst das Gespür für die Herausforderungen, die mit den einzelnen Prozessaufgaben verbunden sind. Damit wird das wechselseitige Interesse an der Zusammenarbeit im ProjektTeam gefördert. Es entsteht ein Klima, das wertvolle Synergieeffekte produzieren kann. Qualifizierung mit der Maßgabe, aus spezialisierten Individualisten prozessorientierte „Team player" zu machen, ist eine langfristig angelegte Maßnahme, nur mit einem Seminar ist es nicht getan. Im Netzwerk zu denken und zu handeln muss ein Element der Unternehmenskultur werden. Neben vielen Positiveffekten lässt sich so auch ein breites Qualitätsbewusstsein entwickeln. Fehler werden frühzeitig erkannt oder treten erst gar nicht auf. Teure Änderungsschleifen insbesondere in späten Projekt- bzw. Entwicklungsphasen lassen sich weitgehend vermeiden. Nur ein Pluspunkt von vielen, wenn Fachleute kreativ und kollegial in einem Netzwerk prozessfokussiert zusammenwirken.

Zur Initiative im Bereich interdisziplinäre Kollaboration muss zusätzlich eine fachliche Qualifizierung vornehmlich in der Produktentwicklung kommen. Entwicklung und Konstruktion sind zumeist der „Flaschenhals" bei den Kapazitäten zur Auftrags- bzw. Projektabwicklung. Die Aufwände für die Arbeiten im Konstruktionsbüro sind in der Regel sehr hoch, die Auswirkungen auf die Produktion sind es ebenfalls. Der Weg zur Kostenentlastung in einem Fertigungsunternehmen führt folglich über die Produktentwicklung. Es zeigen sich neue Technologien und Möglichkeiten, aber auch Notwendigkeiten in diesem Bereich. Mit dem 3D-Druck steht ein alternatives Fertigungsverfahren zur Verfügung, mit dem sich flexibel Kunststoff-, Metall- und Keramikteile herstellen lassen. Im Gegensatz zu allen konventionellen Fertigungsverfahren gibt es praktisch keine Einschränkungen hinsichtlich der Formgebung. In der industriellen Anwendung bieten sich bei der Bauteilgestaltung große Freiräume zur Verbesserung der Produkteigenschaften. Vor allem lassen sich hinsichtlich der Merkmale Gewicht und

Topologie optimierte Konstruktionen realisieren. Die additiven Fertigungsverfahren beeinflussen den Entwicklungsprozess und haben hohe Zukunftsrelevanz. Ähnlich verhält es sich mit den Möglichkeiten zur Entwicklung des virtuellen Produkts. 3D-Geometrie als digitale Produktbeschreibung kann mittels spezialisierter Software-Werkzeuge modelliert, analysiert und simuliert werden. Die Produktentwicklung lässt sich damit erheblich beschleunigen. Hierbei ist es unbedingt notwendig, diese Tools richtig einzusetzen. Ein professionelles 3D-CAD-System kann unbedacht genutzt schnell zur „Teileproduktionsmaschine" werden; ein Effekt, der nur vordergründig positiv zu sein scheint. Die damit einhergehende „Teilevermehrung" ist kontraproduktiv und teuer. Die Alternative dazu heißt Standardisierung, Modularisierung und Baukastenkonstruktion. Eine strategische Konstruktionsmethodik mit enormen Einsparungspotenzialen im gesamten Produktentstehungsprozess. Andererseits ist die Einführung dieser Arbeitsweise in die Konstruktionspraxis eine fordernde Aufgabe. Sie kann nur gelingen mit systematischer und durch das Management initiierter Qualifizierung der betroffenen Personen, in der Hauptsache die Mitarbeiter aus allen Bereichen der Produktentwicklung und Systemtechnik.

Neben den oben ausgeführten Qualifizierungsinitiativen ist noch eine weitere unverzichtbar. Auch bei dieser ist es zwingend, dass sie von der Geschäftsleitung initiiert wird. Wenn Projekte wie der Aufbau einer PLM-Integrationslösung gewinnbringend sein sollen, müssen die Konzepte der dahinterstehenden Arbeits- und Datenorganisation nachvollziehbar vermittelt werden. Es genügt nicht, mit der Einführung eines IT-Werkzeugs nur eine obligatorische Nutzerschulung durchzuführen. Für die Mitarbeiter müssen Sinn und Zweck der Neuerungen klar erkennbar sein. Auf die Fragen, welche Strategien damit verfolgt und welche Ziele damit erreicht werden sollen, braucht es verständliche und überzeugende Antworten. Außerdem ist es wichtig, die Ziele des Unternehmens aktiv und fortgesetzt zu „vermarkten". Wenn jeder Mitarbeiter die Hintergründe versteht und den Eigennutz erkennt, wird sich niemand verweigern und es entwickelt sich in der Belegschaft ein gemeinsames Prozessverständnis. Dies muss das Ziel dieser Qualifizierung sein. Schließlich können nur die Mitarbeiter die Ergebnisse einer PLM-Einführung und weiterer Strategieprojekte in wirtschaftlich zählbaren Erfolg für das Unternehmen ummünzen. Alle Elemente der Arbeits- und Datenorganisation im Kontext von CAD, CAE, PDM, ERP etc. oder gar der digitalen Fabrik/des digitalen Unternehmens sind zunächst eine Strategie, ein Konzept, ein Werkzeug, erst mit engagiertem Fachpersonal wird daraus rentabler Geschäftsbetrieb. Wenn wir diesen Erfolg morgen „ernten" wollen, müssen wir heute „säen"!

Nachwort

Mit meiner langjährigen persönlichen Erfahrung als Unternehmensberater fällt es mir schwer, daran zu glauben, dass sich an den beschriebenen Gegebenheiten in den Unternehmen der Fertigungsindustrie in absehbarer Zeit etwas ändern wird. Der Status quo ist seit Jahren nahezu eingefroren. Kosten sollen gesenkt werden, aber man ist nicht willens oder in der Lage, etwas Grundlegendes auf den Weg zu bringen. Wenn es nach langem Hin und Her endlich einer Fachabteilung gelingt, ein Vorhaben anzustoßen, fehlt die strategische Ausrichtung in Bezug auf die Erfordernisse des Geschäftsmodells. Reformbedürftige Arbeitsweisen und Festlegungen werden nicht angefasst oder wegen konträrer Interessenlagen der in Abteilungsdenken verhafteten Akteure blockiert. Sehenden Auges werden durch Untätigkeit beachtliche Beträge vergeudet und wichtige Veränderungen für eine tiefgreifende Verbesserung der Rentabilität bleiben auf der Strecke. Eine nicht zu verantwortende Nachlässigkeit, die die Zukunft eines Unternehmens gefährden kann.

Solange jeder Spieler seine eigenen Ziele verfolgt und der Trainer nicht eingreift oder keine Strategie vorgibt, sind die Erfolgsaussichten für die Mannschaft eher gering. Um im Bild zu bleiben: Ohne strategischen Masterplan des Managements sind wirkungsvolle Projekte zur Produktivitätssteigerung und Kostensenkung in den Fachabteilungen mit fertigungsvorgelagerten Aufgaben nicht möglich. Hier liegt das eigentliche Problem, das Gros der Manager kümmert sich nicht aktiv um diese Dinge. Wenn es darum geht, Kosten in den Griff zu bekommen, werden meist gängige Management-Instrumente wie Personalabbau, Outsourcing, Umstrukturierung und/oder Standortverlagerung bemüht. Arbeits- und Datenorganisation mit Aufgaben wie Prozessgestaltung, Daten- bzw. Informationsmanagement und Engineering-Methoden sieht das Management offensichtlich nicht in seinem Verantwortungsbereich. Gerade diese Themen haben eine hohe Zukunftsrelevanz, da die Bedeutung des Produktionsfaktors Information mit zunehmender Digitalisierung weiter steigen wird. In unseren Unternehmen der Fertigungsindustrie müsste deshalb dringend ein Kurswechsel eingeleitet werden. Ob hinreichend viele Manager imstande sind, sich bewusst zu machen, welche Potenziale zur Entwicklung ihres Unternehmens brachliegen, ist fraglich. Bleibt zu hoffen, dass diese Problematik an den Hochschulen aufgegriffen wird, damit künftige Führungskräfte die Chancen erkennen und ergreifen, die mit den in diesem Buch angesprochenen Themen verbunden sind.

Mit einer konsequenten Umsetzung der beschriebenen Konzepte könnten kostspielige Mehraufwände etwa durch Teilewildwuchs, Doppelarbeit, „Blindleistung" und Verschwendung infolge von Unklarheiten, Widersprüchen, Verwechslungen, Folgefehlern usw. vermieden werden. Die Rentabilität in den Betrieben ließe sich erheblich verbessern. Umsatz und Gewinn könnten in ein wirtschaftlich solides Verhältnis gebracht werden. Jedes Prozent mehr EBIT-Marge schafft neue Möglichkeiten für unternehmerisches Handeln. Vor allem für mittelständische Unternehmen von großem Wert ist eine bessere Eigenkapital-Ausstattung. Dadurch eröffnet sich Spielraum für Investitionen in zukunftsträchtige Themen, zum einen in die weitere Digitalisierung der Wertschöpfungsprozesse und zum anderen in den Ausbau des Produktangebots. Ferner stehen Mittel für Innovationsprojekte zur Verfügung, mit denen die Wettbewerbsstellung gesichert oder ausgebaut werden kann. Da sich mit einer höheren Umsatzrendite das Budget dafür großzügiger gestalten lässt, ist es zudem machbar, neue Wege zu beschreiten. So lassen sich sogar interessante und vielversprechende

Ideen verfolgen, bei denen noch nicht feststeht, ob sie letztendlich erfolgreich sein werden. In Anbetracht der Veränderungen durch die Digitalisierung und den globalen Wettbewerb ist dieser Freiraum notwendig. Nicht zuletzt kann mit gelungenen Innovationen ein substanzieller Beitrag zur Entwicklung des Unternehmens geleistet werden. Mehr Umsatzrendite infolge höherer Produktivität durch eine bessere Arbeits- und Datenorganisation vermag darüber hinaus auch positive gesellschaftliche Effekte zu bewirken. Da ist zunächst Raum für ein besseres Einkommen der Mitarbeiter. Dies bedeutet mehr Kaufkraft, mehr sozialer Ausgleich, mehr Steueraufkommen, kurz, eine stabile volkswirtschaftliche Entwicklung. Eine bessere Entlohnung der Belegschaft zeigt auch günstige Auswirkungen auf das Unternehmen selbst: höhere Motivation, mehr Engagement, bessere Leistung und mehr Verantwortungsbewusstsein für das eigene Handeln. Ohne Zweifel lohnt es sich, die Herausforderung anzunehmen und die gegebenen Möglichkeiten auszuschöpfen. Die Aufgabe ist nicht einfach, aber lösbar. Wenn wir weiterhin nichts tun, werden uns über kurz oder lang aufstrebende Wettbewerber ohnehin zwingen, zu handeln. Die Frage ist, ob wir dann noch in der Lage sein werden, zu handeln.

Abkürzungen

AP	Arbeitsplan
APS	Advanced Planning and Scheduling
ASS	Artikelstammsatz
ATO	Assemble to Order
AV	Arbeitsvorbereitung
BDE	Betriebsdatenerfassung
BG	Baugruppe
BPM	Business Process Management
BPMN	Business Process Model and Notation
BSS	Betriebsmittelstammsatz
CAD	Computer-aided Design
CAE	Computer-aided Engineering
CAM	Computer-aided Manufacturing
CAO	Computer-aided Office Automation
CAP	Computer-aided Planning
CAPE	Computer-aided Production Engineering
CAQ	Computer-aided Quality Assurance
CASE	Computer-aided Software Engineering

CAx	Computer-aided (x steht für alle CA-Anwendungen)
CD-ROM	Compact Disk Read-Only Memory
CGR	CATIA Graphic Representation
CNC	Computerized Numerical Control
CPPS	Cyber-physische Produktionssysteme
CRM	Customer Relationship Management
DAM	Digital Asset Management
DDS	Dokumentdatensatz
DIN	Deutsches Institut für Normung
DMF	Digital Manufacturing
DMS	Dokumentenmanagementsystem
DMU	Digital Mock-up
DoE	Design of Experiments
DSS	Dokumentstammsatz
DTO	Design to Order (Einzel-/Sonderanfertigung)
DTP	Desktop-Publishing
DXF	Drawing Exchange Format
EBIT	Earnings before Interest and Taxes
ECAD	Elektrik/Elektronik CAD
ECM	Enterprise Content Management
ECO	Engineering Change Order
ECR	Engineering Change Request
EDA	Electronic Design Automation
EDV	Elektronische Datenverarbeitung
ERP	Enterprise Resource Planning
ESB	Enterprise Service Bus
EZW	Elektronische Zettelwirtschaft

E & K	Entwicklung und Konstruktion
FAI	First Article Inspection
FEA	Finite Elemente Analyse
FEM	Finite Elemente Methode
FIBU	Finanzbuchhaltung
FMEA	Fehlermöglichkeits- und Einflussanalyse
FTA	Fault Tree Analysis
GLD	Gleitender Durchschnittspreis
GUI	Graphical User Interface
HMI	Human-Machine-Interface
ISO	International Organization for Standardization
IT	Informationstechnik
JIT	Just in time
JT	Jupiter Tesselation
KM	Konfigurationsmanagement
KMU	Kleine und mittlere Unternehmen
LAN	Local Area Network
MCAD	Mechanik CAD
MDE	Maschinendatenerfassung
MDS	Modelldatensatz
MES	Manufacturing Execution System
m.L.	mit Lordosenstütze
MRP	Material Requirements Planning
MS	Microsoft
MSS	Modellstammsatz
NC	Numerical Control
o.L.	ohne Lordosenstütze

ORG	Organisation
PC	Personal Computer
PDF	Portable Document Format
PDF/A	PDF für Langzeitarchivierung
PDM	Produktdatenmanagement
PLM	Product Lifecycle Management
PM	Projektmanagement
PPS	Produktionsplanung und -steuerung
PSP	Projektstrukturplan
QDE	Qualitätsdatenerfassung
QFD	Quality Function Deployment
QM	Qualitätsmanagement
QS	Qualitätssicherung
RAID	Redundant Array of Independent Discs
RC	Robot Control
REV	Revision
RFID	Radio-frequency Identification
ROI	Return on Investment
RTM	Requirements Traceability Management
SCADA	Supervisory Control and Data Acquisition
SCM	Supply Chain Management
SDM	Simulationsdatenmanagement
SOA	Service-orientierte Architektur
SOAP	Simple Object Access Protocol, Synonym für SOA
SPS	Speicherprogrammierbare Steuerung
TB	Technisches Büro

TIFF	Tagged Image File Format
TIS	Technisches Informationsmanagementsystem
TSS	Teilestammsatz
USB	Universal Serial Bus
VDA	Verband der Automobilindustrie
VDI	Verein Deutscher Ingenieure
VER	Version
VSS	Variantenstammsatz
WAN	Wide Area Network
WfM	Workflow-Management
WP	Work Plan
WS	Web Service
XML	Extensible Markup Language
ZDS	Zeichnungsdatensatz
ZSS	Zeichnungsstammsatz
2D	zweidimensional
3D	dreidimensional

Stichwortverzeichnis

Der Autor

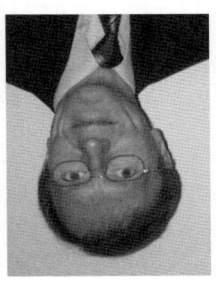

Josef Schöttner, Diplom-Ingenieur, war nach Abschluss seines Maschinenbaustudiums an der Technischen Universität München mehrere Jahre in der Industrie tätig, bevor er seine eigene Unternehmensberatung gründete. Seit mehr als 20 Jahren arbeitet er als Berater, Referent und Autor auf den Fachgebieten Informations- und Prozessmanagement sowie Engineering-Methoden. Den Schwerpunkt der Arbeit bilden Strategieberatung, Prozessoptimierung, Product Lifecycle Management (PLM) und Konstruktionsmethodik.

Zu seinen Kunden gehören Groß- und Mittelstandsunternehmen der Branchen Maschinen-, Geräte-, Anlagen-, Automobil- und Flugzeugbau. Der Autor ist Experte u. a. für firmenspezifische PLM-Konzeption, Varianten- und Konfigurationsmanagement, Standardisierung und Baukastenkonstruktion. Aufgrund dieses Know-how-Spektrums wurde er 1997 als Foreign Expert an die Chinesische Akademie der Wissenschaften berufen. 1999 veröffentlichte er das Fachbuch „Produktdatenmanagement in der Fertigungsindustrie" im Carl Hanser Verlag. Dieses Buch wurde auch in China mit großem Erfolg publiziert. Seit 2006 ist Josef Schöttner als Gastdozent an der wvib-Akademie Freiburg in den Bereichen IT und Entwicklung & Konstruktion tätig.

Kontakt: *www.siconvision.com* | josef.schoettner@siconvision.com